企业环境信息披露研究

Corporate Environmental Information Disclosure Research

● 吴红军 著

厦门大学出版社
XIAMEN UNIVERSITY PRESS
国家一级出版社
全国百佳图书出版单位

前　言

在选择性披露、难以比较和企业机会主义行为等问题的困扰下，中国企业自愿性环境信息披露的动机和效果，需通过大量的经验研究来厘清，其中的几个关键点为：第一，筛选出适当的披露水平测度方法，否则各研究的结论难以一致；第二，处理好样本自选择问题，避免出现系统性偏差；第三，要尽量处理好循环因果和遗漏变量所造成的内生性问题，使研究具有说服力。本书试图为读者提供理解企业环境信息披露问题的"路线图"，并注意加强对定义、理论、测度、研究模型设定等重点事项的思考与讨论。

企业活动可以分成经济、社会和自然环境三个维度。企业需要同时平衡好三个维度才能取得最终成功：自然环境是企业存在的平台，为企业提供自然资源以供其制造商品；社会的支持，使企业获得人力资源和顾客；企业经济效益好，才有能力维护社会和自然环境两个维度。企业环境信息披露是企业内外部沟通环境事项的媒介①。企业通过环境信息披露，展现其承担的环保责任和取得的环保绩效，以获得社会的支持和耗用自然资源的权力。但是企业环境信息披露存在直接成本和间接成本，并且基本上属于自愿性披露。因此从逻辑上，不同类型的企业存在不同的最佳企业环境信息披露策略。企业调整环境信息披露会影响到企业价值的变化，并且这种作用机制会受到企业业务的环境敏感程度、政府的法规制度、民众的环保意识高低等情境因素的影响。

在我国经济快速发展的同时，环保形势却在快速恶化。近年来全国出现了大范围的雾霾天气，土壤和水资源的污染也几乎达到了极限，民众对健康宜居的生态环境非常渴望。我们既然有取得经济奇迹的智慧，难道就不能保护好碧水青山吗？笔者认为，取得可持续发展的基础，应该在于污染成本的内部化，避免环境保护这个领域出现"公地的悲剧"。"庇古税"和"排污权交易"已经指出了实现污染成本内部化的两条路径。污染成本内部化将导致环境管理

---

① 为尊重书中引用文献,本书不强调"企业"与"公司"两个名词的区分。

能力低的企业被淘汰。因此,投资者会更加关注企业的环保风险。由于存在信息不对称,企业环保风险的评估在很大程度上依赖于企业的环境信息披露,因此研究企业环境信息披露具有重要的意义。本书聚焦于企业环境信息披露的起源、表现、动机、后果等,力图从理论和实证上展示企业环境信息披露的本质和动力机制,为投资者和政策制定者理解和使用企业环境信息披露提供参考依据。

本书具有以下几个特点:

第一,多方位理论思辨和实证。企业环境信息披露决策过程涉及多个因素,形成了关于环境信息披露的多个理论流派。考虑到企业的环境信息披露行为是多个因素综合影响的产物,本书从经济学分析、内因、外因等几个角度,综合探讨企业环境信息披露的动机、表现与后果。研究的方式包括经济学理论思辨、数理模型推导和实证检验等多种模式,有助于正确认识企业环境信息披露。

第二,研究方法科学规范。本书借鉴国内外的企业环境信息披露已有文献,注意结合企业运作中的新特点,同时运用规范分析和实证分析,以经济学理论思辨为研究的总指导,以数理模型构建为基础,以实证检验为证据,力求使本书的内容既有一定的思想性,又具逻辑性,证据清楚有力。

第三,具有一定的实践指导意义。由于企业的能力不同,"一刀切"式的强制性环境规范,自然达不到社会的帕累托最优,且会形成对某些企业的歧视政策。本书注重对制度和监管政策的探讨,实证研究样本都取自于我国上市公司的公开资料,不少研究结论和政策建议直接应用于实际工作。

企业环境信息披露仍处于发展阶段,研究的视角和方法都需要进一步丰富和拓展。本书的研究内容和结论也都具有一定的局限性,不当之处恳请大家给予指正。

本书内容主要来源于笔者近年来的相关研究。陈玲菊、刘启仁、郭佐青、郑凌荣、赵波、王媞、陈丽娜、留红红、张毅远、聂菡、张天羽等为本书的撰写和数据资料的收集做出了贡献。

本书在写作过程中参考了大量的文献资料,在参考文献中未能一一列示。在此,对相关学者和机构表示诚挚的感谢。

本书在撰写过程中得到厦门大学等高校和科研单位相关专家学者的指导,也得到厦门大学出版社江珏玙编辑的帮助和支持。

本书是国家自然科学基金项目"污染型企业环境信息披露与融资动机及其后果"(项目批准号：71272081)的成果。本书也受福建省社会科学规划项目(批准号：2012B029)和中央高校基本科研业务费专项资金资助(项目号：20720151184)的资助。在此表示感谢！

吴红军
2016 年 3 月

目　录

导论篇

第一章　企业环境信息披露简介 ……………………………………… 3
　　第一节　相关概念 …………………………………………………… 3
　　第二节　披露的内容与框架 ………………………………………… 7
　　第三节　披露的方式与渠道 ………………………………………… 26
　　第四节　环境信息披露的量化 ……………………………………… 28
　　第五节　研究的目的与框架 ………………………………………… 31

第二章　企业环境信息披露的国际状况 ……………………………… 34
　　第一节　美国的企业环境信息披露 ………………………………… 34
　　第二节　日本的企业环境信息披露 ………………………………… 38
　　第三节　欧盟的企业环境信息披露 ………………………………… 41
　　第四节　总结 ………………………………………………………… 42

理论研究篇

第三章　环境信息披露理论流派 ……………………………………… 47
　　第一节　环境信息披露研究的发展脉络 …………………………… 47
　　第二节　信号发送理论 ……………………………………………… 50
　　第三节　合法性理论 ………………………………………………… 54
　　第四节　利益相关者理论 …………………………………………… 58
　　第五节　制度理论 …………………………………………………… 60
　　第六节　资源依赖理论 ……………………………………………… 62
　　第七节　总结 ………………………………………………………… 63

第四章　环境信息披露的经济学分析············66
- 第一节　自然环境的稀缺资源观············66
- 第二节　产权经济学视角下的环境信息披露············68
- 第三节　环境资源的定价模型············70

第五章　政府与企业在环境信息披露上的博弈············76
- 第一节　政府的双重需求············76
- 第二节　相关文献回顾············77
- 第三节　披露的博弈模型············79
- 第四节　总结············81

第六章　披露制度与企业环境信息披露············82
- 第一节　制度影响企业环境信息披露的原理············82
- 第二节　中国上市企业环境信息披露············85
- 第三节　中国企业环境信息披露存在的问题············98
- 第四节　企业环境信息披露制度问题的成因分析············100
- 第五节　完善我国企业环境信息披露制度的建议············102

经验研究篇

第七章　披露成本对环境信息披露的影响············107
- 第一节　披露成本对披露决策的影响分析············107
- 第二节　理论回顾及本模型的创新············108
- 第三节　模型的假设与前提············110
- 第四节　选择性信息披露的均衡············111
- 第五节　选择性信息披露均衡············112
- 第六节　模型总结与讨论············114

第八章　环境信息披露、环境绩效与权益资本成本············116
- 第一节　自愿披露降低了信息不对称程度············116
- 第二节　理论分析及研究假设············117
- 第三节　实证研究设计············119
- 第四节　实证结果及分析············122
- 第五节　环境披露揭示了绩效从而产生影响············128

第九章　环境信息披露与机构投资者 129
- 第一节　研究目标的提出 129
- 第二节　文献回顾与研究假设 130
- 第三节　研究设计 130
- 第四节　实证结果与讨论 132
- 第五节　机构投资者在意的信息类型 134

第十章　企业环境信息披露与融资约束 136
- 第一节　研究背景 136
- 第二节　理论机制及研究假说 137
- 第三节　计量模型构建 140
- 第四节　样本与变量 142
- 第五节　实证结果与分析 144
- 第六节　敏感性分析 150
- 第七节　结论与政策启示 155

第十一章　企业环境信息披露与营销业绩 157
- 第一节　研究背景 157
- 第二节　文献回顾 159
- 第三节　理论分析及研究假设 160
- 第四节　研究设计 162
- 第五节　研究结论及启示 165

第十二章　环境信息披露与公司债投资风险 167
- 第一节　债券评级影响投资者判断 167
- 第二节　债券评级精确度的分析方法 169
- 第三节　研究方法与样本 171
- 第四节　债券评级准确性测算结果 173
- 第五节　环境信息披露对评级精确性的影响 177
- 第六节　研究结论及启示 178

第十三章　环境信息披露与企业价值 180
- 第一节　环境信息披露的信号作用 180
- 第二节　环境信息披露的信号发送模型 181
- 第三节　实证假设的提出 184

第四节 实证研究设计 …………………………………… 185
第五节 实证结果及分析 …………………………………… 188
第六节 稳健性分析 ………………………………………… 189
第七节 主要结论与研究不足 ……………………………… 190

总结篇

第十四章 总结及展望 ………………………………………… 195
 第一节 主要研究结论 …………………………………… 195
 第二节 关于将污染成本内化的努力 …………………… 196
 第三节 环境信息披露在环保中的角色 ………………… 199
 第四节 规范的环境信息披露 …………………………… 202
 第五节 总结及未来的研究方向 ………………………… 204

参考文献 ……………………………………………………… 207
后　记 ………………………………………………………… 221

导论篇

第一章 企业环境信息披露简介

本章为全书的起点,首先界定了企业环境信息披露的含义;其次指出哪些信息属于企业环境信息披露的范畴,以及企业是如何披露这些信息的;再次讨论了如何量化企业环境信息披露,为实证分析奠定基础;最后对世界各国企业环境信息披露的现状进行了展示,并阐述了本研究的目的和方法。

第一节 相关概念

一、企业环境信息披露的定义

在过去的几十年里,全球刮起了环境保护的风潮。企业在这股潮流的冲击下,一直在努力地变得,或至少看起来变得环境友好起来。几乎所有的大型企业都发布了环境政策和行为的独立报告,展现自己良好的环境绩效。中国企业作为这股风潮的后知后觉者,也正在改变自己的环境信息披露现状。

企业环境信息披露,就是企业为达到特定目的,通过适当的媒介,公开自己运营过程中形成的一切与自然环境有关的信息。企业环境信息披露的表面现象是企业向公众公开信息,深层次的原因是企业希望利用信息披露达到某种目的,是企业的一种策略性行动。

企业和人类社会的相关组织一样,依托于自然世界而存在和发展。企业要制造产品,需要消耗自然资源;企业提供服务,也需要自然界支持服务人员的物质需要。产品和服务被使用后,会产生废弃物,同样需要自然界接纳和消化。因此企业的存在需要一个良好的自然环境,企业的业务也要随着自然环境的变化而做出调整。企业的行为对自然环境影响较大,但外部人士无法直接观察到企业的实际行为和后果。政府和民众需要了解企业消耗了多少自然资源和排放了多少废弃物,外部资金提供者也需要根据企业的环境信息来判断环保事项给企业的经营带来的风险,因此企业的环境信息披露遂成为各方博弈的焦点。

二、企业环境信息披露的分类

1.强制性环境信息披露与自愿性环境信息披露

依据其是否属于被法规所明确要求披露的信息,环境信息披露可分为强制性环境信息披露(mandatory environmental disclosure)和自愿性环境信息披露(voluntary environmental disclosure)。强制性环境信息披露受法律约束,不存在选择性披露问题,受企业机会主义行为干扰较少。但大多数国家都只要求企业在特定情况下必须披露某些特定的环境信息,因此强制性环境信息披露存在供给不足问题。有些观点认为,企业的环境信息涉及商业机密,事关企业竞争和生存,过多的强制披露要求对企业是不公平的。当前只有瑞典、挪威、荷兰、丹麦和法国等少数国家实行强制性环境报告。从全球来看,自愿性环境信息披露是常见现象(Frost,2007)。自愿性环境信息披露是企业在权衡收益与成本后自行决定披露的内容与程度,具有较大的披露灵活性,且因与企业治理和企业战略导向有关,从而被理论研究所关注,也产生了大量关于自愿性环境信息披露的研究文献。但自愿性环境信息披露由于存在企业报喜不报忧的选择性披露问题,信息的可用性一直令人存疑。由于自愿性环境信息披露与强制性环境信息披露两者存在各自的局限性,彼此又具有互补性,因此在可预见的将来,两种类型的披露可能是共存的。

当前不少企业披露公司社会责任报表(CSR)。某些公司社会责任报告属强制要求披露。比如上海证券交易所规定,在该所上市的"上证公司治理板块"样本公司、境内外同时上市的公司及金融类公司,应当在年报披露的同时披露公司履行社会责任的报告。而公司社会责任报告中一般都包括公司的环境信息,这就带有了一些强制披露的成分。

2.文字型环境信息披露与数字型环境信息披露

按环境信息披露是否以数据形式表现,我们主要可以分成数字信息和文字信息。环境统计数据信息展现出相关数据,包括静态数据和动态数据。静态数据反映某一时点或某一年度企业的环境信息数据,主要包括污染物的排放数据,以及绿化、循环利用等改善环境的数据。动态数据是不同时点和不同空间企业环境行为和绩效的比较数据。数字型环境信息披露比较具体,是环境信息披露的关键部分,深受利益相关者的重视。但在当前的企业环境信息披露实践中,数字型环境信息披露往往存在不规范、不全面、不连续等问题。

文字信息是企业用文字表述与环境有关的信息。比如企业对环境保护的理念、企业的环保制度和企业是否达到某些环保标准等。文字型环境信息可以揭示企业对环保工作的理念和重视程度,对数字型环境信息披露具有一定的补充和佐证的作用。但另一方面,文字信息具有易操纵和泛泛而谈的特点,真实性更难以把握。

3.环境的财务信息披露与非财务信息披露

按照是否用货币进行计量,企业的环境信息可以分成环境的财务信息和非财务信息。

(1)环境财务信息

环境财务信息有助于投资者估计企业环境行为对企业价值的影响。环境会计的目标就是着眼于从财务角度对企业环境事项的影响进行计量。会计将事物按照经济特征进行分类,以进行确认、计量和报告。中国《企业会计准则》将会计要素界定为六个,即资产、负债、所有者权益、收入、费用和利润。我们按照这些会计要素的定义,对企业的环境信息进行分类:

①关于企业环境资产的信息。这些信息揭示了企业因过去的交易或者事项形成的、企业拥有或者控制的、预期会给企业带来经济利益的环境资源。这里所指的企业过去的交易或者事项包括购买、生产或者其他交易或事项。预期在未来发生的交易或者事项不形成环境资产。由企业拥有或者控制,是指企业享有某项自然资源或环境资源的所有权,或者这些资源被企业所控制。这些自然资源或者环境资源,能够直接或者间接地为企业带来财务收入。

②关于企业环境负债的信息。环境负债是指企业过去的交易或者事项形成的、预期会导致经济利益流出企业的环境义务。这些义务是指企业在现行条件下已承担的环境义务,未来发生的交易或者形成的环境义务,不属于现时环境义务,不应当确认为负债。这种环境义务导致经济利益很可能流出企业。

③关于企业环境权益的相关信息。企业的环境权益是指企业环境资产扣除环境负债后由股东享有的环境剩余权益。环境权益的来源包括所有者投入的环境资本、直接计入所有者权益的环境利得和环境损失、环境留存收益等。直接计入环境权益的利得和损失,是指不应当计入当期环境损益、会导致环境权益发生增减变动的、与所有者投入的环境资本或者向所有者分配环境利润无关的利得或者损失。环境利得是指由企业非日常活动所形成的、会导致所有者权益增加的、与所有者投入的环境资本无关的经济利益的流入。环境损

失是指由企业非日常活动所发生的、会导致所有者环境权益减少的、与向所有者分配环境利润无关的经济利益的流出。

④关于企业环境收入的信息。环境收入是指企业在日常活动中形成的、会导致所有者环境权益增加的、与所有者投入的环境资本无关的经济利益的总流入。环境收入只有在经济利益很可能流入从而导致企业资产增加或负债减少,且经济利益的流入额能够可靠计量时才能予以确认。

⑤关于企业环境费用的信息。环境费用是指企业在日常活动中发生的、与环境有关的、会导致所有者权益减少的、与向所有者分配利润无关的经济利益的总流出。环境费用只有在经济利益很可能流出从而导致企业环境资产减少或者环境负债增加且经济利益的流出额能够可靠计量时才能予以确认。企业为生产产品、提供劳务等发生的可归属于产品成本、劳务成本等的环境费用,应当在确认产品销售收入、劳务收入等时,将已销售产品、已提供劳务的环境成本等计入当期环境损益。

企业发生的环境支出不产生经济利益的,或者即使能够产生经济利益但不符合或者不再符合环境资产确认条件的,应当在发生时确认为环境费用,计入当期损益。

企业发生的交易或者事项导致其承担了一项环境负债而又不确认为一项环境资产的,应当在发生时确认为环境费用,计入当期环境损益。

⑥关于企业环境利润的信息。环境利润是指企业在一定会计期间的环境经营成果。环境利润包括环境收入减去环境费用后的净额、直接计入当期环境利润的环境利得和环境损失等。直接计入当期环境利润的环境利得和环境损失,是指应当计入当期环境损益、会导致所有者环境权益发生增减变动的、与所有者投入的环境资本或者向所有者分配环境利润无关的环境利得或者环境损失。

(2)环境的非财务信息

关于企业环境的非财务信息,是指不以货币计量或者无法以货币计量的企业环境信息,主要可分为:

①企业的污染物和废弃物的排放情况。此类信息是企业环境利益相关者最为关心的内容。包括温室气体的排放和其他废气的排放,有毒物质对土地、水和空气的污染情况,非有毒的其他污染源的扩散,废弃物的产生和管理情况。

②自然资源的消耗情况。在这里不可再生环境资源的消耗最受关注。自然资源的消耗包括能源、水和土地的消耗总量和使用效率,生态的保护和培

育,企业对环境规定的遵从情况等。

③企业的环境理念和态度。企业对环境的理念表白虽然很难判断真伪,但企业若能做出环保理念的说明和承诺,对企业的环境行为仍具有一定的自我约束作用,对外部环境利益相关者也具有某些信号显示作用。这一部分常见的披露内容包括企业的环境政策、价值观和原则的陈述;企业高管在企业年报中对股东和其他利益相关者关于企业环境态度的报告;企业是否主动发起或参与环保活动;是否在企业内部推动环保新技术的应用,等等。

④企业的环境管理制度和方法。这部分主要是披露企业在组织机构中,是否设置专门的环境管理岗位或部门;是否制定了环境管理制度和环境事故应急方案;是否在内部实施了环境审计或环保项目。

⑤来自外部的对企业环境管理情况的佐证信息。这部分主要是通过外部权威的资料和证据,支持企业披露的环境信息的可靠性,包括企业是否通过了ISO14000系列标准验证,是否经历了外部第三方的环境审计,是否被政府环保部门查处或奖励,等等。

4.环境信息的硬披露与软披露

利益相关者在使用企业披露的环境信息时,首先面对的是企业披露信息的可信程度和全面程度问题。信息的可信度,显著影响着利益相关者的信息使用价值。Clarkson 等(2008)将企业披露的环境信息分成"硬披露(Hard Disclosure)"和"软披露(Soft Disclosure)"两类。硬披露是指企业披露那些比较具体且易验证的环境信息。环境绩效比较差的企业,很难在硬披露方面模仿环境绩效好的企业。硬披露涉及的内容主要包括:(1)环境管理组织和制度;(2)环境信息审计与佐证;(3)环境绩效;(4)与环境有关的收支。软披露是企业披露比较空泛且难以验证的环境信息。这方面的信息,环境绩效好的企业和环境绩效差的企业,都可以大量披露,很难从这些信息上判断出企业的环境绩效优劣。软披露主要包括:(1)环境目标与环境战略;(2)环保标准与企业遵从情况;(3)企业自发的环保行动。

第二节 披露的内容与框架

企业环境信息披露的内容,应该是那些能够展示企业活动对自然环境的影响的信息,并形成合理的披露框架,方便利益相关者有效地评估企业在环境方面所面临的机会与风险。

一、企业环境信息披露的框架

肖华和李建发(2002)指出,为了满足各利益相关者对企业环境信息披露的使用需求,环境信息披露不仅要包括具体的环境指标和环境影响的财务信息,还应该包括企业的基本概况与环境方针、环境会计信息、环境业绩与评价指标、环境审计报告等内容。西方跨国公司一般使用的独立环境报告模式的具体内容应包括:企业简介与环境方针;环境标准指标和公司的实际环境绩效指标(废弃物、产品包装、产品对环境的影响、污染排放、再循环使用等信息);环境会计信息(包括环境支出、环境负债、环境治理准备金、环境收入等);环保行为带来的其他经济影响信息(环境治理的投资收益、外部机构给予企业的奖励等);环境审计报告。① 在目前我国环境会计具体准则空缺的情况下,采用独立环境报告模式报告环境信息的企业并不多。从披露比较规范的上市公司的实践来看,企业的环境会计信息几乎没有,需待以后进行完善。

二、GRI 的企业环境绩效信息内容

Global Reporting Initiative(GRI)的可持续发展报告指南(G4 版本)有力地推动了全球各国企业规范地披露环境信息。GRI(G4 版本)要求环境信息披露的机构需要关注"流程"并报告对机构业务及关键利益相关方具有"实质性"的议题。"实质性"要求意味着企业应该披露对经济、环境和社会具有重要影响的方面,或实质上影响利益相关方评价和决策的方面。根据 GRI(G4 版本),披露者可以选择核心披露方案或全面披露方案。核心披露方案是只披露环境绩效内容;全面披露方案是指在核心披露方案的基础上,还要披露战略和分析、治理、商业伦理与诚信的标准等,以及与确定的实质性方面相关的所有指标,更全面地说明环境绩效。

GRI(G4 版本)中指出报告原则(principles)分为两类:界定报告内容的原则和界定报告质量的原则。界定报告内容的原则包括:满足利益相关方的合理期望,对可持续发展影响的程度,实质性,完整性。界定报告质量的原则包括:正面与负面的平衡性、可比性、准确性、时效性、清晰性、可靠性。

对于企业环境信息披露的具体过程(procedures),按 GRI(G4 版本),企

---

① 肖华,李建发.我国企业环境报告:现状、需求与未来[J].会计研究,2002,4:42-50.

业应该披露与各类输入物(如能源和水)和输出物(如废气、污水、废弃物)有关的影响。此外,还包括与生物多样性、交通运输、产品与服务相关的影响,以及环境开支和合规情况标准项。具体包括:

1. 物料

(1)所用物料的重量或体积。

本指标描述机构对保护全球资源的贡献,以及降低物料消耗强度和提高经济效益的努力。在编制该指标时,要说明机构的主要产品和服务。说明使用的物料总量,至少包括:①原材料(即,最终将转化成产品或服务的自然资源,如矿石、矿物、木材等);②相关的过程物料(即生产过程所需但并非最终产品组成部分的物料,如机器中的润滑油);③半加工产品或部件,包括最终产品中,除原材料之外所有形式的物料和部件;④包装物料,包括纸张、纸板和塑料。对于每类物料,说明是购自外部供应商还是从内部获得(如内部生产和开采活动)。对于每类物料,说明是来自不可再生来源还是可再生来源。说明该数据是估计的还是来源于直接测量。如果需要估计,说明所用方法。不应对使用数据再做处理,按"现状"而非"干物质/纯重"计算。

(2)采用经循环再造物料的百分比。

本指标旨在说明机构使用经循环再造物料的能力。

编制要领:说明 EN1 下披露的所用物料的总重量或体积。对于这些物料,说明经循环再造物料的总重量或体积。如需估计,说明所用方法。利用这些信息,用以下公式计算采用经循环再造的物料的百分比:

$$采用经循环再造的物料的百分比 = \frac{采用经循环再造物料的总量}{所用物料的总量} \times 100\%$$

如果物料的重量和体积使用了不同的测量单位,则可能需要转换为标准化单位。

2. 能源

本类指标主要是说明机构是否需遵守任何国家、地区或行业的能源规定和政策。

(1)机构内部的能源消耗量

主要披露:①以焦耳或其倍数为单位,说明不可再生能源的燃料消耗总量,包括所用的燃料类型。②以焦耳或其倍数为单位,说明可再生能源的燃料消耗总量,包括所用的燃料类型。③报告下述以焦耳、瓦时或其倍数计算的能源消耗量:电力消耗、供暖消耗、制冷消耗、蒸汽消耗。④报告下述以焦耳、瓦时或其倍数计算的能源消耗量:出售的电力、出售的供暖、出售的制冷、出售的蒸汽。⑤报告以焦耳或其倍数为单位计算的总能源消耗量。⑥说明计算所用的标准、方法和假设。⑦说明计算所用的转换系数的出处。

编制要领：说明机构内部消耗能源的类型（燃料、电力、供暖、制冷、蒸汽）。以焦耳或倍数为单位，说明机构内部消耗的能源使用量（燃料、电力、供热、制冷、蒸汽）。报告自产能源的消耗量时，不需要重复计算燃料消耗。例如，如果机构自己用煤发电，然后消耗所发的电力，计算能源消耗量时，只需在燃料消耗中计算一次即可。

能源可外部购买或者自己生产。本指标只需披露由机构拥有或控制的实体的能源消耗。

燃料分别报告来源于不可再生和可再生燃料的燃料消耗，其中：不可再生燃料来源包括：由机构拥有或控制的锅炉、火炉、加热器、涡轮机、照明器、焚烧炉、发电机和车辆等燃烧的燃料。不可再生燃料来源包括机构购买或生产的燃料，如煤炭以及从石油和天然气开采获得的天然气。可再生燃料来源是指由机构拥有或控制的来源，包括生物燃料（以直接使用为购买目的）和生物质电力、供暖、制冷和蒸汽利用已确定的为消耗而购买或自产的能源类型，以焦耳或倍数为单位，计算内部能源消耗总额。

机构需要报告计算和测量能源消耗所用的标准、方法和假设，并引述所用的计算工具。若需遵循不同的标准和方法，说明做出选择的方式。机构需对能源方面的所有数据使用统一的转换系数。若有需要，请通过适用于当地的转换系数将燃料转换为焦耳或倍数。若没有这样的系数，也可以使用通用的转换系数。机构在报告能源消耗量时，需选择一致的边界。如果可能的话，应与 G4-EN15 和 G4-EN16 指标使用的边界一致。机构可按以下方式分解能源消耗数据，提高长期的透明度和可比性：业务单元或设施、国家、来源类型、活动类型。

（2）机构外部的能源消耗量

具体包括：①报告以焦耳或其倍数为单位计算的在机构外部消耗的能源总量。②说明计算所用的标准、方法和假设。③说明计算所用的转换系数的出处。

编制要领：机构可首先评估哪些活动会在机构外部产生能源消耗，然后评估消耗的总量。本指标不包括 G4-EN3 指标已报告的能源消耗。在确定这些活动的相关性时，说明这些活动的能源消耗是否：①对预期的机构外部的能源消耗总量有显著影响；②机构的活动或者影响可能降低消耗；③机构面临的与气候变化风险相关的风险敞口，例如财务、监管、供应链、产品与客户、诉讼和声誉风险等。④关键利益相关方(如客户、供应商、投资者)认为具有实质性；⑤由以前在内部进行但现已外包的活动产生,或者其他同业机构一般在内部进行的活动而产生；⑥已在具体行业的指导中被确认为具有显著性；⑦符合机构或同业机构制定的其他相关性判定标准。确定属于以下类别和活动的上下游能源消耗。上游：购买的货物和服务、生产资料、燃料和能源相关的活动(不在指标 G4-EN3 中包含的活动)、上游的运输和分销、经营活动中产生的废物、商务差旅、员工通勤、上游资产租赁、其他上游；下游：下游的运输和分销、所售产品的加工、所售产品的使用、所售产品的最终处置、下游资产租赁、特许经营、投资、其他下游。机构可分别从不可再生和可再生能源来源两个方面报告能源消耗。机构需要报告计算和测量能源消耗所用的标准、方法和假设,并引述所用的计算工具。若需遵循不同的标准和方法,说明做出选择的方式。

(3)能源强度

企业报告的能源强度主要包括：①报告能源强度比。②说明机构用于计算该比率的度量标准(比率的分母)。③说明该强度比率所涵盖的能源类型：燃料、电力、供暖、蒸汽或以上全部。④说明计算该比率时,计算的是机构内部的能源消耗量,还是机构外部的能源消耗量,还是两者都包括。

编制要领：选择一个适当的比率分母用于代表单位产出、活动或其他机构特定度量标准,包括：产品单位,产量(吨、升、兆瓦时),规模(平方米建筑面积),全职员工总数,货币单位(收入、销售),机构可报告若干能源强度,以提高透明度和可比性。例如,他们可按以下分类计算单独的比例：业务单元或设施,国家,来源类型(定义见不可再生和可再生能源来源列表),活动类型。强度通过绝对能源消耗(分子)除以机构特定度量标准(分母)计算得出。机构可报告机构内部或外部消耗的能源强度。如果该比例需计算机构内部和外部两者消耗的能源,要分别列示。

(4)减少的能源消耗量

企业主要应该披露：①报告以焦耳或其倍数为单位计算的由于采取节能增效措施而直接减少的能源消耗总量。②说明减少的能源消耗量中所包含的能源类型：燃料、电力、供暖、制冷或蒸汽。③报告计算能源消耗量减少的基准,例如基年或基线,以及选择这一基准的理由。④说明计算所用的标准、方法和假设。

编制要领：计算或估计的因节能和提高能效措施节约的能源。本指标不含由产能减少或外包而减少的能耗。措施至少包括：流程改造、设备改造或翻新、员工行为的改变、经营变化。指出能源节约量的计算方法是估计、建模还是直接测量。如是估计或建模,请披露所用方法。机构可以选择:结合不同的能源类型,报告能耗减少量;分别就燃料、电力、供暖、制冷、蒸汽,报告能耗减少量。机构可以选择按照节能措施或措施的类别,分别报告能耗减少量。采取了多种节能措施的机构可优先报告在报告期内执行的举措,以及可显著降低能耗的措施。机构的相关举措及目标在能源方面的管理方法披露(DMA)中描述。机构需要报告计算和测量能源消耗减少量所用的标准、方法和假设,并引述所用的计算工具。若需遵循不同的标准和方法,说明做出选择的方式。

(5)产品和服务所需能源的降低

因为燃烧不可再生燃料会产生温室气体(GHG)并造成其他环境影响,能源消耗是造成气候变化的主要因素。高效利用能源对缓解气候变化至关重要。提供能源效率高的产品和服务是产品管理举措的重要组成部分。

编制要领:采用使用导向型数据,如一辆汽车或一台计算机的能源消耗。采用消耗模式相关信息,如每100公里行驶里程或每单位时间减少了10%的能源消。如果可用,请参阅行业通用标准获得信息(如汽车以90公里/小时的时速行驶100公里的燃料消耗)。机构需要报告计算和测量能源消耗减少量所用的标准、方法和假设,并引述所用的计算工具。若需遵循不同的标准和方法,说明做出选择的方式。

3. 水

(1)按源头说明的总耗水量

主要内容包括:①说明从以下来源获取的水资源总量:地表水,包括湿地水、河水、湖水、海水;地下水;报告机构直接采集和储存的雨水;其他机构的废水;市政供水或来自其他供水设施的水。②说明计算所用的标准、方法和假设。

编制要领:确定来自所有水源的总耗水量,包括制冷水的提取。说明这些计算是估计、建模或来自直接测量。如需估计或建模,请说明所用的方法。这个指标可能包括机构直接获取的水或通过中间机构(如水厂)获取的水。

(2)因取水而受重大影响的水源;

本部分披露的主要是:①按类型说明因机构取水而受到重大影响的水源总数;水源地规模;该水源地是否被划定为保护区(国家级或国际性);生物多样性价值(如物种多样性和稀有性,受保护物种数量);水源对当地社区和原住民的价值/意义。②说明所用的标准、方法和假设。

编制要领:说明因机构用水而受重大影响的水源地。满足以下一条或多条标准便可判定水源地受到严重影响:取水量平均达到水体年均总水量的5％或以上;从专业人士认为由于相对面积、功能特殊,或是罕见、濒危(或该水体支持了某种濒危物种)而特别脆弱的水体中取水;从《拉姆萨湿地公约》名单中的湿地或任何其他国家或国际自然保护区取水,无论取水比例如何;水源被认为具有较高的生物多样性价值(如物种多样性和特有性,受保护物种的总数);水源被认为对当地社区及原住民具有较高价值或重要性。如果由公共或私人供应商供水,则需确定并报告原水体或源头。

(3)循环及再利用水的百分比及总量

本部分主要的披露包括:①报告机构循环及再利用水的总量。②循环及再利用水的总量占总取水量(G4-EN8指标)的百分比。③说明计算所用的标准、方法和假设。

编制要领:确定循环及再利用水的体积。如果没有水表或流量计,请说明是否需要通过建模来估计。比如,机构的某个生产周期需要20立方米水,机构取20立方米水用于一个生产周期,然后重复利用,再进行三次生产过程,则该周期的循环和再利用水量为60立方米。

4.生物多样性

说明机构为实现生物多样性管理政策的战略。例如,在分析工具(如环境现场影响评价)中考虑生物多样性因素。

(1)机构在环境保护区或其他具有重要生物多样性价值的地区或其毗邻地区,拥有、租赁或管理的运营点。

在此部分,报告机构在环境保护区或其他具有重要生物多样性价值的地区或其毗邻地拥有、租赁或管理的各运营点的相关信息,包括:地理位置;机构拥有、租赁或管理的地下土地;与保护区(位于、毗邻、包含保护区的地区)或具有重要生物多样性价值地区的关系;运营活动类型(办公、制造/生产、资源采掘);运营点面积(平方公里);按以下特点划分的生物多样性价值:保护区和具重要生物多样性价值地区的属性(陆地、淡水或海洋生态系统);保护级别明细(如IUCN保护区管理名录、拉姆萨湿地公约、国家级立法)。

编制要领:确定拥有、租赁、管理、毗邻,或包含在保护区及其他具有重要生物多样性价值的地区中的运营点的位置和大小,包括已正式宣布的未来运营所在地。

(2)机构的活动、产品及服务在生物多样性方面,对保护区或其他具有重要生物多样性价值的地区的重大影响。

主要报告:①就以下一项或多项,说明对生物多样性的直接和间接重大影响的性质;建筑施工或制造业、采矿和交通设施的使用;污染(说明造成非栖息地原生物质进入的点源或非点源性污染);侵入性物种、害虫及病原体;物种的减少;栖息地变迁;自然变化范围之外的生态过程的变化(如盐度或地下水位变化)。②按以下内容,说明直接和间接的重大正负面影响:受影响的物种、受影响地区的范围、影响的持续期限、影响的可逆性和不可逆性。

编制要领:确定机构在活动、产品和服务方面,对生物多样性的重要正面和负面影响,包括直接影响和间接影响(如供应链的影响)。影响范围不仅限于正式保护的地区,也要考虑对缓冲区以及具有特殊重要性或敏感性的正式认定区域的影响。

(3)受保护或经修复的栖息地。

主要报告:①说明所有受保护和/或经修复区域的面积和位置,以及是否有独立的外部专业人士认可了修复措施的成功。②报告是否与第三方结成了伙伴关系,以在机构监督和实施修复或保护措施以外的地区,保护或修复栖息地。③每个地区在报告期末的状态。④说明所用的标准、方法和假设。

编制要领:本指标指完成补救的地区,或得到积极保护的地区(见定义)。如果符合"经修复"或"受保护"的定义,仍有运营活动的地区也应纳入。如果这些受保护或经修复的栖息地有监管或许可要求,则本指标中的信息需符合这些要求。

(4)按濒危风险水平,说明栖息地受机构运营影响的列入国际自然保护联盟(IUCN)红色名录及国家保护名册的物种总数。

本部分主要披露:①按以下濒危风险水平,说明栖息地受机构运营影响,列入国际自然保护联盟(IUCN)红色名录及国家保护名册的物种总数:极危、濒危、易危、近危、无危。

编制要领:确定受机构运营影响的栖息地位置,这些栖息应为IUCN濒危物种红色名录和国家保护名册中物种的栖息地。将规划文档所列的物种与上述名录的信息比较,监测记录以确保一致性。使用此信息,确定栖息地中每个灭绝风险类别的物种总数。

5.废气排放

废气排放方面的指标包括温室气体排放指标,以及臭氧消耗性物质,如氮氧化物、硫氧化物及其他主要气体的排放指标。温室气体议定书规定,机构应当报告机构拥有或控制的运营点的排放能源直接排放(范畴一),和机构购买或取得的、用于内部消耗的电力、供暖、制冷或蒸汽的生产造成的排放能源间接排放(范畴二)。在机构外部产生的所有间接排放(未包括在范畴二中),包括上下游机构的排放,为可选项。

G4要求,机构应披露其是否需遵守任何国家、地区或行业的排放规定和政策,提供此等规定和政策的例子。除使用DMA指导报告目标外,在报告温室气体排放目标时,说明是否使用了补偿抵消以达成目标,以及相应的类型、数量、标准或其所属的交易框架。

(1)直接温室气体排放量

在本部分,主要报告:直接(范畴一)温室气体排放量。①以二氧化碳当量(吨)计,说明独立于任何温室气体交易(如购买、销售或转换的抵销量或配额)的直接(范畴一)温室气体排放总量。②说明计算中包括的气体种类(二氧化碳、甲烷、一氧化二氮、氢氟碳化物、全氟化碳、六氟化硫、三氟化氮或以上全部)。③以二氧化碳当量(吨)计,报告除直接(范畴一)温室气体排放以外的生物源二氧化碳排放。④说明选定的基准年、选择的依据,基准年的排放,以及致使基准年排放重新计算的任何重要排放变化的背景。⑤说明所用的标准、方法和假设。⑥说明使用的排放系数和全球变暖潜能值(GWP)的出处,或对GWP的出处进行标注。⑦报告选用的排放数据合并方法(权益份额、财务控制、运营控制)。

编制要领:确认机构拥有或控制的温室气体直接排放源,包括:①发电、供暖、制冷或蒸汽。这些排放来自于固定来源(如锅炉、熔炉、涡轮)的燃料燃烧以及天然气放空燃烧等燃烧过程。②物理或化学加工。这些排放大部分来自化学品和物料(如水泥、钢铁、铝、氨、废物加工)的生产或加工。③物料、产品、废弃物、员工和乘客的运输。这些排放大部分来自机构拥有或控制的移动排放源(如卡车、火车、轮船、飞机、客车、小汽车)的燃料燃烧。④逃逸性排放。这类排放或有意或无意,例如设备接口、封口、包装、垫片的泄露;煤矿和通风的甲烷排放;制冷和空调设备的氢氟碳化物排放;气体运输中的甲烷泄露。根据确认的源头,使用全球变暖潜能值(GWP)计算机构在报告期间的直接温室气体排放总量(以二氧化碳当量为单位),排除任何温室气体交易,如购买、销售或转换的抵消量或配额。

机构应当说明用于计算和衡量排放的标准、方法和假设,并引述所使用的计算工具。若需遵循不同的标准和方法,说明做出选择的方式。选择一致的排放处理方式,并将其用于计算直接(范畴一)温室气体排放总量。如可能,选择与G4-EN16指标一致的方法。机构选择WRI和WBCSD《温室气体议定书:公司会计与报告标准》中所述的排放合并方法:权益份额、财务控制、运营控制。选择并确定存在排放数据的基年,并说明选择该年度的原因。要重新计算上一年度的排放,机构可采用WRI和WBCSD《温室气体议定书:公司会计与报告标准》中的方法。机构可报告二氧化碳生物排放,但此等排放应单独报告,不加入直接(范畴一)温室气体排放总量。这些排放仅指生物质的燃烧或生物分解,而不是任何其他温室气体(如甲烷、一氧化二氮)的排放,也不是除燃烧或生物分解以外的生物质生命周期内产生的温室气体排放(如加工或运输生物质产生的温室气体排放)。

关于抵消的信息可在排放方面的DMA中报告。用于计算排放的方法可包括:直接计量制冷系统消耗(煤、气)或损失(重注满)以及转化成温室气体(二氧化碳当量)的能源质量平衡计算。

(2)能源间接温室气体排放量

本部分主要披露:①以二氧化碳当量(吨)计,说明独立于任何温室气体交易(如购买、销售或转换的抵消量或配额)的能源间接(范畴二)温室气体排放总量。②报告计算中包括的气体,如有。③说明选定的基准年、选择的依据,基准年的排放,以及致使基准年排放重新计算的任何重要排放变化的背景。④说明所用的标准、方法和假设。⑤说明使用的排放系数和全球变暖潜能值(GWP)的出处,或者,如有,对GWP的出处进行标注。⑥报告所选用的排放数据合并方法(权益份额、财务控制、运营控制)。

编制要领:确定购买或取得的、用于机构自身消耗的电力、供暖、制冷和蒸汽的生产造成的温室气体间接排放,不包括其他间接(范畴三)排放。其他间接(范畴三)排放将在G4-EN17中报告。计算购买的电力、供暖、制冷和蒸汽的生产造成的能源间接温室气体排放总量。不包括任何温室气体交易,如购买、销售或转换的抵消量或配额。选择统一的排放处置方式,并将其用于计算能源间接(范畴二)温室气体排放总量。如可能,选择与G4-EN15指标一致的方法。机构选择WRI和WBCSD《温室气体议定书:公司会计与报告标准》中所述的排放合并方法:权益份额、财务控制、运营控制。选择并确定存在排放数据的基准年,并说明选择该年度的原因。机构应当说明用于计算和衡量排放的标准、方法和假设,并引述所用的计算工具。若需遵循不同的标准和方法,说明做出选择的方式。

如果能提高长期的透明度或可比性,机构可进一步分解能源间接(范畴二)温室气体排放数据。例如,按以下方面分解数据:业务单位或设施,国家,源头类型(电力、供暖、制冷和蒸汽),活动类型。要重新计算上一年度的排放,机构可采用WRI和WBCSD《温室气体议定书:公司会计与报告标准》中的方法。如可能,机构在计算排放方面的数据时,使用的排放系数和全球变暖潜能值(GWP)应当前后一致。排放系数可来自强制报告要求、自愿报告框架或由行业团体开发。而对 GWP 的估计会随着科学研究的进展而变化。机构可使用政府间气候变化专门委员会(IPCC)的《评估报告》。由于 IPCC《第二次评估报告》中的 GWP 被用来作为联合国京都议定书国际协商的基础,此等数值也可用来披露温室气体排放,只要不与国家或地区性报告要求冲突即可。机构也可使用 IPCC 最新的《评估报告》中的 GWP 数据。在 IPCC 的《评估报告》中,按不同时间长度,有多个 GWP。机构使用 100 年跨度的 GWP 即可。

(3)其他间接温室气体排放量

本部分主要报告的是:①以二氧化碳当量(吨)计,报告其他间接(范畴三)温室气体排放,不包括机构购买或取得用于内部消耗的电力、供暖、制冷或蒸汽的生产造成的间接排放(这些间接排放在 G4-E16 指标中报告)。不包括任何温室气体交易的情况,如购买、销售或转换的抵消量或配额。②如有数据,报告计算中包括的气体。③以二氧化碳当量(吨)计,报告除其他间接(范畴三)温室气体排放以外的生物源二氧化碳排放。④报告计算中包含的其他间接(范畴三)排放类别和活动。⑤说明选定的基准年、选择的依据,基准年的排放,以及致使基准年排放重新计算的任何重要排放变化的背景。⑥说明所用的标准、方法和假设。⑦说明使用的排放系数和全球变暖潜能值(GWP)的出处,或者,如有,对 GWP 的出处进行标注。

编制要领:本指标涵盖联合国《京都议定书》和 WRI 及 WBCSD《温室气体议定书公司会计和报告标准》涵盖的温室气体中的其他间接(范畴三)排放(以二氧化碳当量为单位)。

确定发生在机构外部,且 G4-EN16 指标中未披露的间接排放,包括上游和下游的排放。间接排放也可能来自机构的废弃物分解流程,所购商品的生产中与流程有关的排放,以及非由机构拥有或控制的设施中的逃逸性排放。评估机构的哪些活动造成间接排放,并计算相关的排放量。

在决定活动的相关性时,考虑这项活动的排放是否:①对机构预计的范畴三排放总量有显著影响。②机构的活动或者影响可能降低消耗。③机构面临的与气候变化风险相关的风险敞口,例如财务、监管、供应链、产品与客户、诉讼和声誉风险等。④被关键利益相关方(如客户、供应商、投资者或公民社会)认为具有实质性,由以前在内部进行但现已外包的活动产生,或者其他同业机构一般在内部进行的活动而产生。⑤已在具体行业的指导中被确认为具有显著性。⑥符合机构或同业机构制定的其他相关性判定标准;在报告该指标的排放时,机构可按下述类别和活动将数据分解:上游——购买的货物和服务、生产资料、燃料和能源相关的活动(不在范畴一或范畴二中包含的活动),上游的运输和分销、经营活动中产生的废物,商务差旅、员工通勤,上游资产租赁,其他上游;下游——下游的运输和分销,所售产品的加工、使用、最终处置,下游资产租赁、特许经营、投资,其他下游。

对于上述每项类别和活动,提供以二氧化碳当量为单位的数值,或解释为何不包含特定数据。上游/下游类别和活动,包括与类别和活动对应的编号,可见 WRI 和 WBCSD《温室气体议定书公司价值链(范畴三)会计和报告标准》。为便于 G4 和 WRI 和 WBCSD《温室气体议定书公司价值链(范畴三)会计和报告标准》的互相引用,编号已保持一致。机构可报告生物性二氧化碳排放,但此等排放应单独报告,不加入其他间接(范畴三)排放总量。这些排放仅指生物质的燃烧或生物分解,而不是任何其他温室气体(如甲烷、一氧化二氮)的排放,也不是除燃烧或生物分解以外的生物质生命周期内产生的温室气体排放(如加工或运输生物质产生的温室气体排放)。如果能提高长期的透明度或可比性,机构可进一步分解其他间接(范畴三)排放数据。例如,按以下方面分解数据:业务单位或设施、国家、源头类型、活动类型。

机构应选择并报告排放数据的基准年,并说明选择该年度的原因。要重新计算上一年度的排放,机构可采用 WRI 和 WBCSD《温室气体议定书:公司价值链(范畴三)会计与报告标准》中的方法。机构应当说明用于计算和衡量排放的标准、方法和假设,并引述所用的计算工具。若需遵循不同的标准和方法,说明做出选择的方式。如可能,机构在计算排放方面的数据时,使用的排放系数和全球变暖潜能值(GWP)应当前后一致。排放系数可来自强制报告要求、自愿报告框架或由行业团体开发。而对 GWP 的估计会随着科学研究的进展而变化。机构可使用政府间气候变化专门委员会(IPCC)的《评估报告》。由于 IPCC《第二次评估报告》中的 GWP 被用来作为联合国京都议定书国际协商的基础,此等数值也可用来披露温室气体排放,只要不与国家或地区性报告要求冲突即可。机构也可使用 IPCC 最新的《评估报告》中的 GWP 数据。在 IPCC 的《评估报告》中,按不同时间长度,有多个 GWP。机构使用 100 年跨度的 GWP 即可。

(4)温室气体排放强度

排放强度说明在机构特定度量标准下的温室气体排放情况。强度比的计算方法是用绝对排放量(分子)除以机构特定度量标准(分母)。温室气体排放强度即单位活动、单位产出或机构其他特定度量标准下的温室气体排放。许多机构用强度比跟踪环境绩效。本部分主要披露:①以二氧化碳当量(吨),说明减排的措施直接减少的温室气体排放量。②说明计算中包括的气体(二氧化碳、甲烷、一氧化二氮、氢氟碳化物、全氟化碳、六氟化硫、三氟化氮或以上全部)。③说明选定的基准年或基线,以及选择的理由。④说明所用的标准、方法和假设。⑤说明温室气体排放的减少发生在直接(范畴一)、能源间接(范畴二)还是其他间接排放(范畴三)。

编制要领:说明减少了温室气体排放的措施。措施包括但不限于以下形式:流程改造、设备改造或翻新、燃料更换、员工行为改变、排放抵消。采取了多种温室气体减排措施的机构可优先披露在报告期内执行的措施,以及有可能对减排产生显著作用的活动。活动和相应的减排目标可在废气排放的方面DMA披露中进行说明。分别按照直接(范畴一)、能源间接(范畴二)或其他间接(范畴三)排放,说明温室气体的减排情况。由于降低产能或外包引起的减排不计入此项。由排放抵消产生的减排应与其他减排区分,单独说明。机构可以排放清单或基于项目的方式说明减少的排放。排放清单的方式将减排与基年数据比较,基于项目的方式则是与基线比较。关于详细的记录方法,可查看 WRI 和 WBCSD 的《温室气体议定书公司价值链(范畴三)会计与报告标准》和《温室气体议定书项目会计》。机构应当说明用于计算和衡量排放的标准、方法和假设,并引述所用的计算工具。若需遵循不同的标准和方法,说明做出选择的方式。

资料来源:可能的信息来源包括 EN15、EN16 和 EN17 指标所述的排放测量、估算或会计数据。有关措施的信息可从环境管理的负责人获得,例如能源或设备经理。

(6)臭氧消耗物质(ODS)的排放

本部分主要披露:①以 CFC-11 当量(吨)为单位,报告 ODS 的产生量、输入量和输出量。②报告计算中包括的物质。③说明计算所用的标准、方法和假设。④说明使用的排放系数的出处。

编制要领:本指标覆盖了联合国环境署《关于消耗臭氧层物质的蒙特利尔议定书》附件 A、B、C、E 中物质的生产、输入和输出,以及机构产生、输入或输出的任何其他 ODS。说明机构产生、输入或输出的 ODS。ODS 产量＝ODS 产生量－认证技术消除量－完全作为其他化学物质生产原料的物质量。不包括循环和再利用的 ODS。如果能提高长期的透明度或可比性,机构可进一步分解 ODS 数据。例如,按以下方面分解:业务单位或设施、国家、源头类型、活动类型。机构可将 ODS 数据与相关物质分别报告或合并报告。机构应当说明用于计算和衡量排放的标准、方法和假设,并引述所用的计算工具。若需遵循不同的标准和方法,说明做出选择的方式。

(7)氮氧化物、硫氧化物和其他主要气体的排放量。

本部分主要披露:①以千克或其倍数为单位,说明以下各主要气体的排放量:氮氧化物、硫氧化物、持久性有机污染物(POP)、挥发性有机化合物(VOC)、有害空气污染物(HAP)、可吸入颗粒物(PM)、其他在相关法规中明确的气体排放标准类别;②说明所用的标准、方法和假设;③说明使用的排放系数的出处。

编制要领:说明机构排放的重要气体污染物及排放重要气体的源头。基于确认的上述气体污染物及其源头,计算排放到环境中的重要气体排放量。机构应当说明用于计算和衡量排放的标准、方法和假设,并引述所用的计算工具。若需遵循不同的标准和方法,说明做出选择的方式。由于计算特定的气体排放(如氮氧化物)需要复杂的定量研究,选择以下方式之一,说明用于计算的方法:对排放的直接计量(如在线分析工具等)、根据实地具体数据计算、根据公开的排放系数计算、估算(如果由于缺乏默认数据需采用估算,机构应说明估算的基础及假设)。如果能提高长期的透明度或可比性,机构可进一步分解空气排放数据。例如,按以下方面分解:业务单位或设施、国家、源头类型、活动类型。

6.污水和废弃物

(1)按水质及排放目的地分类的污水排放总量

本部分主要披露:①按以下分类,报告规划的和未规划的排水总量,包括排放目的地、水质(包括处理方法)、是否会被其他机构再利用。②说明所用的标准、方法和假设。

编制要领:按目的地确定规划和未规划的排水(不包括收集的雨水和生活污水),说明处理方法。如机构没有仪表计算排水量,需用 G4-EN8 所述取水量减去实地消耗的大致水量进行估算。排放污水或工艺用水的机构在说明水质时,涉及污水总量应使用标准参数,如生化需氧量(BOD)、总悬浮微粒量指数(TSS)加以说明。具体质量参数的选择取决于机构的产品、服务、运营。参数应与机构所在行业使用的指标一致。水质指标依国家或地区条例而定。

(2)按类别及处理方法分类的废弃物总重量

本部分主要披露:①按以下处理方法,说明有害和无害废弃物的总重量:再利用、循环、堆料、回收(包括能源回收)、焚化(大规模燃烧)、深井灌注、垃圾填埋、就地贮存、其他(由报告机构说明)。②说明决定处理方法的过程:由报告机构直接处理或以其他方式直接确认,由废弃物处理承包商提供的信息,废弃物处理承包商的行业惯例。

编制要领:按以下分类确认机构运营产生的废弃物总量:有害废弃物(符合废弃物产生时国家法律的定义)、非有害废弃物(除废水以外的任何其他形式固体或液体废弃物)。如果没有重量数据,使用有关废弃物密度和体积、质量平衡或类似信息来估算重量。

(3)严重泄露的总次数及总量

本部分主要披露:①报告记录在案的严重泄露的总次数和总量。②对于已在机构财务报告中披露的泄露,提供各次泄露的以下补充信息:泄露地点、泄露总量、泄露的物质。③说明严重泄露的影响。

编制要领:确定所有记录在案的严重泄露和泄露总量。明确上述所有泄露中哪些已经或将在财务报告中披露。对于已在机构财务报告中披露的泄露,说明每次泄露的以下信息:油料泄露(土壤或水面)、燃料泄露(土壤或水面)、废弃物泄露(土壤或水面)、化学物质泄露(多数为土壤或水面)、其他(由报告机构说明)。

(4)按照《巴塞尔公约》附录Ⅰ、Ⅱ、Ⅲ、Ⅷ的条款视为有害废弃物经运输、输入、输出或处理的重量,以及运往境外的废弃物中有害废弃物的百分比。

本部分主要披露:①说明以下每项的总重量:运输的有害废弃物、输入的有害废弃物、输出的有害废弃物、经处理的有害废弃物。②运往境外的有害废弃物的比例。

编制要领:按目的地,确定报告期内由机构或代表机构运输的危险废物。运营范围内外的运输均包括在内。结合上述信息,使用以下等式确定运输的危险废物总重量。确定跨境运输的危险废物总重量,并按目的地说明输入机构的危险废物量。机构不同运营点之间的运输不计为输入量。确定机构往境外运输的危险废物总数的比例(按目的地),包括所有离开报告机构边界跨境运输的危险废物,机构不同运营点之间的运输不计。在运输和输出的所有危险废物中,按目的地确定经机构处理的危险废物占比。在由机构运输、输入或输出的所有危险废物中,按目的地确定经由外部来源/供应商处理的危险废物占比。将体积转换成大致的重量,并简要说明所用方法。

(5)受机构污水及其他(地表)径流排放严重影响的水体及相关栖息地的位置、面积、保护状态及生物多样性价值。

本指标是对应污水排放定量指标的定性描述,有助于描述这些排放产生的影响。影响水生环境的排水和径流会对水资源的可获得性产生显著影响。确认受排水影响的水体有助于辨别机构在重要地区,或面临社区关注、水资源短缺等特定风险之区域的活动。本部分主要披露:根据编制要领中的标准,说明受污水排放严重影响的水体及相关栖息地,补充信息为:水体和栖息地的面积、水体和相关栖息地是否被指定为保护区(国家级或国际性)、生物多样性价值(如受保护物种的总数)。

编制要领:确定受到机构污水排放显著影响的水体,需符合以下至少一项标准:排放量占该水体年均总量的平均5%或以上;根据相关专业人士(如市政当局)意见,对水体和相关栖息地造成了或极可能造成显著影响的排放;根据专业人士意见,向由于相对面积、功能或现状,被视作罕见、受到威胁、濒危的系统(或支持某种濒危物种)而特别脆弱的水体的排放;任何向《拉姆萨公约》78名单中湿地的排放,或向国际/国内保护区的排放,无论排放比例如何;水源被认定具有较高的生物多样性价值(例如物种多样性或特有性、受保护物种总数);水源被认定具有较高价值或对当地社区至关重要。

7. 产品和服务

(1) 降低产品和服务环境影响的程度

此部分主要披露:①定量说明在报告期内,降低产品和服务对环境影响的程度。②如是根据使用情况推算的数据,说明推算是基于哪些对消耗方式所做的假设,采用了哪些系数来使数据标准化从而具有可比性。

编制要领:本指标中,不包括以下已在其他环境指标中述及的影响:产品和包装的回收(G4-EN28)、对生物多样性的影响(G4-EN12)。说明在报告期间,为减缓产品/服务对环境最显著的影响而采取的具体措施,包括:物料使用(如:不可再生、能源密集型、有毒物料的使用)、用水(如:生产或使用中用水的体积)、废气排放(如:温室气体、有毒物质、臭氧消耗性物质排放)、污水排放(如:在生产或使用中所用水的质量)、噪音、废弃物(如:不可回收、有毒物料或化合物)。说明在报告期内,缓解产品和服务对环境影响的程度。如考虑洗衣机的用水量时,消耗模式或标准化系数的基本假设可表达为每洗5千克衣物少用10%的水。

(2) 按类别说明,回收售出产品及其包装物料的百分比

此部分主要是:①按每个产品类别,说明回收的产品及包装物料的百分比。②说明本指标下的数据是如何收集的。

编制要领:说明在报告期内,在使用末期时回收(如循环或再利用)的产品及其包装物料的总量。退货和召回的产品不计。包装的循环或再利用需分开说明。

(3) 违反环境法律法规被处重大罚款的金额,以及所受非经济处罚的次数

此部分主要披露:①就以下各项,说明重大罚款和非经济处罚:重大罚款的总金额、非经济处罚的数量、通过争议解决机制提起的诉讼。②如机构未有任何违法或违规,简要陈述这一事实即可。

编制要领:确定因违反环境法律法规而导致的行政或司法制裁,包括但不限于:

国际性的宣言、公约与协定,国家级或亚国家级、地区和当地规定,包括满足 G4-EN29 标准在 G4-EN24 下披露的泄露相关的违规;与监管当局签订的具有约束力的自愿环境协议(替代实施新规定)。在有些司法辖区,这些协议被称为"契约";通过国际争议解决机制或(政府机构管辖的)国内争议解决机制提起的针对机构的诉讼。

8.交通运输

(1)为机构运营而运输产品、其他货物及物料以及员工交通所产生的重大环境影响。

主要披露:①为机构运营而运输产品、其他货物及物料以及员工交通所产生的重大环境影响;如不披露定量数据,说明原因。②说明机构如何降低运输产品、其他商品和物料及员工交通产生的环境影响。③说明在判定环境影响的严重程度时,采用的标准和方法。

编制要领:确定机构使用的运输方式产生的显著环境影响,包括但不限于:能源使用(如石油、煤油、燃料、电力)、废气排放(如:温室气体排放、臭氧消耗性物质、氮氧化物、硫氧化物和其他气体排放)、污水排放(如:不同化学物质)、废弃物(如:各类包装物料)、噪音、泄露(如:化学物质、油料和燃料的泄露)。说明机构如何降低产品、其他商品和物料运输及员工交通产生的环境影响。

9.整体情况:按类别说明总环保支出及投资

说明总环保支出,包括:废弃物处置、废气排放处理、补救成本;预防和环境管理成本。

编制要领:根据以下各项的相关支出,确认废弃物处置、废气排放处理和补救的成本,包括但不限于:废弃物的处置和处理、废气排放处理(如过滤器、药剂等支出)、购买和使用排放证书的支出、设备的折旧、维护、操作消耗的物料和服务以及相关的人力成本、环境责任险、清理成本,包括 G4-EN24 下所述泄漏事件的补救成本、确定预防和环境管理成本包括但不限于:环境教育和培训,环境管理外部服务,管理系统的外部认证、研究和开发,采用清洁技术的额外支出(如高于标准技术的额外成本)、绿色采购的额外支出,其他环境管理成本。本指标下的支出信息不包括 IFAC《环境管理会计国际准则》中定义的违反环境法规的罚款。

10.供应商环境评估

(1)使用环境标准筛选的新供应商的比例

此部分应说明使用环境标准筛选的新供应商的比例。

编制要领:说明机构考虑所选择或订立合同的新供应商总数;说明使用环境标准筛选的新供应商总数,环境标准可包括环境类别下的方面。

(2)供应链对环境的重大实际和潜在负面影响,以及采取的措施。

此部分披露:①说明接受环境影响评估的供应商的数量。②说明确认为对环境具有重大实际和潜在负面影响的供应商的数量。③说明供应链中确认的重大实际和潜在负面环境影响。④确认为对环境具有重大实际和潜在负面影响的供应商中,有多大比例的供应商经评估后,被认为负面影响有所改善。⑤确认为对环境具有重大实际和潜在负面影响的供应商中,有多大比例的供应商经评估后,被终止合作关系,以及相应的原因。

编制要领:如果能为重大影响提供适当背景,我们鼓励机构按照供应商所在地及重大实际和潜在负面环境影响,对这个指标要求的信息细分。负面影响包括机构造成或可归咎于机构的影响,或因和供应商的关系而与机构的活动、产品或服务有关的影响。环境影响评价可包括环境类别下的方面。评估可根据约定的绩效期望进行,这些期望在评估前确定并向供应商说明。评估结果可通过审查、合约评审、双向参与、申诉和投诉机制渠道告知。改善措施可能包括:调整机构的采购做法、调整绩效期望、能力建设、培训、更改程序。

11.环境问题申诉机制

此部分主要说明经由正式申诉机制提交、处理和解决的环境影响申诉的数量,包括:(1)在报告期间,经由正式申诉机制提交的环境影响申诉的总数。(2)在已确认的申诉中,说明:在报告期内得到处理的申诉数量、报告期内得到解决的申诉数量。(3)本报告期之前提交的,在本报告期内解决的环境影响申诉总数。

编制要领:说明现有的正式申诉机制。正式的申诉机制可由报告机构或外部方管理。说明在报告期内通过正式申诉机制提交的环境影响申诉总数。说明报告期间得到处理或解决的申诉数量,无论这些申诉是在本年度还是过往年度提交的。如果能为重大影响提供适当背景,我们鼓励机构按照申诉的性质、所在地及提交方,将申诉的数量细分。申诉提交方可包括:内部利益相关方(如员工)、外部利益相关方(如供应商、当地社区)、代表比例不足的社会群体的成员、符合其他多样性指标。

三、环境会计信息

宋子义（2012）[①]提出的一个比较全面的环境会计信息披露报告书，指出企业披露的环境会计信息应该包括：

第一部分，企业环境基本状况。包括：

1. 企业简介。
2. 企业环境政策。
3. 企业环境目标。
4. 企业环境方针。
5. 企业环境现状：(1)排放污染物种类、数量、浓度和去向；(2)环保设施建设与运行情况；(3)重大环境事项的披露；(4)环境污染事故应急预案；(5)减少污染措施；(6)环保效果；(7)企业污染物主要处理措施；(8)采用环境标准及其变化对数据的影响；(9)环境会计所采用的方法及其变化带来的影响；(10)环境监测制度与监测技术；(11)实施环境会计审计的情况；(12)环境诉讼；(13)环境质量认证；(14)清洁生产执行情况；(15)新投资项目环保设施支出。

第二部分，企业环境要素信息。包括：

1. 环境资产：(1)环境货币资金；(2)短期环境资产；(3)应收环境治理款；(4)应收环境治理补贴款；(5)应收环境破坏赔偿款；(6)自然资源原值；(7)减：自然资产折耗；(8)自然资产净值；(9)短期环保投资；(10)环境资源；(11)环境固定资产原值；(12)减：累计折旧；(13)环境固定资产净值；(14)环境准备金；(15)环境应收补贴款；(16)环境在建工程；(17)环境工程物资；(18)长期环境资产；(19)环境无形资产；(20)长期待摊环境费用；(21)其他环境资产。环境资产总计。

2. 环境负债：(1)应缴环保税；(2)应付环境设备款；(3)环境污染预计负债；(4)环境治理借款；(5)应付环境治理款；(6)应付环境补偿费；(7)应付环境资源税；(8)应付罚款；(9)应付排污处理费；(10)应付自然资源恢复费；(11)应付自然资源降级处理费；(12)其他应交款。环境负债合计。

3. 环境权益：(1)自然资源资本；(2)自然资源资本增值；(3)环境基金；(4)环境留存收益；(5)环境利润。环境权益合计。

---

① 宋子义，《环境会计信息披露研究》，中国社会科学出版社，2012。

4.环境收入:(1)政府环保拨款与补贴;(2)税收减免;(3)环境补偿收入;(4)环保无形资产转让收入;(5)利用"三废"生产产品收入;(6)环保成绩突出获得奖金收入;(7)其他企业赔偿的污染损失收入;(8)转让排污许可证收入;(9)转让碳排放权收入;(10)转让环保捐款收入;(11)实施清洁生产而减少的排污费;(12)国家或地方政府对环保成绩显著企业颁发的奖金;(13)其他环保收入。环境收入合计。

5.环境成本:(1)环保设施支出;(2)对原有环保设备改造的支出;(3)新投资项目的环保设施支出;(4)环境污染治理费用;(5)环保机构和人员经费;(6)环境技术开发支出;(7)排污费;(8)绿化费;(9)环境补偿费用;(10)环境诉讼费用;(11)资源税;(12)环保工艺支出;(13)环保产品或专利支出;(14)环境研发费用;(15)对职工特殊工种的环境补贴费用;(16)环保罚款支出;(17)环保责令停业损失;(18)临时性或突发性环保支出;(19)与环境有关的社会活动赞助支出;(20)环保贷款利息支出;(21)其他费用。环境成本合计。

6.环境利润:也有人将环境利润称为环境净收益,从数量上看,它是环境收入减去环境成本后的净值。

第三部分,环境现金流量信息。包括:

1.环境经营活动的现金流量净额:(1)收到的与环境有关的经营活动的现金;(2)支付的环境影响的经营活动有关的现金;(3)支付的环境税费,等等。

2.环境投资现金流量净额:(1)收回环境投资所收到的现金;(2)处理固定资产、无形资产收回的现金净额;(3)构建固定资产、无形资产所支付的现金,等等。

3.环境筹资活动现金流量净额:(1)环保借款所收到的现金;(2)政府拨发环保费用所收到的现金;(3)发生筹资费用所支付的现金,等等。

第三节 披露的方式与渠道

企业可以通过多种渠道进行环境信息披露,最重要的渠道是公司年报,其次是独立编制的环境报告或公司社会责任报告。再次,随着互联网的普及,越来越多的企业在自己的网站以及其他重要网站上披露自己的环境信息。其后,许多企业利用新闻发布会和媒体采访的机会,披露相关的环境信息。最后,当企业进行再融资等活动时,按照中国的规定,重污染行业的企业也必须在证监会指定媒体和网站上进行环境信息披露。

年报是企业与外界沟通最重要的管道,具备法律责任和强制性,备受各方重视。但年报篇幅有限,往往不能充分展示企业的环境信息。有的企业的环境报告没有与年报同时披露,致使一些利益相关者未曾注意和阅读,错失了报告效力的发挥。公告也具有法律责任,但公告没有定期性和强制性,并且公告的成本也比较高昂,篇幅不会太长。报纸杂志具有第三方发布消息所具有的客观性,并且可以图文并茂,许多企业环境报告或公告通过报纸杂志向外披露。但报纸杂志的发行范围有限,且成本也比较高。企业网站现在发挥着越来越大的作用。企业网站具有信息获得便利、信息量大的特点。利益相关者一般只要浏览企业网站,就可以获得大量企业发布的环境信息。而且企业网站发布信息成本非常低。企业网站虽然信息量大,但企业网站内容是个积累的结果,不同时点得到的结果不一样,因此只适于做横截面分析。新闻发布会或媒体采访报道,也能披露一些企业的环境信息,但由于这些活动具有偶发性特征,产生的作用有限。

披露渠道可能影响到披露内容的取舍。因为在报刊上披露的年报篇幅有限,而在互联网等媒介上披露的信息,理论上篇幅可以无限延长。从当前各国的研究文献看,在公司年报中的环境信息披露普遍表现出三个特点:第一,主要集中在重污染型行业;第二,大企业披露较多;第三,主要反映出关于环境的正面和积极的信息,即披露信息基本都是讲述企业的运营中有利于环保的消息。

de Villiers et al.(2011)指出,企业会根据策略动机来选择披露渠道:当企业着眼于公开资本市场参与者时,自愿性环境信息主要在年度报告中披露,以达到减少信息不对称和逆向选择的风险。而当企业着眼于非公开资本市场参与者时,它们主要是在独立报告和网站披露,以便降低政治成本。当然,资本市场参与者可以从其他来源收集信息的年度报告,但他们一般不愿意依靠那些未经审计、不受管制和格式不规范的披露来进行投资决策。他们发现,当企业面临短期的环境危机时,多在企业的网站进行披露;而在长期环境声誉较差的情况下,企业多选择在年度报告中进行环境信息披露。[①]

---

① de Villiers,C.,& van Staden,C.J.(2011).Where firms choose to disclose voluntary environmental information.*Journal of Accounting and Public Policy*,30(6),504-525.

第四节　环境信息披露的量化

环境信息披露的量化一般使用内容分析法。但文本分析法具有量化结果不精确的特点。同一篇文本，不同的人就会得到有差异的测度结果，因此一般都要先对编码员进行培训，并且出于稳健性起见，最好使用多个编码员测度结果的均值。

环境信息披露的测度并没有得到统一认可的定义，各文献计量准则也不一致，具有代表性的做法包括：

Clarkson et al.(2008)认为，环境信息披露可以从"水平(level)"和"性质(nature)"两个维度去测量。披露的水平是指"数量(quantity)"和"程度(extent)"，而披露的性质是指信息是否是"客观(objective)"的和可以"外部验证(externally verifiable)"的。披露的数量水平，是指披露篇幅的大小，可以分为绝对披露数量水平和相对披露数量水平。绝对披露水平对年报中关于环境披露的内容，计算字数与行数(Zeghaland Ahmed,1990;Deegan and Gordon,1996)，或者是句子数(Ingramand Frazier,1980)，或者是页数(Gray et al.,1995;Patten,1995)。以页数计算偏差比较大些，因为可能受到插图表格等的影响。在此基础上，还可以按披露是否涉及金额等数据进行附权，比如在一句话中，如有披露金额信息的，可得3分；如有具体数字信息的，可得2分；如有其他一般性陈述的，可得1分(Campbell,2004;Cowan and Gadenne,2005;Mahadeo et al.,2011;Suttipun,2012)。相对披露数量水平是指与环境有关的披露数量除以总的披露数量，比如年报中环境信息披露的行数除以年报总的行数。环境信息披露的质量水平，是指披露的环境信息在被用于决策时能够被感知的精确度、相关性和有用性。质量水平常用归类加权计算法测算，就是将与环境有关的信息披露进行归类，若有披露到这一类，就进行计分。可以按照披露内容的重要性或具体性进行附加权重(这点获得许多研究者的赞同，如Wiseman,1982;Deegan 和 Gordon,1996;Hackston 和 Milne,1996;Buniamin et al.,2011)。Clarkson et al.(2008)结合一个环境专家的建议，在GRI的指导原则下，提出了一个7个维度95条披露打分表，并配有相应的打分规则。

笔者发现，按照这个表，编码员的打分不会差异太大，很好地保证了"一致性"原则，有利于研究具有可重复的性质。笔者认为，数量水平和质量水平本质含义上相互接近，彼此各有优缺点。数量水平比较忠于原文，但若企业大篇幅地泛泛而谈,虽没有多少实质性内容却仍能得高分。披露质量水平的特点是同类信息的多次披露不重复计算,另外信息可用性越高,披露得分就比较高,比较符合信息交流的特点,但在归类以及同类信息合并问题上,存在主观判断的问题。

另一种方法是 Wiseman(1982)、Cormier and Magnan(2003)、Al-Tuwaijri et al.(2004)以及 Cormier(2009)等所使用的方法,将公司的环境信息分为六类,一般性描述赋值1分,专门性描述赋值2分,具有量化信息的赋值3分。这种方法的特点是简洁直观、编码速度比较快。但这种方法测出的环境信息披露水平可能也存在一些问题:第一,信息的重要性没有恰当处理,比如企业披露的两个信息分别是"企业每年的废气排放都符合国家标准"和"企业本年度排放废气600立方米",按照 Wiseman(1982)等人使用的方法,则前者得2分,后者得3分。但实际上是否符合国家排放标准显然比单纯给出一个排放数据要更加重要。第二,测度的精确性不高。由于该方法的分类只有六类,许多具有异质性的信息被放在同一类中合并计算,信息总水平被人为降低。另外权重的赋值不能突出环境绩效,这点受到了 Clarkson et al.(2008)的批评。

还有一种方法是按信息的特点分多维度进行测算。沈洪涛等(2010)在借鉴 Darrell and Schwartz(1997)、Freedman and Stagliano(1992)和 Patten(1992)的方法,量化公司环境信息披露的数量和质量。数量得分是年报中与环境有关的披露行数。质量得分考虑显著性、量化性和时间性三个维度,三个维度的赋值依据如下:(1)显著性:将年报分成两部分,一部分是财务部分,包括财务报表、财务报表附注和补充报表;年报中其余的部分为非财务部分。若环境信息仅在非财务部分披露,赋值1分;若在财务部分披露,赋值2分;既在财务部分披露又在非财务部分披露,赋值3分。(2)量化性:若披露的环境信息只是文字性描述,赋值1分;若披露的是数量化但非货币化信息,赋值2分;若披露的环境信息是货币化信息,赋值3分。(3)时间性:若披露的是关于现在的信息,赋值1分;若披露的是有关未来的信息,赋值2分;若披露的是现在与过去对比的信息,赋值3分。样本企业的环境信息披露水平由标准化处理的数量得分和质量得分相加而得。该指标的显著性和时间性两个维度具有特色。

先前的文献研究结论的不一致,一个重要的原因就是各文献对环境信息披露的测度方法不同,如果不事先对研究的测度方式进行区分,必然导致结论和交流上的混乱。笔者认为,好的量化方法,应该具有全面性、易操作性和可比性。

企业环境信息披露的全面性是指从企业环境信息披露的实质和目的出发,综合考虑多个维度。企业之所以要进行环境信息披露,是因为环境信息影响到利益相关者的判断和决策。有些利益相关者,比如公众,考虑更多的可能是污染物的排放,因此他们需要企业更多地披露环境绩效指标。政府比较关心企业的环境管理体系是否完善,以免发生环境事故,因此政府需要知道企业是否在环保方面管理规范。投资者和外部股东的侧重点在于环境行为对企业现金流的影响,因此企业环境披露中的货币信息是他们迫切想掌握的。是故,企业环境信息披露应该将环境信息分成几个维度,从而使披露能够满足各方利益相关者的需求。当然,不同类别的信息重要性是不同的,一个泛泛而谈的环保理念,其信息量远不如一个具体的排污数据。因此,不同维度的权重应该是不一样的。具体维度的划分和权重的给定,应该结合利益相关者的意见而定。

企业环境信息披露的易操作性是指编码工作的难易程度。由于环境信息的文字量大,导致使用文本分析法进行编码时,工作量大。因此编码的规则要尽量简单。否则,无论是使用人工编码还是机器编码,都会产生大量的错误,影响研究和分析的结论。

企业环境信息披露的可比性,是指编码的模式保持稳定,尽量减少编码员的主观判断。这样即使不同的编码员,对同一家企业的环境信息披露文本量化结果都基本一致。可比性的另一个意思是要体现信息披露的本质。通过阅读中国上市企业年报中的环境信息,笔者发现有的企业同类信息,比如企业的环保理念,会在企业年报中多次出现。相同类别或相同性质的信息,若出现多次,不应该重复计算,因为后面出现的信息并不能给信息接收者提供增量价值。而使用 Wiseman(1982)或者简单地按篇幅量化的方法,就无法避免这方面缺点。

综合以上三个原则,笔者认为 Clarkson et al.(2008)的方法目前看来相对较好。这种方法结合了环保专家的意见,在信息维度划分和权重的赋值方面比较科学。硬披露和软披露的区分使披露的质量和数量都能得到表现。另外,该方法给出的操作依据比较充分,编码员很容易掌握,能够保证研究中企业环境信息披露水平这一数据的可比性。该方法的缺点,笔者认为,是货币信息披露的划分类别偏少,导致一些环境的货币性信息披露无法得到体现。Clarkson et al.(2008)对此的解释是,许多货币性信息属于美国证监会要求企业披露的信息,而他们那篇文章研究的是企业自愿性环境信息披露,因此回避了一些信息。

第五节 研究的目的与框架

一、研究的目的

本书的目标,就是在系统梳理企业环境信息披露理论的基础上,运用不完全信息动态博弈的信号传递模型等理论模型和相关的实证计量模型,对中国企业环境信息披露的动机、行为以及后果等,进行观察和分析,考察企业、政府、资本市场和其他利益相关者围绕企业环境披露进行的阶段性动态博弈以及演化结果,力求通过对传导机制的分析,研究我国上市企业环境信息披露现状背后深层次的原因,并寻找最佳的环境规制路线图。本书特别关注以下几个问题:

第一,关于企业环境信息披露,有哪些主要的理论?这些理论的发展脉络是什么?相关的实证研究结果是什么?

第二,企业环境信息披露背后的动态博弈过程,特别是企业、政府、投资者与资本市场之间的博弈和信号发送具体是什么?我国企业环境信息披露的动机源和动力传递机制有哪些?

第三,现实的经验数据,能支持哪些理论?这些理论及实证数据有哪些局限性?

第四,环境信息披露本身存在的问题,包括格式、模式、时间、渠道等,是如何影响到披露效果的?环境会计怎样优化企业的环境信息披露行为?

第五,如何制定适宜的环境规制,提高政府的环境管理效率,改善现有的环境信息披露体制,利用价值手段激励企业主动披露,并提高资本市场在处理企业环境信息方面的效率。

二、研究思路

本书的主线,集中于中国企业环境信息披露的动机、方式和后果。由于后果反过来能形成下一阶段的动机,因此本文将动机分为以外来原因或先导变量构成的"外因",以及变动环境信息披露能给企业带来利弊的"内因"。除了理论的汇集和思辨外,还进行了数理模型构建,并以中国上市公司为样本进行了实证研究。在数理模型方面,本书在理论支持的前提下,运用不完全信息动态博弈的信号传递模型,对我国企业环境信息披露的动机,以及披露与实际行为之间的关系进行分析。该博弈模型首先根据先前理论提出企业进行环保和披露的动机和行为表现;其次提出政府和公众根据披露对企业的环保绩效做出判断并进行相应的奖惩;再次引入企业根据奖惩和竞争对手的反应决定下一阶段的环保投入,并利用披露发送信号的行为;最后推出随着时间和外部规制因素的变化,博弈不断演化最终趋于稳定的分离均衡状态。我们构建的博弈模型模拟了我国企业环境信息披露的动力传递机制及表现,并利用上市公司数据进行实证检验,最终希望提出相应的政策建议,并通过规范环境信息披露为引导企业环保和提高企业价值做出一定的贡献。

三、本研究的重点

本书主要突出了以下几个方面:
(1)理论的汇总、集萃和思辨。在本书中,作者力图网罗企业环境信息披露领域中各种重要的理论流派和代表性观点,从中梳理出起源和发展的脉络。汇总、对比分析环境信息披露的相关理论流派,力图建立综合性的环境信息披露理论,并提出我国政府、企业、社会公众三者对环保和环境信息披露的动机和备择策略。
(2)基于适当的假设,构建博弈模型并推导其演化的方向和最终结果。
(3)利用我国上市公司的数据,对模型推导的定理和假设进行验证。
(4)根据模型的推导和实证的结果,探讨环境管理政策,提出能激励企业自觉环保和主动披露环境信息的政策机制。

四、研究框架

第一部分为导言,目标是为后续研究奠定基础。首先界定企业环境信息披露的定义,以及明确几个重要的概念。然后探讨企业环境信息披露应该包括的内容和披露方式。再后是讨论信息披露的量化,并介绍当前各主要国家的公司环境披露现状。最后提出研究的目标和方法。

第二部分,环境信息披露的理论分析。我们首先从经济学视角,对企业的环境行为、责任、权利进行谈论,并在此基础上引出企业环境信息披露的经济学分析。其次,我们汇总相关的环境披露理论流派,进行归纳、梳理和对比。

第三部分，环境信息披露的外因分析。主要考虑外部影响因素和先导性变量，对企业环境信息披露的影响。首先，我们分析了披露制度对企业环境信息披露的影响。其次我们用数理模型演绎政府与企业在环境信息披露上的博弈，呈现环境信息披露背后的动力传递机制。再次，我们实证研究了披露成本对环境信息披露水平的影响。最后，我们还选择了几个重要影响因素的作用。

第四部分，环境信息披露的内因分析。我们利用中国上市公司数据，实证分析了环境信息披露给公司带来的后果，包括融资约束的缓解、营销业绩的上升、资本成本的降低等，也是对前面理论模型的结论进行佐证。

第五部分，研究结论与政策建议。通过对前述研究结论的梳理，提出改进企业环境信息披露体制、正确引导企业环境行为的政策建议。

其基本框架图如图 1-1 所示。

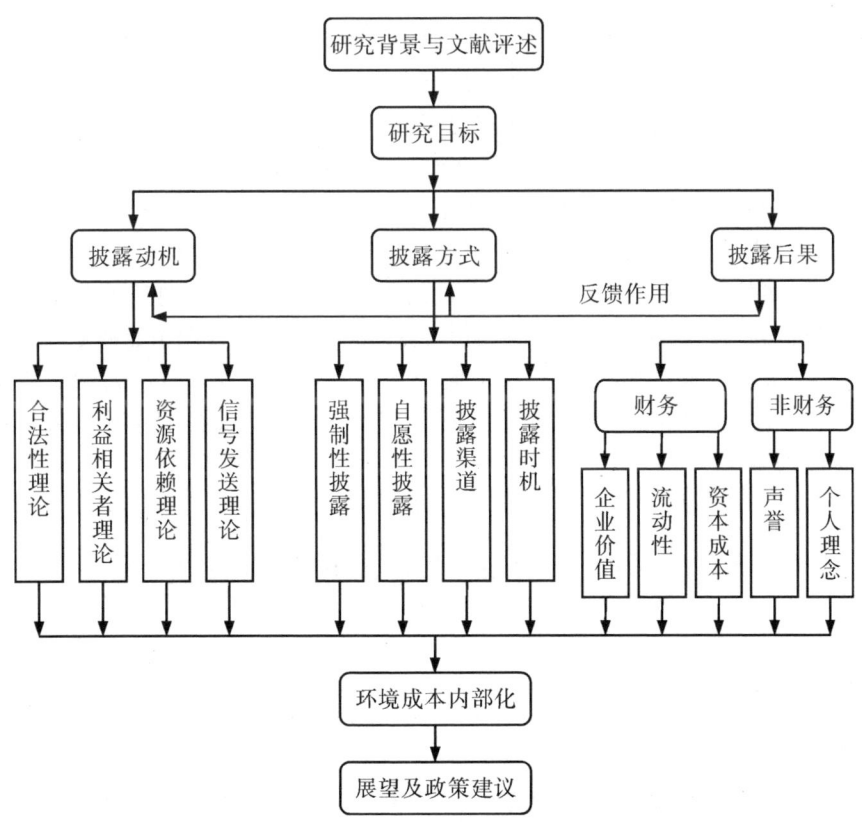

图 1-1　本书的研究框架图

第二章　企业环境信息披露的国际状况

只有当社会进入工业化以后,人类的经济活动才会产生重大的环境污染问题。也只有经济水平发展到一定阶段后,社会才有能力处理环境污染问题。因此,随着工业化程度的不断提高,世界一些国家相继陷入严重的环境污染并越来越重视环保,企业的环境信息披露也逐渐被社会和企业所重视。因此当前企业环境信息披露方面比较出色的国家,也都是发达市场经济国家。从其发展历史,我们可以得到一些启迪,尽量减少相应的社会代价。因此,本章主要关注了美、欧、日的企业环境信息披露发展过程和现状。

环境信息披露是企业基于内在愿望和外部要求,公开企业经营活动中与环境有关的信息,主要包括关于企业环境管理活动的目标、行动与效果的信息。由于环境信息涉及企业的商业机密,关系到企业的竞争和生存,只有瑞典、挪威、荷兰、丹麦和法国等少数国家较早开始实行强制性环境报告(Frost,2007)。多数国家对强制性环境信息披露都比较谨慎。当前自愿性环境披露是环境信息披露的主要构成。自愿性披露由于与企业治理和企业战略导向有关,从而被理论研究所关注,出现了大量关于自愿性环境信息披露的研究文献。但自愿性环境披露的可用性差,因此强制性环境披露的国家在未来应该会逐渐增多。

第一节　美国的企业环境信息披露

一、特点

随着工业化时代的开启,美国一度出现了非常严重的环境污染。随着重化工业的膨胀和日常化学物质的消费,空气不再清新,河流变了颜色,民众抗议声不断。经过环保组织和媒体的不断推动,美国政府开始认识到环保的重要性,民众环保意识高涨,举国上下环保努力不断加强,甚至为此不惜将一些企业外迁,放弃经济利益。美国对企业的环保监管比较严格,对企业环境信息披露的要求比较高。美国是世界上最早进行环境信息披露的国家之一。1974年Lund对美国516家企业的研究发现,当时已有40%的企业有着正式的环境报告。经过了几十年的发展与完善,美国已经建立了比较全面的企业环境信息披露规范体系。美国的企业环境信息披露制度不断细化和完善,也带动了其他发达国家企业环境信息披露的发展。

自1998年以来,美国联邦环保署(Environmental Protection Agency,简称EPA)就要求钢铁、汽车、金属和造纸等污染较严重的行业通过互联网向利益相关者披露环境会计信息,并通过减少或免除相关环境事故处罚,鼓励企业自愿报告环境信息。从美国的五个重污染行业公司环境信息披露情况来看,美国的做法主要是通过合理估计企业环境污染形成的或有负债,来反映公司的环保问题的影响程度。美国监管机构通过制定有关的会计准则,指导企业记录和披露环境方面的负债和支出。例如,为解决环境支出的记录问题,美国财务会计准则委员会先后发布了《石棉清理成本的会计处理》《处理环境污染成本的资本化》和《环境负债会计》三份文件。另外,美国证券交易委员会专门就环境会计与报告问题予以说明,发布了第92号专门会计公报,主要要求:(1)在财务报表上分别列示环境负债和可以收到的补偿;(2)确认可能承担的环境成本;(3)量化环境负债的基本标准;(4)对预计的环境负债和补偿予以贴现的做法;(5)对子公司环境负债的列示。①

根据周洁、王建明(2005)的研究,美国上市公司环境信息披露具有以下几个特点:第一,环境信息披露主要安排在年报管理层讨论分析部分。第二,公司环境信息披露主要包含环境政策、环境成本和环境负债三个方面内容。首先,环境政策的披露:美国上市公司披露公司环境政策目标,并且只要与环境负债和成本相关的特定会计政策都予以披露,有的公司还披露政府就环境保护措施给予的鼓励。其次,环境成本的披露:美国上市公司披露公司的环境成本,并将环境投资和环境费用分别做了列示,对研究、再利用、环境健康管理等方面有一定的描述。再次,环境负债的披露:美国上市公司披露公司的环境负债,对与环境有关的可能债务予以定量的披露,如超级基金站点数及预计清理费,对越来越严格的未来法规所导致的潜在债务予以说明,对与环境有关的债

---

① 参见:周融.美国企业环境会计信息披露对我国的启示[J].现代经济信息,2012,05:199。

券和金额等予以披露。第三,披露的具体形式。美国上市公司对环境信息主要采取定量形式披露,定性描述为辅。第四,公司管理层对环境信息披露比较重视,对某些环境事项会随着时间推移持续在公司年报中进行披露。

二、主要法律

根据杜悦英(2010),美国与企业有关的环境法规分为两类:一类是污染控制与预防法规,其中影响较大的法规包括:1899年的《河流港口法》(主要是禁止船只和企业在河流港口倾倒垃圾);1947年的《联邦杀虫剂、灭菌剂、灭鼠药法》(主要是控制这些毒剂的使用);1948年的《清洁水源法》(主要是保持水资源的清洁与持续);1965年的《固体废物处理法》(主要是对固体垃圾处理作出规定);1970年的《资源保护和恢复法》(主要关于如何保护和恢复相关资源增加废物循环利用);1970年的《职业安全和健康法》(主要是保护职员不受环境污染的损害);1972年的《海洋保护、研究和救援法》(主要是关于如何保护海洋的生态);1974年的《安全饮水法》(对引用水源进行保护);1990年的《污染防范法》(对如何预防企业污染环境作出规定)。另一类是补偿性法律法规,对造成污染的责任方征收民事和刑事罚金,其中最有名的为《超级基金法》,规定企业必须对超出超级基金范围的预计责任承担自然增值的责任,并在财务报表附注中披露相关环境问题。《空气清洁法》迫使许多企业在年报中对遵从《空气清洁法》的情况进行如实报告,以免遭受诉讼。其他的主要法规包括《资源保护和回收法》和《综合环境反应、补偿和债务法》等。

TRI(有毒物质名录)的强制披露制度,是美国环保法规中引人瞩目的一个。美国国会要求任何聘用超过10个全职员工、并属于标准工业分类体系中第20到39项的工厂,生产或持有TRI所列302种化学品中任何一种,产量达25 000磅以上,或使用10 000磅以上,或生产、持有TRI所列20种有毒化学品任何一种的工厂,将本年度储存和排放的有毒化学品信息整理归档并向美国环境保护局(EPA)提交年度报告,以便制定应急措施。报告中的信息将被编入有毒物质排放名录(TRI)并对公众开放。TRI的强制披露制度产生了人们没有预料到的深远影响。首先,它弄清了有毒物质排放的行业和企业分布情况,帮助行政机关确定了需要进行管制的优先领域和目标,提高了公众对有毒物质排放问题的理解和关注。其次,TRI的强制披露制度推动了许多企业着手进行大量减排,其减排程度远远超过了现行管制规定的要求,并逐渐推动正式的、独立的与年度财务报告类似的正式的公司环境报告的大量出现。

再次，TRI 的强制披露制度为环境政策法律的制定、强化和执行提供了帮助。TRI 的强制披露制度最为重要和最有意义的影响，是其代表了环境管制从末端控制向污染预防的根本转变。①

三、金融和会计方面的规定

美国的管理层认为，由于环保法规日益严苛，企业的环境事项对企业的发展前景影响很大，从而显著影响着企业的价值和投资者决策。因此企业有责任进行环境信息披露。为了配合披露行为，为企业和外部利益相关者提供一个便于沟通的工具，美国于20世纪70年代开始在企业中推行环境会计核算体系，并加强了对上市企业环境会计信息披露的具体规定和业务指导。

美国对企业披露环境信息的方式有着明确的要求，其中一点就是要量化污染的财务成本和收益。为便于企业执行，管理部门还制作了具体的指导细则。美国联邦环保署1995年发布了《环境成本表》和《作为企业管理工具的环境会计入门：基本概念及术语》，从而使企业的环境负债、环境成本等，在定义、性质、分类上都有了清晰的文字描述，为企业环境信息披露的推进发展提供了基础。美国证券交易委员会（Securities and Exchange Committee，简称 SEC）要求美国的上市企业，根据美国财务准则委员会的第5号准则公告《或有负债会计》，对企业的或有环境负债进行评估，并在10-K 表和年报进行披露；披露 S-K 条款规定的遵守联邦、州以及地方环境法规对财务影响的基本描述、紧急环境事务等；披露第92号专门会计公报规定的环境负债和场地清理与监控成本。为了更好地指导企业，美国证券交易委员会还发布了《石棉清理成本的会计处理》和《处理环境污染成本的资本化》等文件，对环境支出资本化费用做了详细规定②。除此之外，SEC 还与美国联邦环保署就环境信息披露问题进行合作达成了协议，要求美国联邦环保署按季向证券交易委员会提供某些环境信息。这些规定反映了美国证券交易委员会要以更严格的方式要求上市企业进行环境信息披露的态度。

美国财务会计准则委员会（Financial Accounting Standards Board，简称

---

① 本段主要引自：杜万平，王梦怡.中美对比浅析我国环境信息披露制度的不足[J].生产力研究，2012，12：161-162.

② 参见：周洁，王建明.美国企业环境会计信息披露的分析——以重污染行业上市公司为例[J].生态经济，2005，10：101-105.

FASB 对企业环境问题所引起的或有负债、计量基础及环境成本等方面的披露做出了细致的规定,如第 5 号准则公告《或有负债会计》与第 14 号解释公告《损失值的合理估计》,以及紧急问题工作组公告《清理污染成本的资本》《环境负债会计》等,均为企业环境报告的编制提供了准则。

美国注册会计师协会(American Institute of Certified Public Accountants,简称 AICPA)于 1996 年发布了《关于环境补偿责任业务报表(第 96-1 号)》(SOP96-1),作为对《或有事项会计》的履行质量的保证。公告明确了环境责任充分披露的有关问题属于自愿披露。公告也确立了企业对自己所造成污染的补偿责任财务核算原则,保证了企业环境成本核算的规范性。

美国会计学会(American Accounting Association,简称 AAA)成立了专门组织行为环境影响委员会,专门研究企业的环境信息披露问题,并要求企业通过内部报表和外部报表两张表来披露环境信息,并对企业财务与非财务信息的处理、用于控制环境的资产和折旧费的编制等方面给出了明确的建议。

总的来看,美国的企业环境信息披露法规比较健全,具体的业务指导细则和配套实施办法都比较充分,大大方便了企业进行相关的披露操作,也有助于外部利益相关者对企业披露的环境信息的财务后果能有比较准确的估计,因此美国的企业环境信息披露的管理制度和企业实践,处于世界领先位置。

第二节　日本的企业环境信息披露

一、特点

日本的企业环境信息披露出现得相对较迟。1993 年以后日本企业才开始在年报中披露环境信息。随着日本建设"循环型经济社会"口号的提出,富士通企业在 1998 年发布了环境报告书,其中尝试了环境会计模式,成为日本第一家披露环境会计信息的大型企业。之后,日本企业的环境信息披露实践活动发展迅速,企业纷纷披露环境信息。虽然日本一直都实行企业自愿性环境信息披露制度,但进入新世纪后,大多数日本上市企业都发布了独立的环境报告。

日本较早制定了环境会计准则。日本的环境会计准则详细规定了企业环境会计信息披露的内容和有关披露格式的具体要求,为日本企业提供了具体的披露标准和指导。根据日本 2003 年 3 月发布的《促进可持续社会建设主计划》,到 2010 年,日本 50% 以上的上市企业和 30% 的未上市但雇员超过 500 人的企业应发布环境报告。在 2008 年 7 月对东京、大阪、名古屋的 6 484 家企业深入调查的结果显示,进行环境信息披露的企业已从 1997 年的 169 家增至 2007 年的 1 011 家,其中,上市公司占 55.6%,非上市公司占 44.4%(刘仲文、张琳琳,2007)。

日本企业主要以独立环境报告的形式进行环境信息披露。根据调查,自 1999 年以后,超过一半的日本上市公司在其公司网站上设置环保专栏,利用网络公开自己的环境行为和绩效,披露公司的环境报告书。另外,日本公司还纷纷制作公司环境手册,或者在公司介绍手册等文件中披露公司的环境信息,积极向外界展示自己的环境理念和绩效。

二、主要法规

二战后,日本急于发展经济,对环境保护不够重视,结果在经济高速增长的同时,环境形势也急剧恶化。同许多国家一样,日本也经历了先发展经济后治理环境的曲折道路。到 1967 年,日本的环境污染到达顶峰,大型环境污染事件不断发生,人们强烈要求政府采取措施改善环境。日本开始制定《环境基本法》《环境基本规划》《环境影响评价法》《节能法》《合理用能及再生资源利用法》《废弃物处理法》《化学物质排出管理促进法》等法规,使得企业不采取环境污染控制措施的成本要明显高于采取环境污染控制措施的成本。

在日本,环境信息的披露通过法律法规给出了具体和规范的要求。日本管理企业环境保护及信息披露的部门是环境省。日本政府建立了健全的环境法律法规体系,目前已制定环境法律法规达 7 000 余种,不但通过强制手段开展环保工作,还重视利用市场、企业和民众的自愿行动。

2001 年 4 月,日本颁布实施了《环境污染物质的移动、排放登记制度》(PRTR 法),规定各企业必须对制度中提出的 354 种化学物质的使用做到精确地计量和申报。日本政府发布的《环境会计指南 2002》,给出企业三种可选的环境报告内容格式:(1)仅披露有关的环境成本信息。该格式明确了环境成本的确认和计量标准,所以这种格式提供的信息是最可靠的。(2)将环境成本与环保收益共同列示进行比较。它有利于进行成本/收益分析,但由于很大一部分环境收益无法以货币计量,使得分析难以精确。(3)列示全部两类环境收益。它的综合性最高,可以给出关于企业环境业绩的完整图景。日本的《环境会计指南2005》制定了详细的指导规范,要求企业参照规定将需要披露的科目逐一列示在独立的报告书中,促进了企业主动和规范地披露环境信息。(焦若静,2007)

三、金融和会计方面的规定

1999年,日本环境省(Ministry of the Environment Government of Japan)颁布了《环境成本及报告指南》,对环境成本的分类及内容作了比较详细的规定,初步确立了环境会计的系统框架。

2000年,日本环境省出台了一份官方环境会计报告《环境会计指南》,对环境成本的分类和计量方法做了进一步的补充和说明,并对如何以货币和实物等单位来反映环境绩效提出了指导性意见,使得环境信息披露开始得到普及。日本环境省在《环境报告书指南(2003年版)》中要求企业披露环境成本、环保收益、环保活动所产生的经济效益等企业所有的环境财务信息。(焦若静,2007)

一方面,日本政府在不断完善和健全环境法律体系的基础之上,先后不断发布了《环境会计指南》《环境会计手册》《环境报告书指南》等关于环境信息披露的法规和准则,其中详述了环境报告书的定义、环境报告书的制作目的和方法、报告内容和对象,并对环境信息披露的时间、对象、内容进行了较为详细的规定,并对环境披露质量提出明确标准和详细标准,要求企业对影响环境的重要事项进行专门核算和专门报告,以保证提供的信息可靠性好、可比性强、易于理解,定量和定性资料齐全。另外,还提供了环境业绩评价指标体系,以此作为计算环境成本、评价企业经济活动的基本依据。这提供了非常实用的参照标准,具有很强的实践操作指导性,从而使日本企业环境信息披露的格式越来越规范。另一方面,通过充分发挥行业协会和研究机构的作用,深入进行相关调查研究,促进企业环境信息披露实施的科学化,这也是日本企业的环境信息披露得以迅速推广的重要措施。

目前,引入企业环境会计、在公开发表的《环境报告书》中披露环境会计信息的企业日益增多。除此之外,已有越来越多的日本企业要求独立的环境审计或监督机关,包括日本公认会计师协会为主的日本相关协会、职业团体和研究机构等,对企业环境报告进行第三方认证,以取得社会公众的信任,树立企业的环保声誉,扩大环境经营为企业带来的利益。这客观上推动了日本企业环境信息审计和环境报告第三方认证的展开,促进了日本企业环境信息披露的良性发展。

在日本,日本企业大多是以独立于年度财务报告之外的环境报告书的形式披露以环境成本和环境收益为主的环境信息,说明企业污染防治情况、环境管理现状、环境责任履行概况等。对外发布的独立的环境报告书须由会计师事务所审计并出具验证意见,这几点都与美国相似。但与美国相比,在日本环境规则相对是比较合作性与自愿性的。另外,日本的上市公司大多在公司网站上设置"环境"专栏,极大地方便了公司环境信息的需求者获得有关公司的相关资料。

第三节 欧盟的企业环境信息披露

1992年欧盟官方发表的《走向可持续发展》报告,是欧盟加速推动企业环境信息披露的标志。该报告认为,必须把环境信息作为与决策有关的企业信息披露的一个重要组成。欧盟自此开始大力鼓励企业披露环境信息。1993年3月,欧盟国家环境部长会议通过了《环境管理与审计计划》(Environmental Management and Audit Scheme,简称 EMAS)。EMAS 鼓励欧盟企业改进它们的环境保护措施。EMAS 批准加入环境管理和审计计划的企业可以使用生态标志。欧盟还颁布了第1836条欧盟委员会条例《欧盟的环境政策和原则》,鼓励欧盟企业自愿提高环保努力,包括企业自行建立和实施环境保护政策、目标和计划,拥有有效的环境管理系统,以及编制相关的环境报表等。

英国在1985年修订的公司法中,要求企业以定期报告形式披露社会责任履行情况,并且鼓励公司自愿披露相关的环境信息。在1990年颁布的英国环保法案中,要求污染行业的英国企业,必须披露其环境行为及绩效。英国政府部门在1997年发表相关的文件,敦促英国的大型企业向公众报告其每年的温室气体排放情况。英国在公司环境信息披露方面和大多数国家类似,结合使用自愿性披露和强制性披露两种方式。

荷兰环境部为了规范确认和计量宏观范围的环境成本,发布了主要用于财政部门的《环境成本与收益的确认与计量方法》文件。该文件旨在通过指导宏观范围的环境成本计量,对企业环境治理活动所发生的支出进行推算,从而为制订、改善和评价政府环境政策提供参考。至于企业环境成本的确认、计量和披露,由企业根据自身具体情况确定。荷兰环境部还明确规定了本国大型企业编制环境报告的义务。荷兰企业编制的环境报告书分为面向政府和面向社会公众两类。两类报告的格式和内容虽有所不同,但是可以交叉使用。面向社会的环境报告也可以提交给政府,面向政府的环境报告可以向社会公布。①

1989年挪威政府在修订过的公司法中,要求企业向公众报告公司的排污情况,以及相应的环保努力和绩效。就在当年,挪威诺斯克海德鲁公司第一个发布了公司环境报告。自此以后,挪威越来越多的企业发布独立的环境报告、企业责任报告和三重底线报告。总体上,挪威企业和公民的社会责任意识和环境保护意识,在全世界都位居前列。丹麦等其他欧盟国家,也在20世纪90年代相继颁布了关于企业环境信息披露的相关法规,对欧洲企业环境信息披露产生了很好的示范和促进作用。

由于缺乏共识和明确规定,欧盟各国的企业环境信息披露表现出较大的差异。欧盟企业的环境信息披露采用的方式,包括散布在各种公司年报中的环境信息文本、表格、图表等,以及公司披露的独立报告。环境信息披露的内容和方式的多样性表明,企业环境信息披露尚需通过跨国行政力量予以规范。

第四节 总结

对前述进行国际比较分析,国外发达国家的企业环境信息披露主要存在以下几个特点。

第一,披露的形式多样,单独的环境报告正日渐增多。美国、日本与一些欧洲国家环境信息披露形式类似,有相互借鉴、全球趋同的势头。发达国家的企业,纷纷通过公司介绍手册、营业报告书、企业网站的环境专栏等披露环境信息,可读性比较高,信息容易获取。

第二,披露的内容具体,涵盖了多个维度,包括公司的环境政策、管理制度、环境绩效指标等,一些国家的企业已经开始以披露环境成本、环境负债等环境的货币信息为主。环境信息披露的内容采用货币与非货币相结合的方式进行表述的,涵盖范围广,国家对企业披露的范围和程度正不断具体化,报喜不报忧的选择性披露的空间被不断压缩。环境报告由第三方审计的比例也逐年升高,增加了公司环境信息披露的准确度和可信度。

---

① 引自:徐贵丽.国外环境会计研究:综述、特征及对我国的启示[J].财会通讯,2011,30:19-22.

第三,披露的格式规范,并通常具有统一的报表编制要求。如对环境成本的披露,企业通常可选用资产负债表、利润表或只列示环境成本,哪一项写在哪一栏通常都有具体的要求,不同企业之间的可比性比较高。

第四,发达国家的企业环境信息披露制度比较完善。欧美日等发达经济体国家,由于较早经历了工业化污染的阶段,对企业环境信息披露的作用和本质认识得比较深入,制度建设比较完善,强制性披露规定和自愿性披露规定相互补充,可操作性比较强。

理论研究篇

第三章 环境信息披露理论流派

企业环境信息披露理论主要集中在披露动机理论和披露方式理论。披露动机理论主要分析企业为何要披露环境信息,可分为主动性披露动机理论(自愿性披露理论)和被动性披露动机理论(社会与政治理论)。前者的侧重点在于如何通过环境信息披露获得利益,后者的侧重点在于如何通过环境信息披露减少损失和成本。企业环境信息披露动机的理论有很多种,有些理论具有相同的渊源,只是强调的侧重点稍有不同。文献中比较多见的几种披露动机理论包括:信息不对称理论、合法性理论、利益相关者理论、委托代理理论、企业社会责任理论、可持续发展理论和决策有用论等。披露方式理论探讨企业的最佳披露策略,包括披露内容、披露程度、披露渠道等。总体来看,企业环境信息披露理论主要起源于自愿性披露理论。由于关于企业环境信息披露的研究出现的时间不长,整个理论体系还处于发展阶段。

第一节 环境信息披露研究的发展脉络

欧美国家较早注意到社会对企业环境信息的需求。20世纪70年代开始,为了竞争的需要,一些欧美企业开始在财务报告中进行环境信息的披露。Friedman(1970)关于企业社会责任的著名文章,激发了理论界对企业环境行为经济后果的讨论。Porter 和 Linde(1995)的战略性环境论,进一步促进了关于影响企业环境行为和披露的经济因素的研究。20世纪90年代可持续发展理论的兴起,使公众开始要求政府对企业的环境行为进行干预,欧盟开始实施 WEEE、RoHS 和 Eup 以促进企业的环保行为。随着经济发展和社会价值观的演进,出现了一批专注于环境信息披露研究的著名学者和文献,如 Ingram(1980)、Wiseman(1982)、Richardson(2004)、Blacconiere 和 Patten(1994)、Cormier(1999)、Plumlee(2002)、Clarkson(2004,2008)和 Magnan(2008)等,他们的研究视野不断扩大,试图从不同角度探索环境信息披露的动机与后果,但研究结论并不一致,有些甚至相互矛盾。早期的文献主要出自于美国、加拿大和澳大利亚的学者,现在世界各国都有学者发表环境信息披露的研究成果。

根据不同的研究出发点,可将先前关于企业环境信息披露的研究文献分成自愿披露理论派(voluntary disclosure theories)和社会与政治理论派(socio-political theories)(Clarkson,2011)。前者以 Verrecchia(1983)和 Dye(1985)为代表,后者以 Gray 等(1995)为代表。

自愿披露理论派认为企业内在的自发性动机是企业披露环境信息的推动力。披露者能够得到包括心理上的回报和经济上的回报。比如具有社会责任理念的高管,通过环境信息披露,向外界宣告自己的原则和追求,达到精神上的满足甚至是自我约束的作用。再比如环境绩效好的企业,希望通过其他企业难以模仿的自愿性披露,向外界表明自己的类型,以获得超常经济回报,如政府的支持、顾客的好感和投资者的追捧。这种理论的衍生结论就是环境信息披露水平与环境绩效存在正相关关系。自愿披露理论派可追溯到 Spence(1973)的信号发送模型。该模型指出,内部信息的掌握者,可以通过发送信号,表明自己属于好的那部分,而获得购买者较高的出价。

自愿披露理论聚焦于环境信息披露的正面收益,正面收益越大,企业越有动力自愿进行披露。当前这一流派的研究,大多是将传统会计理论中自愿性信息披露六个市场驱动力的理论思路,应用到环境信息披露的研究,因此研究切入点比较散乱。除了在降低资本成本方面研究文献较多、结论比较一致外,其他的研究文献考虑的侧重点各有差异。代表性研究包括:Cormier 和 Magnan(1999)认为,包括融资动机在内的经济动机是影响企业环境信息披露的决定性因素之一。Arora 和 Gangopadhyay(1995)提出企业通过宣扬自己的环保特征,减轻了同对手之间的价格竞争压力。Blacconiere 和 Northcut(1997)等发现企业通过环境信息披露可以达到影响发行股票价格的目的。Li、Richardson 和 Thornton(1997)发现企业面临融资需求时,经济绩效越差的企业环境信息披露水平越高,表明企业有通过信息披露吸引投资者的动机,与 Ingram 和 Frazier(1980)等的研究结论恰恰相反。Plumlee 等(2008)通过分析环境信息披露对资本成本的影响,认为环境信息披露将显著降低融资成本。总的来看,基于不同时期不同国家的研究结论存在差异,总体上理论基础单薄。

社会与政治理论认为,人类社会充满着各种政治和经济活动。社会、政治和经济相互作用并交织在一起。社会中的各种群体可能相互合作分享资源,也可能为了自己的利益相互竞争(Gray et al.1995;Patten,2002)。企业受到其所存在的社会的法规和政治体制影响。如果企业的行为偏离了社会主流价值观的期望,就会受到利益相关者的压力。社会对企业的环境绩效的期望总是在不断上升的,因此越是绩效差的企业,所受的社会与政治的压力越大,越有动力通过主动的环境披露,来为自己进行辩解。因此,环境信息披露水平与环境绩效就呈现反比的关系。

社会与政治理论更多地聚焦在企业如何通过环境信息披露避免负面影响。Cormier 等(2005)将社会与政治流理论派的理论归纳为四种信息披露动机原理:(1)合法性理论(legitimacy theory)认为企业通过披露环境信息表明自己的环境绩效,向社会证明了自己存在的理由和价值。(2)制度理论(institutional theory)认为企业为适应所处社会的体制和文化,就必须满足当地社会对其行为的期望,因而通过环境信息披露行为来和社会进行沟通。(3)资源依赖理论(resource dependence theory)认为企业通过环境披露,来获得投资者和政府的支持等资源。(4)利益相关者理论(stakeholder theory)则认为企业的自愿环境披露是因利益相关者的要求而为。四种理论都有符合现实的一面,但尚没有某种理论取得主导地位。

中国的研究尚处于发展阶段。早期的研究主要在于认识企业环境信息披露这一新事物。孟凡利(1999)较早关注环境信息披露并对相关定义、各影响因素的关系等问题进行了探索。随后的研究开始讨论环境信息披露的框架,耿建新和焦若静(2002)比较全面地展示了企业环境信息应该披露的内容,李建发和肖华(2002)阐述了我国企业环境信息披露的现状、需求和发展前景。

其后的文献开始考虑我国环境信息披露的外在表现特点。肖淑芳和胡伟(2005)考察了 2002—2003 年的我国上市企业环境信息披露的现状后发现,进行披露的主要是重污染型企业,披露格式散乱且非数量化,信息实用性低,并缺少必要的真实性、完整性方面的证明。一些实证研究探讨了企业特征与环境信息披露的关系。汤雅莉(2006)发现企业环境信息披露水平与企业规模和 ROE 正相关。沈洪涛(2007)对 1997—2004 年石化行业上市公司的研究发现,规模越大盈利越好的企业越倾向于披露环境信息,公司财务杠杆和再融资需求不影响公司社会责任信息披露,包括上市地点和披露期间在内的披露环境对公司社会责任信息披露有显著影响。王立彦(2009)分析了企业环境信息的信息含量。

再后的文献较多地关注导致企业披露环境信息的动机问题。一部分研究探讨了环境信息披露的经济动机,从自愿披露理论出发分析企业的环境信息披露。沈洪涛等(2010)发现环境信息披露可以降低重污染型企业的融资成本。林文靖(2012)提出了企业进行环境信息披露是为了从政府处进行寻租。更多的实证研究是从社会—政治理论角度分析环境信息披露的动机。李朝芳(2010)从合法性理论视角研究中国上市公司的环境信息披露。肖华和张国清(2008)分析"松花江事件"对相关行业公司的股价以及环境信息披露行为的影响,发现样本公司在事件后两年的环境信息披露比事件前两年显著增加,表明了经理人通过披露环境信息对自己进行辩解和保护。沈洪涛和马杰(2012)指出舆论监督和政府的压力,对企业环境信息披露具有显著影响。王霞等(2013)发现,中国企业选择披露环境信息的比例和水平逐年提高,但披露内容具有选择性和应对性,对污染物的排放后果、法律诉讼以及可能面临的或有负债等负面信息披露不足;来自环保部门、政府的公共压力或政治成本,以及企业品牌声誉的内在激励,显著地影响企业选择披露环境信息的概率和水平;来自银行债权人的监督、企业的两权分离度也在一定程度上影响企业是否选择披露环境信息的概率,但对环境信息披露水平的影响不显著。沈洪涛等(2013)从经济学的信号传递理论和政治学的合法性理论两个竞争性的视角,验证企业自愿披露非财务信息的动机,发现企业环境表现与环境信息披露之间存在显著的 U 型关系,当企业环境表现水平较高时,环境表现越好的企业,环境信息披露水平越高,并且信息质量较高;当企业环境表现水平较低时,环境表现越差的企业,环境信息披露水平越高。这一特征在国有企业中尤为显著,并且披露的信息以数量而非质量取胜。

  总之,国内的研究,经历了概念框架的建立、特征分析与因果推断的由浅入深的发展过程,虽只有约十年的时间,但研究的切入点和思路已基本和国际理论前沿保持一致。发展速度较快的原因和国内证券市场管理制度迅速与世界接轨有关,也和全社会对环境保护的观念认识和国际靠拢有关。但研究的深度和精细化程度不及欧美,研究的基础比较薄弱,文献不够丰富。由于企业环境数据没有公开,国内尚没有环境披露与环境绩效之间比较有力度的文献,这一环节的缺乏导致环境信息披露难以确定其可用性,也影响了后续研究的深入开展。

第二节 信号发送理论

  信息披露的本质就是要解决信息不对称。但要彻底解决信息不对称问题,不但成本高,而且几乎不可能,因为新的信息会随着时间推移不断产生。

信号传递(signalling)是低成本解决信息不对称的一种途径,因为在很多时候,信息的使用者可以通过公司发出的信号,对信息的类别有大致的判断,继而可以做出有效的决策。

1.信息不对称形成信号发送的需求

企业可以看成一个各种委托—代理关系的集合。主要的委托—代理关系存在于投资者和经理人之间、贷款人和企业之间、社会公众与企业之间。委托人和代理人之间不仅是经济责任的委托—代理关系,也包括社会责任的委托—代理关系。即使撇开双方的社会责任价值取向差异不谈,如果企业没有处理好环境事务,也会给企业带来经济损失,包括高额的污染防治费用以及政府对企业的环境方面的处罚带来的经济损失。这些经济损失和声誉等非经济损失,也会损害到投资者、贷款人和社会公众的利益。因此,这些主要的委托人需要知道企业的环境信息,企业的管理层也有义务披露这些信息。由于不直接参与企业的日常经营活动,在委托人和代理人之间存在着信息鸿沟。虽然委托人可以自行收集和分析相关数据而获得信息,但这需要花费成本。Rubinstein(2001)指出,从社会的角度,不披露可以被认为是无效率的,因为它会导致许多委托人为收集同样的信息同时花费成本。因而,在一定的条件下,企业会决定进行自愿披露信息,以避免众多投资者为收集信息而产生昂贵的成本。(Roberts,1992;Lang 和 Lundholm,1993)。

2.环境信息披露的信号发送

信息不对称理论最早由经济学家阿克洛夫(George Arthur Akerlof)在《柠檬市场:质量的不确定性和市场机制》(1970)一文中系统地表述出来。该文中的信息不对称是指一般商品市场中交易双方之间的信息分布不均衡。由于信息不对称在生活中普遍存在,后来的信息不对称理论的应用范围和含义都不断地被扩大。

信息不对称影响了利益相关者的行动方案。不对称信息可以分为事先不对称和事后不对称。事先信息不对称是指签约之前各方掌握的信息数量和质量不平衡,一方知道而另一方不知道的信息叫做被隐藏的信息。掌握信息多的一方这时可以利用其信息优势,使合约条款对己有利而使另一方受损,这时他更倾向于与对方签订协议进行交易,这种现象被称为逆向选择。签约之后发生的信息不对称属于事后不对称,它导致道德风险,即交易双方在交易协议签订后,其中一方利用自己掌握而另一方不掌握的信息,有目的地实施损害另一方的利益而增加自己利益的行为。比如利用信息不对称,经理人在实际工作中减少脑力支出和体力支出,使自己获得利益。处于信息劣势的一方,为了保护自己的利益，要么将自己可能受到的损失计入交易成本，提高交易对价，要么退出市场以免遭受损失。

信息不对称理论指出，拥有更多信息的一方，可以通过信息披露，揭示自己的实际情况而获得相关利益。如果居于信息优势的一方，通过信息披露，改善信息不对称情况，就减少了另一方的风险，从而可以减少对方的交易要价。居于信息劣势的一方，也会施加压力，要求居于信息优势的一方披露相关的信息。

在资本市场中，管理者比外部利益相关者更了解公司的未来期望业绩。因此外部利益相关者因为信息不对称，要求公司披露信息或者承担成本自行收集信息。公司披露可以节省外部人自行收集信息的成本，从而形成社会收益。随着公司披露水平的增加，公司披露信息的边际成本也在上升。当披露的边际成本等于社会边际收益时，会计信息披露是最优的。但由于存在信息的非对称性，以及由此而引起的逆向选择和道德风险而导致的市场失灵等，管理者会面临两种选择：一是将自己所拥有的关于企业业绩的信息通过会计决策和信息披露传递给投资者；二是出于契约、政治或公司治理的原因来操纵公开披露的业绩。Verrecchia(1983)的研究认为，管理者基于诉讼的考虑，会自愿披露更多信息以降低股东、投资者与经营者之间的信息不对称，降低投资的不确定性与风险，从而避免承担巨额诉讼成本的可能。

Healyand Palepu(2001)认为外部投资者与经理之间的信息不对称是构成上市公司信息披露的内在原因。他们概括了学者们六种关于管理者信息披露的动机：资本市场交易动机、公司控制权争夺动机、股票补偿动机、法律诉讼成本动机、管理者才能信号动机和私有权成本动机。其中信号发送动机在环境信息披露领域，也扮演着重要角色。企业的执行董事和高管掌握企业的实际环境信息，外部人不知道。如果企业不主动披露相关的环境信息，外部利益相关者就会担心企业利用信息优势损害他人的利益，因此就会提高交易要价。比如政府可能更加严格地审核监管企业的环境行为，投资者会提高投入资金的要求回报等。这些都会增加企业的运营成本。同时，政府、媒体和社区居民也会通过各种渠道要求企业披露相关的环境信息，对企业造成了压力。企业为了降低相关的运营成本和减少压力，就会主动或被动地进行环境信息披露。

3.实证研究结论

国外关于环境信息披露对环境绩效的信号作用的研究，尚没有得到统一的结论。

Ingram and Frazier(1980)较早进行环境绩效与环境信息披露之间关系

的实证研究。他们使用内容分析法测量公司年报中的环境披露指标,从经济优先权委员会(Council on Economic Priorities,简称 CEP)获得其环境绩效数据,对 1970 到 1974 年间 40 家钢铁、石油、造纸和电力公司进行研究后,他们没有找到两者之间存在显著相关性的证据。

Wiseman(1982)采用了一种类似的研究设计,其独特之处在于创建了一个环境信息披露指数,覆盖 4 个方面 18 个项目,对每个项目按是否披露数量进行打分(有披露具体数量的为 3 分,没披露具体数值的为 2 分,一般提到的为 1 分,没有披露的为 0 分)。对 26 个 CEP 监督的大型企业的数据分析的结果,Wiseman 认为两者总体上没有关系。

Freedman and Wasley(1990)扩大了披露的媒体范围,在年报之外还包括提交给美国证券交易委员会的 10K 报告。他们发现无论是年报还是 10K 报告中的环境信息披露,都不能正确地指示出环境绩效的好坏。

Freedman and Wasely(1990)、Fekrat et al.(1998)等研究认为环境信息披露与环境绩效不相关。Li et al.(1997)的环境披露的博弈模型提出,企业污染特性越强,环境披露水平越高。Hughes et al.(2001)、Patten(2002)等发现环境绩效与环境披露水平之间呈负相关关系。Al-Tuwaijri et al.(2004)、Clarkson et al.(2008)的研究却支持环境披露与环境绩效呈正相关的结论。

国内从信息不对称理论出发对企业的环境信息披露进行研究的尚不多,比较接近的研究包括汤雅莉等(2006)、王建明(2008)等,它们分别探讨了哪些因素会影响环境信息披露发挥信号作用。吴红军(2014)用化工行业上市公司作为样本进行研究,发现环境信息披露水平与环境绩效之间是正相关,环境绩效越好的企业,环境信息披露水平越高,因此环境信息披露水平可以作为环境绩效的信号。而沈洪涛等(2014)对中国重污染行业上市公司的研究发现,环境绩效与环境信息披露水平之间呈现 U 型关系。

4.成本因素对信号发送的影响

信号发送理论之所以能够成立,前提在于发送信号的成本,对不同类型的信息拥有者差异很大,因此一类信息拥有者因为发送信号的成本过高而放弃,从而使另一类投资者能够通过发送信号而使自己和其他投资者区分开来。但过高的成本可能阻碍发送。吴红军等(2013)的模型指出,对于信息拥有者来说,存在信号发送的临界点,即发送信号的成本等于收益点。在临界点之前,信号发送的成本超过收益,因而企业不会发送信号。

企业的环境信息披露也遵循着同样的收益—成本分析框架,环境信息披露虽然可能为企业带来利益,但也产生成本。除了收集整理信息等直接成本外,还会产生间接成本:信息被竞争对手利用、受到环境保护团体的压力以及可能因超标而被政府惩罚等。其中间接成本是主要的成本。企业在权衡收益和成本后决定各自的披露水平(Cormier and Magnan,1999)。而不同类型的企业,其信息披露的边际成本显然是不同的。环境管理能力强、环境绩效好的企业,因为其披露的环境绩效指标优异,社会压力小,其他企业也无力模仿,因而可以大量披露各种环境信息,消除利益相关者的疑虑,展示自己属于"好孩子"。因此环境信息披露便具有信号的,特别是在不同类型企业难以相互模仿的环境行为方面(Clarkson et al.,2008)。在信息不对称的情况下,投资者可以依据披露判断企业类型,并决定高价增持,或低价抛售,对企业进行奖励或惩罚。

第三节 合法性理论[①]

合法性理论是在解释企业环境信息披露中使用频率最高的理论。Suchman(1995)指出,合法性(legitimacy)是指在由一些道德规范、价值观、信仰和规定所构筑的社会系统中,一个实体的行为是被需要的、正当的或适当的(desirable,proper or appropriate)。企业和个人都存在于社会当中。而社会是人的集合。社会之所以能够有条不紊地运行并发挥出协同优势,帮助人们达成单个人所不能达到的目标,关键在于社会中个人和组织的行为,必须遵守一定的约束。这些约束包括法律、政治权威和主流文化期望。符合这些约束的,就是"合法的",社会成员就应该支持个人或事物存在下去。违反这些约束的,就是异类,就难以被社会所容忍,面临着被社会清除的风险。合法性理论指出,企业的环境信息披露,就是企业证明自己的行为是符合社会的期望和要求。

企业要提供产品,必然要消耗资源并产生污染。因此企业的社会合法性,是通过公共政策过程(public policy process)所确定的。这个过程是各个利益相关者的不同的支持和反对的力量综合的结果。企业为使事态对自己有利并最终获得自己的合法性,会积极参与和影响这个公共政策过程的演变。企业的环境信息披露,就是企业介入公共政策过程的一个工具。Higginson 等

[①] 此部分内容主要参阅了 Steven Mints,2014,《Accounting for the public interest》,Springer.

(2006)提到先前的研究表明,当企业发现自己在公众心目中的合法性(perceived legitimacy)面临威胁时,企业就会试图通过增加与公众的交流,来展示他们的行为是符合利益相关者的道德和价值标准的。Patten(1992)特别指出,企业可以将环境信息披露,既用作应对社会或政治关注企业对环境影响的工具,也可以用来塑造企业的社会形象。企业即使符合环保标准,但若企业的排污问题被社会关注得太过频繁,也会影响企业的形象并给企业带来负面影响,这就是企业的社会和政治的"曝光成本"(exposure cost)。企业可以通过主动的环境信息披露,在公共心目中塑造一个遵纪守法的"好孩子"形象,这样公众由于对其放心,就不再用怀疑的眼光监督它,也比较少去关注企业的环境问题,减少了对企业的打扰和压力,这样就减少了企业的曝光成本。

1. 支持合法性理论的证据

现有的研究一致发现,企业的规模越大,企业的环境披露水平越高。这就是支持合法性理论的证据。因为大型企业容易被公众所注意,因此污染行业的大企业更会主动进行环境信息披露,影响公共政策的制定和执行,保护自己的合法性。

另外的证据也支持了合法性理论。当社会公众对企业的关注发生改变后,企业的环境信息披露也会发生改变。Patten(1992)研究显示石油企业在年报中的环境信息披露水平在1989阿拉斯加海岸石油泄漏事故后显著增加。这是因为环境事故发生后,社会公众对石油企业的环境影响问题的关注度发生了改变,威胁到石油企业的社会合法性。石油企业就通过增加环境信息披露为自己辩护。Patten(1992)也证明了环境信息披露变化,与企业特定的社会和政治成本因素(企业规模和Alyeska管线企业股权比例)相关。其他的研究如Deegan等(2000)、Patten(2000)等,也证明了环境信息披露的改变与企业在社会政治中的曝光有关。

环境绩效的好坏也会影响到企业的合法性。企业的环境绩效越差,其合法性越受到威胁。按照合法性理论,环境绩效差的企业就应该加大环境信息披露,来保护自己的合法性。这点被Cho and Patten(2007)的研究所证实。他们发现,环境绩效差的记录,应该会增加社会和政治曝光成本。因此,环境绩效越差的企业,越是要披露自己正面的环境信息,或者用相关的环境信息,弥补差的环境绩效所带来的不利社会影响。另外的证据是Patten(2002b)的研究。该研究发现,根据内容分析法计算或按行数计算出来的环境信息披露水平,都和环境绩效指标显著负相关。具有更高规模调整的TRI排放水平的企业进行了更多的自愿环境信息披露,支持了合法性理论。不过,Patten

(2002b)也发现绩效差的企业,若属于非环境敏感型行业,则其环境信息披露会更多一些。他认为这种差异的一个可能的解释,是环境敏感型行业的企业已经面临足够多的社会和政治曝光,所以无论环境绩效指标如何,这些企业都会使用环境信息披露作为维护合法性的工具。而非环境敏感行业的企业还没达到这一地步。因此对于后者,只有当环境绩效比较差时,他们预料到会面临非正常的社会关注和压力时,才会大大增加环境信息披露。

2.不同类型的企业证明自己合法性的手段不同

不同类型的环境信息也提供了支持合法性理论的证据。Cho and Patten(2007)研究了不同行业中环境绩效好和绩效差的企业提供的不同类型的信息的差异。他们认为,由于存在潜在的披露私有成本,企业应该更愿意披露财务性环境信息,比如环境的资本投资或污染防治投资。从 Patten(2002b)的研究结论出发可以推断,环境敏感行业的企业,由于社会关注的原因,已经具有披露非财务环境信息的激励。而非环境敏感型行业的企业还不是这样。因此他们猜测非环境敏感型行业的绩效差的企业,将使用非财务环境信息披露来达到展示自己具有合法性的目标。他们将 100 家美国企业分成四个规模匹配的组,每组将环境敏感型和非环境敏感型企业、绩效好与绩效差企业配对。环境绩效指标使用 KLD 评价,环境披露指标使用 Patten(2002b)的包含 8 个项目的内容分析法。他们发现,正如所预期的,非环境敏感型行业中,环境绩效差的企业使用了更加广泛的非财务环境信息披露。而在环境敏感型行业中,非财务信息披露的差异并不显著。对比之下,财务性环境信息披露在两个环境敏感行业的配对组中变化比较显著。环境敏感型行业中环境绩效差的企业比环境绩效好的企业披露了更多的财务性环境信息。Cho and Patten(2007)的结论是他们的研究确实提供了证据,表明企业利用财报中的环境信息作为维护其合法性的工具。

3.其他支持合法性理论的实证研究

Deegan and Gordon(1996)研究了 1991 年度澳大利亚 197 家公司的年报。他们发现公司特别是环境敏感型公司关于环境信息披露的语调非常积极。他们认为研究结果表明环境信息披露被用来减轻政治和社会关注带来的压力。Deeganand Rankin(1996)从消极方面入手进行研究,考察从 1990 到 1993 年被环境保护署(EPA)起诉的公司。他们发现,整体上看,被起诉公司相比行业和规模匹配的未被起诉的公司,他们的披露更加积极。作者解释结果从比较宽广的角度来看符合合法性理论。

Brown and Deegan(1998)直接测试了合法性理论,发现媒体关注度与公司年报中的环境信息披露正相关。Mitchell 等(2006)用内容分析法,考察了 1994 和 1998 之间被环保局起诉的 20 家澳大利亚公司,发现其显著积极地进行披露。同样使用内容分析法,Cowan and Gadenne(2005)的研究发现澳大利亚公司更倾向于报告有利的环境信息。

Bewley and Li(2000)关注于自愿信息披露理论研究加拿大制造企业的环境信息披露。他们使用 Wiseman 指数衡量 1993 年 188 个企业年度报告的环境披露和以行业属性作为污染倾向的变量。然而,他们也发现越是重污染企业且媒体报道越多,企业越多地披露泛泛而谈的环境披露。他们的研究结果支持了社会政治理论。同样的,Hughes et al.(2001)使用改良后的 wiseman 指数,检查了在 1992 和 1993 年间,美国制造公司年度报告中在董事会主席的公开信、讨论、分析和说明部分的环境披露,以 CEP 环境绩效排名作为环境绩效的指标。他们发现公司排名越差,披露越充分,符合合法性理论。

Patten(2002)指出有 3 个因素可能影响研究的准确性:(1)无法控制的干扰因素;(2)样本选择不当;(3)样本选择不足。而有证据表明公司规模和行业影响环境披露时,许多研究并没有将其作为控制变量。为了强调这些问题,Patten(2002)考察了 24 个不同行业的 131 个美国公司,他使用有毒排放(TRI)数据除以销售额作为环境绩效指标,用改良的 Wiseman 方法和行数计量分别得到年报披露的指标,发现都与环境绩效指标正相关。这符合社会政治理论。

Al-tuwaijri 等(2004)采用联立方程的方法探讨环境信息披露、环境绩效和经济绩效之间的关系。他们使用美国 TRI 数据库中全部废物回收率作为环境绩效代理指标;使用内容分析法量化披露中的四个方面的数据,包括潜在环境设计负责、有毒废物、石油和化学泄漏、环境罚款和惩罚,作为信息披露指标。他们的研究结论是环境绩效与环境信息披露之间正相关。

Clarkson 等(2008)考虑到了 Patten(2002)的意见,设计了一套指标系统,测量自愿性环境信息披露水平,避免先前一些文献中(如 Wiseman,1982;Al-Tuwaijri 等,2004)强制性披露的干扰。环境绩效用了两个基于 TRI 的指标,结果符合自愿披露理论。他们发现环境绩效好的公司,披露越多。他们的结果否定了社会政治理论。但矛盾的是,Clarkson 等(2011)的研究又发现污染倾向越严重的公司,其披露越积极。

Cho 等(2012)以 TRI 排放数据为环境绩效指标,以环保性资本支出披露为披露水平指标,对美国 2006 年财富 500 强企业的环境信息披露与环境绩效之间的关系进行研究,发现两者呈现负相关关系,支持了合法性理论而否定了自愿披露理论。虽然该研究的变量测度和样本选择都有一定的局限性,但对环境投入的披露方面的探讨还是比较深入。

第四节 利益相关者理论

利益相关者包括企业的股东、债权人、雇员、消费者、供应商等交易伙伴,也包括政府部门、本地居民、当地社区、媒体、环境保护主义者等压力集团,甚至还包括自然环境、人类后代、非人物种等受到企业经营活动直接或间接影响的客体。这些利益相关者都对企业的生存和发展注入了一定的专用性投资,他们或是分担了一定的企业经营风险,或是为企业的经营活动付出了代价。为此,企业的经营决策必须要考虑他们的利益,并给予相应的报酬和补偿。在利益相关者理论中,企业的发展前景有赖于管理层对公众不断变化的期望的满足程度,也就是说依赖于企业管理层对利益相关者的利益要求的回应质量(陈宏辉,贾生华,2002)。

重污染型企业的活动可以影响到个人和组织的利益,这些个人和组织就是企业的利益相关者。企业本质上可以看成是契约的集合。企业与所有的利益相关者实际上都存在利益相关者—代理人关系,这种关系是相互的,从辩证的角度看,如果满足不了利益相关者的要求和期望,企业就难以获得资源和支持,不能生存和发展。利益相关者需要了解企业的环境绩效,以判断企业的环境行为及后果是否符合他们的期望,然后才能决定是否支持企业。因此企业环境信息披露的利益相关者理论,指出了企业迫于这些进行了专用性投资的个人和组织的压力,进行环境信息披露,达到与利益相关者的沟通交流。

1.外部利益相关者

政府是对企业环境行为和环境信息披露影响最大的外部利益相关者。企业如不能获得政府的认可,将难以生存和发展,因此企业必须遵从政府的相关意愿和规定。由于社会公众对企业环境行为的高度关注,政府在民意的压力下,会不断要求企业进行环保投资和进行环境信息披露。这样,企业通过环境信息披露来获得政府的合法性印象(Patten,1991)。

贷款人是重要的外部利益相关者。如果企业因环境问题受到惩罚,甚至被关闭,会影响到企业的还贷能力,贷款的安全性和价值就会受到影响。在中国,银行贷款给重污染型企业时,除要求企业详尽报告环保事项外,还会派人进行勘察。企业为了稳定贷款人,保证能够持续地使用贷款,有动力在企业年报等公开信息披露中进行环境信息披露,以显示企业报告给贷款人的信息是完整可信的,并受到多方监督的。Hossain et al.(1994)指出对贷款依赖程度大的企业,其社会责任信息披露水平就高。

客户和供应商也非常重视企业的环境披露。高质量的环境披露意味着企业的环保风险较少,环境绩效比较好,这样的企业一方面会因好的企业形象和口碑获得上下游的青睐,而环境绩效差的企业会连带损害合作伙伴的形象和声誉;另一方面重污染企业若环境披露水平高,则意味着该企业因为环境问题而发生生存危机的可能性较小,因此是一个可靠和稳定的生意伙伴。因此环境信息披露水平高的企业就会在客户合作方面占有优势,这也激励企业提高环境信息披露水平。

2.内部利益相关者

当前大量企业的所有权和经营权呈现分离状态,股东并不直接参与企业的日常经营,而委托经理人负责日常经营,此时股东就会要求经理人进行信息披露,以便让股东了解其关心的企业事项。即使企业有直接参与经营的内部股东,企业的外部股东同样也需要通过企业的信息披露来判断企业的发展情况及决定是否继续投资。重污染型企业的环保事项关系到企业的生存与发展,当然也受到股东的高度关注。因此股东也是企业环境信息披露的重要推动力量。委托—代理理论指出,股东要求企业进行披露改善信息不对称,股权越分散,股东要求披露更强烈,以便监督企业的行为。当股权比较集中时,企业可以通过减少信息披露以节省相关的成本。Keim(1978)指出,当股权结构比较分散时,股东要求包括环境信息在内的更多的环境信息披露。Ullmann(1985)指出股权比较分散的股东更加关注企业的社会和环境活动,这将更多地推动企业进行环境信息披露。

企业雇员作为社会成员之一,也越来越多地具有了环保意识。企业的环保绩效好,有环保意识的企业雇员就会获得心理上的满足感,就会有更高的工作热情和工作投入。同时,如果企业环境绩效差,企业环保风险就会较大,长远发展前景黯淡,雇员的职业生涯和综合的经济利益就会受到影响,甚至有些企业不注重环保可能影响企业雇员的健康。因此企业雇员也需要了解企业的环境信息,这就形成了雇员对企业环境信息披露的推动。

3.特殊性利益相关者

环保组织是社会关于推动环保的重要的非政府组织,它对企业的环境行为具有很大的压力和推动力。环保组织由热心环境保护的人士自发组成,他们没有像政府那样要兼顾社会各利益群体要求的压力,也不像股东和雇员那样有利益的牵绊。他们以推动环保为志,因此有很大的动能。由于他们的公益性,因此他们的行动也受到社会的支持和关注,具有较大的社会影响。许多文献发现,当地的环保组织越活跃,环境敏感型企业的环境披露水平越高(Cho and Patten,2007;Cowen et al.,1987;Patten,1991)。

会计师事务所对企业环境信息披露也有显著的影响。企业披露的非财务信息,对判断企业财务信息的可靠性和持续性,有重要的参考作用。另外,企业披露环境信息,展示了其已经履行了社会责任,以及与利益相关者充分沟通的义务,从而能够提升企业的口碑。会计师事务所等中介机构,更乐于与诚实守规的企业打交道,减少自己的职业风险。特别是知名的会计师事务所,为了保持它们的信誉和名声,都会尽力推动企业进行环境信息披露(Teoh and Wong,1993;Watkins et al.,2004;Menon and Williams,1991)。污染型企业为了迎合名牌中介机构,也会主动披露环境信息,因为与名牌中介机构合作会给企业带来利益。Ahmed and Courtis(1999)指出当一个企业被资历久的会计师事务所审计时,财务分析师对其披露的质量更为认可,客户更加信任披露内容,企业在投资者中的口碑越好。

第五节 制度理论

制度是一个社会中约束和指导人们行为的规则的有机组合,是人们在决策和行动时的原则和指南。社会中最强力的就是法律,但除法律外,还有其他各种明确的规定,要求人们必须遵守,否则就会遇到阻力。另外有人们行为的指南,虽没有明确的规定,但约定俗成地存在于社会中。这些因素都构成了影响人民行为的"制度"。制度最主要地受政治权威的影响,另外,人们的行为模式、习惯文化和价值观等也都是形成当地的社会制度的基础。

制度理论指出,企业在进行环境披露时,会受到当地制度的影响。企业会遵守法律和权威机构的规章要求,以求获得所在社区的支持。比如在中国,虽然法律没有强制企业进行披露,但上海证券交易所要求指数样本企业在2010年前提供《社会责任报告》。深圳证券交易所对上市企业进行环境信息披露制定了相关的指引规则。经理人在制定环境信息报告时,也会考虑一些约定俗成的惯例,比如经理人会参看同行业中的其他企业,特别是和自己类似的企业是如何披露的、企业往年是如何披露的。这些参考事例和企业自己过去的行为模式对经理人的环境信息披露行为具有重要影响。Cormier et al.(2005)对德国大企业的研究发现,企业的环境信息披露都有趋同的特征,表明了企业的环境信息披露受到了外部的法规制度、社会要求和同业行为的影响,支持了制度理论假说。

企业环境信息披露的制度理论假说的另一个证据,就是各个国家之间,特别是社会制度和文化差距大的国家之间,企业的环境信息披露,包括自愿性环境信息披露,存在着显著的差异。比如日本的企业,其自愿性环境信息披露水平远远高于世界上的大多数国家。这是因为日本多次遭受环境灾难之苦,整个社会对环境都非常重视,因此企业都自觉地提高环境信息披露水平。

企业环境信息披露行为在时间上的演变,也表明了制度的作用。一般来说,首先是社会公众意识到环保形势的恶化,公众的呼吁和媒体的报道形成了社会的要求和压力,推动一些行业中的"领导者"企业开始进行环境信息披露。其他"跟随者"企业观察到社会形势的变化和"领导者"企业环境信息披露的结果后,也开始模仿"领导者"企业进行环境信息披露。随着时间的推移,社会对企业环境信息披露的看法和要求不断发生变化,"领导者"企业也不断调整自己的环境信息披露行为,"跟随者"企业也随着"领导者"企业更改环境信息披露的范围、程度和披露方式等。这种企业环境信息披露行为的演化模式,显示了社会制度对企业行为的推动力。Scott(1995)指出:"环境报告堪称一种随着时间推移而制度化了的结构和实践(structures and practices)。"Hall(1996)指出,制度理论的目的是解释为何一个组织按照一种特征的方式演进。Scott(1995)指出,制度是象征性的、基于规定的和管制性的过程。这些过程凌驾于企业之上并决定了企业的社会行为。从一个制度理论的认知角度,个体如何定义一个制度,关键基于他们如何评估他们的环境(D. Andrade,1984)。因而,作为一种在一个已存在的社会文化系统中构建或调整他们的社会现实的方式,个体将遵从他们感受到的外部的和客观存在的制度性符号、规则或规定(Zucker,1977;Swidler,1986)。这种制度通过个体参与者的模仿和组织对社会信仰和文化框架的遵从而不断发展(Meyer and Rowan,1977;DiMaggio and Powell,1983)。社会的认可或文化的支持,使特定个体和组织的行为合法化,并巩固了一个制度的存在。

Cormier et al.(2005)指出,一个制度一旦形成,它的长期存在依赖于一些工具。这些工具支持制度中对于组织和决策者的关联性和优先性,其中两个工具是社会结构和惯例。占据一个特定社会网络中的位置或角色的参与者,会有预期的言行,形成某种程序或代表,综合而形成社会结构(Scott,1995)。同时,这种社会结构会对参与者施加某些限制。不同组织的参与者复制和改变这些结构。在这个过程中，信仰和内在道德准则由这些结构所实现并在不同组织间广泛分享。随着时间的推移以及位置的强化，这些被分享的组织导致组织性同构。换句话说，对于一个组织来说，调整自己行为的一个安全的方法是模仿其他被认可的组织行为（DiMaggio and Powell,1983）。制度压力也表现在驱使组织参与到社会规例性行为中。惯例是被编码化的重复行为，反映了参与者的默认。换句话说，通过简单地重复一个企业的环境披露，经理人至少遵从了投资者和其他利益相关者的期望，没有动摇他们内部的环境披露过程。惯例也被认为是制度的一个基石。企业的环境信息披露，往往是以前年度环境信息披露惯例的延伸。

Buhr and Freedman(2001)通过比较美加两国企业环境信息披露差异，研究了文化、历史、地理、政治体系、环境价值观、法律环境、商业氛围和会计专业性等外部因素对环境信息披露的影响。他们使用总资产超过5亿加元以上的重污染型企业进行基于行业与规模基础上的配对检验。研究发现，美国企业在涉及遵从法规方面的披露和强制性披露方面，披露水平显著高于加拿大企业，对这个结果的解释是美国社会追求自由和个性化，偏好用法律诉讼来解决矛盾，因此美国企业在容易引起法律诉讼的方面特别小心，尽量披露以免引起投资者的诉讼。加拿大企业在自愿性披露方面显著超过美国企业，研究解释说这是因为美国企业股权分散，而加拿大企业股权比较集中，大股东希望通过自愿性披露提高自己的形象和责任感。在1988年，美国企业整体披露水平超过加拿大，但在1992年情况就发生了逆转，研究对此的解释是加拿大人口稀疏、工业相对不发达，因此在起步阶段对环境的重视程度不如美国，但加拿大的圆桌式集体协商体制使加拿大社会在认识到环境披露的重要性后就能迅速地调整。

第六节 资源依赖理论

Cormier and Magnan(1999)指出，企业的自愿环境披露，会成为外部利益相关者判断企业环保绩效的重要依据，因此企业自愿环境披露实际上成为企业改善与利益相关者关系，以获取声誉等资源的一种策略性工具。

Gamble et al.(1995)指出，企业之所以不断增加环境信息披露的范围和强度，就是企业发现整个社会对环境问题的关注程度在不断提高，具有良好环保形象的企业受到社会公众的支持和爱护，政府对这类企业的态度也非常友善，因此企业就将环境信息披露作为企业发展的一个增值性战略工具，即通过增加企业的环境披露,塑造企业环保绩效好的形象,从而增加了企业的良好形象和声誉等无形资产。Rikhardsson et al.(1994)、Willums and Goltike(1992)指出,重污染型企业往往通过环境信息披露,展示自己的环境绩效,以吸引投资者的关注,增加企业股票交易的流动性。Throop et al.(1993)指出,由于财务分析师和资本市场对企业的环境披露非常重视,从而使企业主动披露环境信息,吸引分析师的关注,以期影响到企业的价值。

Cowen et al.(1987)指出,消费行业往往也会更多地披露环境信息,以提高他们在消费者心目中的印象,促进消费者购买产品。林金贤等(2012)等对台湾的1 000家大企业进行研究发现,环境信息披露与企业财务绩效之间呈现负相关关系。他们认为企业财务业绩较差的企业希望通过大量的环境披露,以环境绩效来掩饰财务绩效,转移股东的注意力,避免损失股东的支持。

第七节 总结

1.总结及评论

环境信息披露作为改善企业内外部信息不对称的工具,由企业主动做出,受到外部利益相关者的关注。由于其大部分是自愿性披露,具有选择性披露的特点,因此其可用性和可靠性具有很大的局限性。企业进行环境信息披露的动机来自于内部的动力和外部的压力,从而形成自愿披露理论和社会政治理论两条主脉络。每条脉络中又包含若干侧重点不同的理论。总的来看,认可合法性理论的文献最多,已经成为当前企业环境信息披露行为的主流理论解释。但许多研究者都同意,企业的环境信息披露,可能是多个动机综合的结果,如图3-1所示。企业环境信息披露动机理论的丰富和发展,有助于更清楚透彻地理解企业环境信息披露行为。

实证研究成果已经比较丰富,各种理论都有实证证据的支持,因此形成了企业环境信息披露的"理论丛林"。但由于企业环境信息披露一般采用文本分析法进行测度,而文本分析法的量化结果往往比较粗糙,即使相同的定义,不同的测度人员得到的结果都不一致。因此,实证研究的结论经常不一致甚至相互矛盾,这可能是由于环境披露水平的定义以及相关的测度方法的差异所引发的。

实践与环境信息披露理论的发展并不非常同步,这是多种因素影响的结果。首先是环境会计推进比较慢,在实践中还没办法精确确认和计量环境成

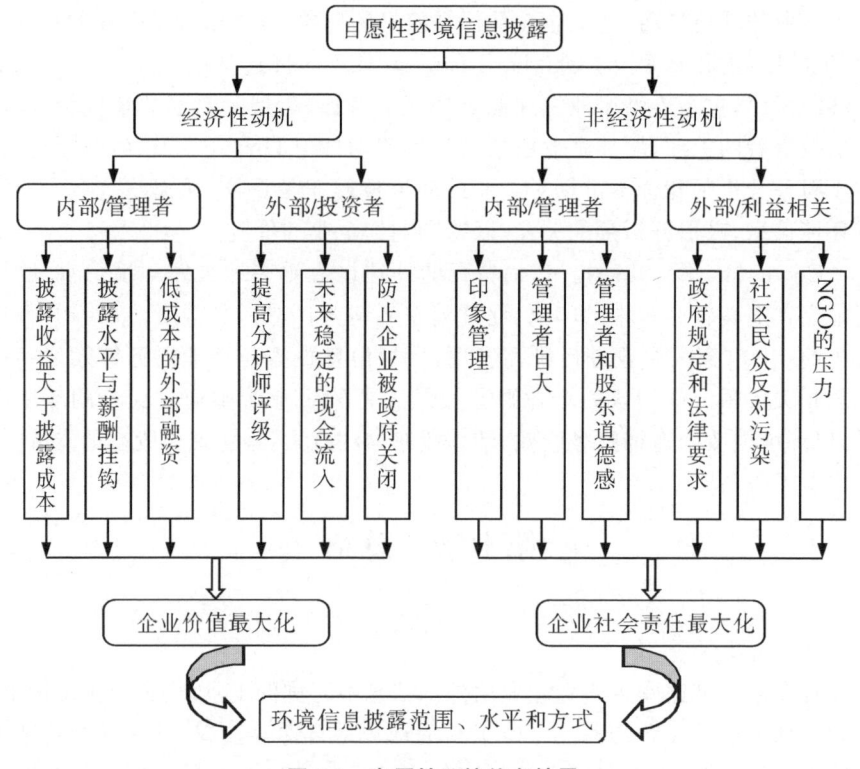

图 3-1　自愿性环境信息披露

本和环境收益,因此无法将环境信息与企业价值挂钩起来,环境披露的信息含量差。其次是环境成本制度的缺陷。当前的各国政府都更多地担忧经济发展的缓慢,因此严重依赖企业的经济贡献。若非迫不得已,政府往往对企业的排污采取偏袒的态度,毕竟没有生命的环境和尚未出现的人类的后代,在利益的博弈中发言权最弱。这就使企业现有的环境成本偏低,难以引起企业的充分重视。如何推动环境成本与收益的计量和披露,并带动环境信息披露理论的发展,仍是需要大力研究的问题。

2.展望

不同领域的人士对企业环境信息披露的关注点不同。会计师们主要讨论环境的成本与收益的确认与计量。企业管理层们关心的是企业环境披露能否以及如何影响企业的价值。环保组织主要希望借助企业环境信息披露,寻找改善自然环境质量的办法。不同利益群体对企业环境信息披露的推动方向,因立场的不同而差异较大,从而影响了企业环境信息披露的演化过程。

未来的研究方向和实践活动,应该仍是沿着两个方面。第一个方面是环境信息披露的技术层面,主要是环境信息披露的完整性、可靠性和应用价值,目标是定义、媒介、测度和验证等。另一个方面是环境信息披露的本质层面,主要是信息披露的因果关系,目标是动机和效果,可以沿着内部动机和外部影响两条线发展,但可能视野更为宽广。首先对披露的测度方法需要规范化和标准化,以便于学术研究的对话和相互促进。其次,当社会潮流发生变化时,内部动力和外部压力的来源及大小也会相应发生变化,披露的动机和方式也就可能不同。政治经济学的发展,可能使更多社会和文化等因素,成为影响变化的动机。企业环境信息披露的地位和作用也将发生改变。在此,环境信息如何被用来评价和管理环境风险,环境成本、环境负债和环境补偿如何进行确认和计量,从而最终影响到企业的财务绩效,并能够进行规范性操作,都是需要进一步探讨的议题。

值得注意的是,当前一些国家开始较多地出现强制性环境信息披露,即使在中国,也有越来越多地企业开始编制独立的环境报告,而不是将其分散在年报的各处。随着公司的环境信息披露越来越规范化,数量性和货币化的信息越来越多,公司环境披露的价值会越来越大。

第四章 环境信息披露的经济学分析[①]

企业之所以要进行环境信息披露,是因为环境信息披露可以改善环保方面的信息不对称。企业之所以要改善环保方面的信息不对称,是因为企业的环保行为及绩效会影响企业的价值。企业环保绩效之所以能影响企业价值,是因为环境资源是稀缺的,要达到资源的最佳配置就需要将环境资源成本内部化。因此,如要掌握企业环境信息披露本质及其发展趋势,有必要从经济学源头开始,来分析企业为何以及将怎样披露环境信息。

第一节 自然环境的稀缺资源观

1. 环境是一种稀缺资源

地球自然环境是人类生存的基础。人们从自然环境中攫取相关的资源,生产出商品和服务,满足人们生存和发展的需要。同时,人们也排放废物。

一些资源的储存是不可再生的,如石油等,用完则不复存在。还有些资源的再生环节比较薄弱,人类的过量使用会造成物种灭绝,这对该物种和先于人类而存在的自然界来说,是不公平的。根据世界自然保护联盟 2012 年发布的报告,有 19 817 个物种现在面临灭绝,包括其中 41% 已知的两栖动物和 25% 已知的哺乳动物。地球物种的灭绝,大多数情况下都与人类环境保护的疏漏有关。暖冬和温室效应已经改变了社会原先的节奏和状态,严重干扰了人们的生活。

由于现代科技的发展,人们的垃圾越来越难以为自然界所吸收和降解。人们大量使用的塑料袋,主要成分是聚氯乙烯,即使深埋地底,也需要 1 000 年才能降解。塑料垃圾对土壤的影响非常严重,如果进入土壤,会阻碍土壤的

[①] 本章第一节和第二节主要引用了张劲松(2007)博士论文的相关内容,在此表示感谢。

自然结构,形成土壤中的"疤痕"。核废料在50年左右的时间就可能发生泄露,而他们的完全降解可能需要10万到100万年。随着车辆的增多,尘埃和燃烧石化燃料产生的废气,已经使一些地区失去了蓝天白云。环境变差造成了居民健康状况的恶化,大量疾病所耗费的财富令人惊叹。

然而随着人口的增长和人类社会工业化进程的加快,环境资源的稀缺性也日益突出。污染作为人类社会活动的必然产物,虽然无法避免,但可以进行限制。对排污权的规范和限制,是人类社会可持续发展的前提。从经济学的观点来看,如果环境资源稀缺,人类社会就应该把稀缺的环境资源,用到最能产生价值的环节。

2.环境资源的经济价值

环境资源可以转化成巨大的经济利益。人人都喜爱美好清新的自然环境。环境好的地区,人类生活舒适。清洁的空气和水源,有益于人类的健康。污染严重的地区,许多企业生产活动被禁止,企业的运行成本高。自然环境恶化的地区,难以吸引到优秀人才和新兴行业,社会经济发展不畅,影响到当地居民的就业和收入。

自然环境美好的地区,由于人口的持续涌入,房地产的价值会不断攀升,也会带动教育、医疗等产业的发展,为当地的社会发展带来良性互动循环效应。另外,自然环境优美的地区,旅游业比较发达,也会为当地居民带来巨大的经济效益。

为了保护环境,各地的政府都对当地企业的排污活动进行了限制。中国对企业征收排污费,就是限制企业排污的一种手段。在美国和欧洲一些地方,排污权交易已经在广泛推广,排污较多的企业要付出巨大的成本,而环境管理能力好、排污量小于额定限度的企业,则可以通过出售排污权得到可观的经济收入。中国正在酝酿的环境税,目的之一就是将环境资源的经济价值显性化。

3.环境资源使用成本内部化

企业在生产、运输、销售和回收产品和服务等商务活动中,会造成环境污染和生态破坏。企业为此所付出的费用,就会形成企业的环境资源使用成本。环境资源使用成本的大小受到环境禀赋、环保政策、环境保护设备和技术的影响。环境禀赋是指该地区对污染的容忍能力。自然本身对污染物具有一定的稀释吸收能力,不同地区因为自身的自然条件和已有产业的污染程度不同,从而具有不同的接纳吸收污染物的能力。这种能力越高,对新增污染的容忍能力也就越高,企业的环境资源使用成本就越低。不同政府的环保政策也因国情而不同,环保政策严苛的地区,企业的环境资源使用成本就越高。不同污染物处理所需要的设备和技术的价格也不同,污染物的处理需要付出的代价越高昂,相关的企业的环境资源使用成本越高。

经济学理论指出,环保具有外部经济的特点。外部经济是指某项活动对他人造成了影响,但又没有将这种影响计入生产和交易成本。一些企业在生产经营活动中,污染了空气、水等自然环境。但由于环保政策的疏漏或计量手段的不完善,企业没有承担所有相关的环境资源使用代价,从而表现为企业的商品和服务的成本低于其实际所应该达到的成本。这就使企业提供污染型产品可以获得超过平均水平的利润,变相鼓励了污染的发生。治理的措施之一,就是将这种市场失灵导致的外部经济效应内部化到商品和服务的成本中,以达到环境资源的有效配置和利用。

4.环境资源使用成本和收益的计量和披露

环境资源使用的成本与收益的计量,可以依照其他生产投入的计量模式进行,这个构成环境会计研究的主要内容。环境会计仍处于发展当中,但已有一些基本的共识。企业按照传统会计中相关要素的特性,进行相应的账户设置。

环境资产主要包括土地资源、环境建设投资、环境递延资产等。环境负债包括应付环境税等。环境权益包括企业所拥有的环境资源和环境资源增值等。环境费用包括环境治理费用等。计量可以采用历史成本、现行成本、机会成本和重置成本等。通过账户的设置和核算,企业形成环境会计报告,解释与环境资源有关的财务信息和非财务信息,使政府、股东、投资者、环境保护组织和社区居民等利益相关者,对企业的环境资源耗费和收益情况能够一目了然,从而能够做出正确的决策。

环境资源使用成本内部化后,企业的环境信息披露就能够显著引发企业的价值波动。因为企业使用环境资源要付出高额的成本,企业的利润以及发展前景,都会和没有将环境资源使用成本内部化之前,具有较大的差别。企业的环境信息披露的需求将会增加,同时对企业环境信息披露的真实性、完全性、及时性的监管要求也会增加。

第二节　产权经济学视角下的环境信息披露

1.排污权的经济性质

排污权就是排放污染物的权利。环境资源和排污权是同一事物的两个方面。对于企业来说,由于对社会经济发展具有贡献,企业就应该拥有排污权。环境资源具有外部性和整体不可分割性,个体对自己周围环境的破坏,也会影响到其他人的环境资源。由于环境保护的外部性,排污权应该由代表全体公民利益的政府,根据整个社会所追求的环境目标和自然环境当前的容污总量,在企业当中按照一定的规则统一分配各个企业应该拥有的排污权。

早期的环境治理思路是政府制定统一的排污标准,所有企业必须严格遵守。政府进行核查,对超过排放标准的企业进行惩罚。但这种政策有两个缺陷:第一,这种政策具有"一刀切"的效应,导致虽然排污较高但同时对社会贡献较高的企业退出。这对这些具有较高社会贡献的企业来说并不公平,同时可能总的社会福利因为某些社会急缺企业的退出而下降。第二,这种政策并不鼓励企业自觉挖掘提高环境绩效的潜力。由于环保具有正的外部经济性,企业自身的环保经济投入往往小于环保经济产出,作为追求利润的企业基本都是达到最低环保标准后即不再进行环保投入,甚至宁可付费排污也不进行环保治理,因为排污付出的成本比治污更低。

当前的治理污染思路转换为排污权交易。具体来说就是政府根据社会经济和环境等综合发展目标,制定一定阶段内的一个总的排污总量指标,然后把排污总量指标分解到各个企业手中。污染治理能力强的企业,可以将节余的排污指标拿到市场上出售;而污染治理能力弱的企业,从市场上购买自己不足的排污指标。没有排污指标的企业就不能排污。

排污权交易治污的思路具有很多优点。首先,市场交易的方式可以保证污染物排放的社会效益最大化,即只有最能创造价值的企业才能拥有足够的排污指标,保证生产经营的继续进行,这样就将稀缺的环境资源最有效率地配置出去。其次,之前所有的企业会联合起来,使用复杂的技术手段和政府进行谈判和博弈,使政府难以制定比较严格的污染标准。现在政府可以从忙碌而有低效率的超标准排污监督检查中抽身出来,集中精力考虑设定合理的排污总量指标和指标的分配。而企业为了防止自己手中的排污指标贬值,会形成相互监督和制约的格局。再次,环境技术好的企业能够通过出售排污指标获得巨大的经济收入,而环境技术差的企业面临沉重的成本压力,因此所有的企业都有动力不断追求治污技术的改善,自觉地提高环保努力,政府就将环保决策权交给企业自行决定。最后,排污权交易也能考虑到社会公众的意见。非政府组织和环境爱好者通过在市场上购买并沉淀排污权,可以影响到整个社会的污染排放水平。由于排污权交易具有先进的环境治理效应,自推出后收到显著的效果,正在世界各国推广。我国多个省市也展开了多种形式的排污权交易试点。

2.产权与环境信息披露

环境信息披露源于信息不对称。社会的全体公民共同拥有一个区域的环境资源,是环境资源的共同所有者。企业作为社会中的一个功能性组织,在获得经济收益的时候也产生了污染,耗费了当地的环境资源,因此企业有义务向环境资源的所有者进行披露,展示自己的污染情况,接受社会的检查,获得自己存在下去的合法性。

从委托—代理的视角,社会是环境资源的所有者,委托企业使用环境资源为社会带来经济福利。作为代理人的企业,应该发布环境信息,对委托人进行报告,以获得继续使用委托资源的权力。

第三节 环境资源的定价模型

从环境会计角度,企业环境信息披露的一个重要使命,是报告企业的环境投入与收益,以满足股东和其他利益相关者的需求。企业耗费环境资源的收益,可以通过销售收入比较容易地获得,而耗费的环境资源成本计量却存在争议。排污权交易的定价,可以在一定程度上反映市场条件下的环境资源价值。本节将 Kyle(1985)的拍卖模型思想,应用于排污权定价,构建了排污权定价的数理模型。

一、模型假设

假定在一个只存在政府和企业的经济体中,排污权可以跨期使用。我们设政府在每一期的起点,根据企业上期排放水平,将排污权指标无偿分配给企业。如果政府感到需要减少整个社会的污染排放水平,则会对企业提出减排要求,并将这种减排要求体现在扣减下期的排污权分配上。企业减少排放需要付出成本。企业拿到排污权指标后,会考虑政府的减排要求、排污权的市场价格和自己的减排成本,决定是否减少排放并将节余的排污权拿到市场上销售。企业遵循经济利益最大化原则行事。企业减少单位排放需要付出成本 $\tilde{v}$,企业出售的排污权数量为 $\tilde{x}$,出售的价格为 $\tilde{p}$。市场上的排污权价格受供求关系影响。如果市场上出售的排污权数量越多,则其价格越低。另外,出售的价格也与政府为实现年度社会减排计划而对企业提出的污染减排目标 $\tilde{e}$ 正相关,即政府减排目标越高,市场对碳排放权的需要就越多,$\tilde{p}$ 就越高。

假设 4-1:企业出售的排污权需要成本,因为减少排污权要么减少生产经营要么进行环保投入,都会产生成本。假设企业在市场上每出售一个单位的排污权,需要付出的成本为一个正态分布的随机变量 $\tilde{v} \sim N(v_0, \sigma_v^2)$。企业出售的排污权总量为 $\tilde{x}$,它是企业减排成本的函数,即 $\tilde{x} = X(\tilde{v})$。假设企业是风险中性的,因此可以假设 $\tilde{x} = X(\tilde{v})$ 是个线性函数。

假设 4-2:政府根据污染物减排规划,对企业提出污染物减排目标数量 $\tilde{e} \sim N(0, \sigma_e^2)$。假定政府根据社会宏观发展和环境恶化程度确定企业的污染减排要求,企业达不到的甚至可以让企业停产,即不考虑企业的经营情况,因此可以假定污染物减排指标 $\tilde{e}$ 与企业减少单位污染物排放的成本 $\tilde{v}$ 相互独立。

假设 4-3:假定市场上交易的单位排污权价格 $\tilde{p}$ 是 $\tilde{x}$ 和 $\tilde{e}$ 的函数。如果市场上出售的排污权数量越多,其价格越低,即 $\tilde{p}$ 与 $\tilde{x}$ 负相关。另外,出售的价格也与政府为实现年度污染减排计划而对企业提出的污染减排目标正相关,即减排目标越高,市场对排污权的需要就越多,$\tilde{p}$ 就越高,即 $\tilde{p}$ 与 $\tilde{e}$ 正相关。为简化起见,我们假定这个函数关系为线性关系,即 $P(\tilde{x}, \tilde{e}) = v_0 - \lambda(\tilde{x} - \tilde{e})$。$v_0$ 企业为出售一份排污权所需付出的平均成本。

假设 4-4:设企业出售排污权所得利润 $\tilde{\pi}$,则 $\tilde{\pi} = (\tilde{p} - \tilde{v})\tilde{x}$,为使排污权的博弈在企业利益达到最大化时得到均衡,此时:

相对于其他的实际减排策略 X',在企业减排成本为 v 时,企业的减排策略 X 使企业获得的总激励收益最大,即:

$$E\{\tilde{\pi}(X, P) | \tilde{v} = v\} \geqslant E\{\tilde{\pi}(X', P) | \tilde{v} = v\}$$

由假设 4-3 可知,排污权市场价格函数 P 为线性函数:

$$P = v_0 - \lambda(\tilde{x} - \tilde{e}) \quad \text{(公式 4-1)}$$

二、博弈过程

令 $y = \tilde{x} - \tilde{e}$,则公式 4-1 可改写成:

$$P(y) = v_0 - \lambda y \quad \text{(公式 4-2)}$$

企业决定要拿到市场上销售的排污权数量,与其减排成本负相关,减排成本越低,企业提供的数量将会越多,即企业出售的排污权数量与其提供成本负相关。企业提供的排污权数量,是综合考虑成本和收益等多个因素的最终结果,我们将成本以外的影响因素的作用,体现在一个系数 β,并为简化起见,设定以下的线性函数关系:

$$X(v) = \alpha - \beta v \qquad \text{(公式 4-3)}$$

对于给定的线性函数 $\tilde{p}$,考虑到 $\tilde{e}$ 的期望为 0,因此企业的利润为:

$$E(\tilde{\pi}) = E\{(\tilde{p} - \tilde{v})x | \tilde{v} = v\} = (v_0 - \lambda x - v)x \qquad \text{(公式 4-4)}$$

由于 $\lambda > 0$,则企业利润存在最大化点。企业利润函数对 x 求导后得 $v_0 - v - 2\lambda x = 0$ 即

$$x = \frac{v_0}{2\lambda} - \frac{v}{2\lambda} \qquad \text{(公式 4-5)}$$

由公式 4-3 和公式 4-5 得:

$$\alpha = \beta v_0, \beta = \frac{1}{2\lambda} \qquad \text{(公式 4-6)}$$

当企业出售的排污权大于其成本时,企业会继续提供,直到市场价格等于企业的成本为止,即 $P(y) = v_0 - \lambda y = E\{\tilde{v} | \tilde{x} - \tilde{e} = y\} = E\{\tilde{v} | \alpha - \beta\tilde{v} - \tilde{e} = y\}$ 成立。由于市场不完美,成本和价格无法相等只能尽可能趋近,结合正态性和仿射定理,即要求:

$$MinE\{[\tilde{v} - P(y)]^2 | \alpha - \beta\tilde{v} - \tilde{e} = y\} = MinE\{[\tilde{v} - v_0 + \lambda(\alpha - \beta\tilde{v} - \tilde{e})]^2\}$$

$$\text{(公式 4-7)}$$

求使得 $f(\lambda, \tilde{v}) = E\{[\tilde{v} - v_0 + \lambda(\alpha - \beta\tilde{v} - \tilde{e})]^2\}$ 最小的 λ 和 $\tilde{v}$,即:

$$\frac{\partial f(\lambda, \tilde{v})}{\partial \lambda} = 0 \qquad \text{(公式 4-8)}$$

$$\frac{\partial f(\lambda, \tilde{v})}{\partial \tilde{v}} = 0 \qquad \text{(公式 4-9)}$$

由公式 4-8 得:

$$\frac{\partial f(\lambda, \tilde{v})}{\partial \lambda} = 2E\{[\tilde{v} - v_0 + \lambda(\alpha - \beta\tilde{v} - \tilde{e})](\alpha - \beta\tilde{v} - \tilde{e})\}$$

$$= 2E[(\tilde{v} - pv_0)(\alpha - \beta\tilde{v} - \tilde{e}) + \lambda(\alpha - \beta\tilde{v} - \tilde{e})^2]$$

$$= 2(I_1 + \lambda I_2)$$

$$I_1 = E[(\tilde{v} - v_0)(\alpha - \beta\tilde{v} - \tilde{e})] = E[(\alpha + \beta v_0)\tilde{v} - p\alpha - \beta\tilde{v}^2]$$

$$= (\alpha+\beta v_0)v_0 - v_0\alpha - \beta E(\tilde{v}^2) = \alpha v_0 + \beta v_0^2 - v_0\alpha - \beta(\sigma_v^2 + v_0^2)$$
$$= -\beta\sigma_v^2$$
$$I_2 = E[(\alpha-\beta\tilde{v}-\tilde{e})^2] = D(\alpha-\beta\tilde{v}-\tilde{e}) + [E(\alpha-\beta\tilde{v}-\tilde{e})]^2$$
$$= \beta^2\sigma_v^2 + \sigma_e^2 + (\alpha-\beta v_0)^2 = \beta^2\sigma_v^2 + \sigma_e^2 . (\because \alpha=\beta v_0)$$

将 I_1、I_2 代入 $\dfrac{\partial f(\lambda,\tilde{v})}{\partial \lambda}=0$ 即可得:

$$\lambda = \frac{\beta\sigma_v^2}{\beta^2\sigma_v^2 + \sigma_e^2} \qquad\text{(公式 4-10)}$$

而由公式 4-9 得:

$$\frac{\partial f(\lambda,\tilde{v})}{\partial \tilde{v}} = 2E\{[\tilde{v}-v_0+\lambda(\alpha-\beta\tilde{v}-\tilde{e})](1-\beta\lambda)\}$$
$$= 2\lambda(1-\beta\lambda)(\alpha-\beta v_0)$$

由 $\dfrac{\partial f(\lambda,\tilde{v})}{\partial \tilde{v}}=0$ 可得

$$\alpha = \beta v_0 \qquad\text{(公式 4-11)}$$

将公式 4-6 代入公式 4-10 可得

$$\lambda = \frac{\sigma_v}{2\sigma_e} \qquad\text{(公式 4-12)}$$

由公式 4-6 和公式 4-12 可得:

$$\beta = \frac{\sigma_e}{\sigma_v} \qquad\text{(公式 4-13)}$$

由公式 4-3 和公式 4-11 得:

$$X(\beta,\tilde{v}) = \beta(v_0 - \tilde{v}) \qquad\text{(公式 4-14)}$$

由公式 4-1 和公式 4-5 可得企业利润最大化时的价格为:

$$P^* = v_0 - \lambda(\tilde{x}-\tilde{e}) = v_0 - \lambda\left(\frac{v_0}{2\lambda} - \frac{2\lambda}{\text{ }} - \tilde{e}\right)$$
$$= \frac{1}{2}(v_0+\tilde{v}) + \lambda\tilde{e} \qquad\text{(公式 4-15)}$$

可知,企业的一半信息(减排成本 $\tilde{v}$)进入了排污权的市场价格中。

由此,我们得到了一个关于排污权市场的线性均衡的交易数量和价格:

$$\begin{cases} X(\beta,\tilde{v}) = \beta(v_0 - \tilde{v}) \\ P = v_0 - \lambda(\tilde{x} - \tilde{e}) \end{cases} \quad \text{(公式 4-16)}$$

其中：$\lambda = \dfrac{\sigma_v}{2\sigma_e}, \beta = \dfrac{\sigma_e}{\sigma_v}$

从以上我们可以看到,均衡点 P 和 X 都取决于外生的企业减排成本和政府减排目标的变化程度,即方差 σ_v^2 和 σ_e^2。

重要的参数 λ 反映了价格变化的速度。从公式 4-16 中的 $P = v_0 - \lambda(\tilde{x} - \tilde{e})$ 可以看出,系数 λ 表示企业出售的排污权与政府提出的减排目标之差对排污权的边际效益。即:如果企业出售的排污权比政府提出的减排目标多一个单位时,排污权的价格就减少 λ 个单位;反之,企业出售的排污权比政府提出的减排目标少一个单位时,排污权的价格就增加 λ 个单位。企业出售的排污权比政府提出的减排目标少(或多)$1/\lambda$ 个单位时,碳价格就上升(或下降)一个单位,因此 $1/\lambda$ 可以看成排污权价格的市场深度。同时,政府未来减排目标的变动性(σ_e)与企业减排成本的变动性(σ_v)是通过比值(λ)影响价格 P 的,且两者对 λ 的影响是相反的。也就是说 λ 是关于 σ_e 的减函数,而是 σ_v 的增函数。

公式 4-16 中的 $X(\beta,\tilde{v}) = \beta(v_0 - \tilde{v})$,表明企业出售的排污权数量受到出售排污权的成本影响,成本越低,则企业出售的排污权越多。两式表明,排污权的价格变化速度(λ)和企业出售的排污权数量的变化速度(β),均受企业减排成本变化 σ_v 与政府提出的减排目标变化 σ_e 之比的影响。企业减排成本变化与政府提出的减排目标变化之比越大,排污权的价格变化速度越快,企业出售的排污权数量的变化速度越小。

三、模型总结

本节讨论了中国排污权市场中交易价格和数量的形成机制。在尽量体现中国现有体制的基础上,通过设定企业排污权成本为正态分布,刻画了在总量控制和交易机制下,排污权交易如何受到政府未来减排目标波动性和企业污染减排成本波动性两个外生变量的影响。简化模型的主要结论是,企业减排成本波动性与政府提出的减排目标波动性之比越大,排污权的价格变化速度越快,企业出售的排污权数量的变化速度越小。

本书的模型,没有考虑国际排污权市场对中国排污权市场的影响,并且只考虑了政府减排目标和企业减排成本这两个最主要的因素。未来的研究可以从污染减排的技术革新、燃料价格等因素变动,对模型进一步深入细化。虽然本书构建的数理模型考虑因素较少,但其他因素的影响也主要是通过影响政府减排目标和企业减排成本而发生作用,因此本书的模型对政策管理者调控和监管排污权交易,提供了一定的参考。

第五章　政府与企业在环境信息披露上的博弈[①]

本章从博弈理论出发,分析了政府如何利用政策设定,诱导企业尽可能多地披露环境信息,以及企业在追求利益最大化下的应对行为。本章最后给出了双方博弈得到的一种均衡模型。

如何在发展经济的同时做好环境保护,是当前社会面临的焦点问题之一。企业在环保中占有主要位置。企业在成本和收益的权衡下做出有关环保行动的选择,而政府和公众可以影响企业的环保成本和收益。环保实质上是企业、企业的竞争对手、政府和公众共同形成的博弈。这是一种不完全信息的动态博弈,因为外部利益相关者无法实际观察到企业实际的环境行为和绩效。企业的环境信息披露成为企业环境行为重要的信号。博弈各方根据上阶段行为的结果调整本阶段的行动决策。

第一节　政府的双重需求

虽然可以努力追求绿色生产,但生产就必然产生污染。发展经济就要生产,就会造成污染。而民众又反对企业污染环境,因此政府需要在经济需求和环保需求之间进行平衡。环保的外部性和信息不对称,造成环境监管难度很大,外部的压力和督察难以有效抑制企业的排污冲动。如能将价值手段引入环境信息披露,通过动态博弈,使企业真实地披露自己的环境信息,则外部利益相关者就能够正确甄别企业的环境管理能力和绩效,并搭配适当的奖惩机制,必然可以激励企业自觉加大环保努力,并通过优胜劣汰,不断改善国家的环境形势,推动社会良性发展。

但是,环境数据会被竞争对手利用或给企业带来额外的社会压力,这关系

[①] 本章得到田梦丹的大力协助,在此表示感谢。

到企业的生存和竞争。为了保护企业,政府无法强制企业披露全部的环境信息数据。纵观国内外,强制性披露和自愿性披露都是处于共同存在的局面,只不过两者的比例有所不同而已。企业环境信息披露在环保博弈中的作用和价值,正逐渐成为一个学术研究热点。但因为宏观管制政策、产业特点和企业治理等复杂因素交叉在一起,所以在这个问题上理论研究进展成果尚不多。

在我国,企业环境信息披露处于起步时期。对于重污染行业中拟上市及再融资企业,要求按照规定进行相应的环境信息披露。对于其他上市企业,要求在发生可能对企业证券及衍生品种交易价格产生较大影响且与环境保护相关的重大事件,投资者尚未得知时,上市公司应当立即披露,说明事件的起因、目前的状态和可能产生的影响。沈洪涛等(2010)对我国重污染行业上市公司的研究发现,上市公司年报中环境信息披露的数量和质量平均得分很低,不同公司之间的差距也较大。这表明我国企业的环境信息披露处于一种自发自觉的受到各种利益动机影响的初级和混乱状态,亟须予以指导与规范。

研究环境信息披露,也是社会环保事业发展的需要。从根源上治理污染,需要将环境行为与经济利益挂钩。如果从经济人假设出发,则对于如何治理污染问题的逻辑性答案,就是污染成本内部化。然而由于计量的复杂性,污染成本内部化呈现任重道远的态势。自1971年比蒙斯(F.A.Beams)的《控制污染的社会成本转换研究》拉开环境会计的序幕以来,环境会计在近半个世纪的时间中发展缓慢,建立环境会计的国家并不多。近年来出现的碳交易和排污权交易,创造性地提出了将环境成本内部化的解决方法,也为环境会计快速发展带来了曙光。另外,环境信息披露的成本与收益的特点,使我们可以将信号理论作为解开博弈谜题的工具。环境管理较好的企业价值较高,环境信息披露成本较低,环境信息披露水平较高。污染严重的企业前景黯淡,治污成本高,企业价值低,这些企业为逃避外部的压力只能少披露或不披露环境信息。特别是在重污染行业中,环境信息披露的信号更为明显。如果环境信息披露可以成为可靠的信号,则各方只要围绕这个信号进行相应的判断和决策,就能大大提高环保工作的效率和效果。

第二节 相关文献回顾

关于公司信息披露的研究比较丰富。Spence(1973)的信号发送模型指出,内部信息的掌握者,可以通过发送信号,表明自己属于"好的那部分",而获得较高的定价等利益。比如,能力强的工人效率高,能为雇主带来更多利润,应该获得较高的工资。但当工人和雇主在劳动力市场相遇且准备签订劳动合同时,工人知道自己的能力而雇主不知道。能力差的工人一般在获取教育文凭方面困难也较大。因此能力强的工人通过获得较高的教育文凭表明自己的类型,与能力差的工人区分开来,而获得雇主高的工资。Grossman(1981)在研究买卖双方的博弈时指出,卖家掌握内部信息,卖家最好的选择是全部披露而不能部分披露。因为从买家的角度,任何被隐瞒的信息都被认为不利于货物,从而进行压价;在新的低价位,若卖家还不披露,说明货物状况可能更糟,买家因此会进一步压价,最终使市场价格跌落到"货物品质处于最坏的情况"的价位。而如果货物的实际状况并没那么糟,卖家就遭受损失。Milgrom(1981)的类似的研究结果指出,如果消息是有利于消息的掌握者,则信息的掌握者会选择全部披露,以消除信息被推测为负面消息的顾虑。但人们在实践中观察到,有些利好消息也未被披露,这难以用先前的理论进行解释。

关于企业环境信息披露的研究也不断涌现出来。Laffont(1977)提出在政府、企业和公众的环境信息博弈中,可以通过价格规制和数量选择来激励企业进行环保。Goulder等(1997)在环境信息博弈中以税收作为奖惩变量,提出了演化博弈的新结果。Moledina等(2003)建立了信息不对称条件下的动态博弈模型,分析企业的策略性环境行为与外部利益相关者的管制之间的相互影响。Till(2005)使用一般均衡分析得到价格手段比规制手段更能促进企业提高环境绩效的结论。国内邹立等(2006)、王建明等(2007)建立了环境信息披露的博弈模型,但研究的深度有待进一步拓展。Lyon and Maxwell(2011)建立了一个"漂绿(greenwash)"模型,企业战略性地披露环境信息,而社会监督人士若发现企业只披露正面环境信息而隐藏负面环境信息就惩罚企业。他们的模型均衡解发现企业的环境绩效与环境信息的关系并非是单一关系。当来自监督人士的压力很大时,一些企业甚至故意减少披露水平以避免纠纷。他们发现现有的监管系统其实是鼓励环境绩效差的企业更多地"漂绿"。

本章考察了企业和政府围绕环境披露进行的阶段性动态博弈以及演化结果,力求通过对传导机制的分析,研究我国上市企业环境信息披露现状背后深层次的原因,并寻找最佳的环境规制路线图。

第三节 披露的博弈模型

模型假设:设 x_t 表示 t 时刻企业真实的污染量,θ_t 表示 t 时刻披露的污染量,$A+Bx_t$ 代表企业排污带来的经济效益,t_h 代表政府税收的税率。政府的目标分为两个层面:第一个层面是如果企业虚假披露,则政府对企业进行惩罚,且虚假披露达到某个临界点时,政府会加大惩罚力度。第二个层面是政府希望企业真实披露自己的信息,以便于进行管理。政府为此设立奖励政策,凡是披露某些最低限度的环境信息的企业都可以获得一个初始的奖励,并且披露越多奖励将越多。由于企业披露自己的污染会受到社会的反对,我们假定企业披露的污染量始终不会超过企业真实的污染量。我们得到以下条件:

(1)当 $\frac{x_t-\theta_t}{\theta_t} \geq L_1$ 时,我们设置惩罚系数为 γ_1;否则 $\frac{x_t-\theta_t}{\theta_t} < L_1$ 时,我们的惩罚系数为 γ_2;

(2)当 $\theta_t \geq L_2$ 时,政府设置奖励函数 $\beta+\alpha(\theta_t-L_2)$。

对企业来说收益函数可以表示为:

$A+Bx_t-t_h\theta_t-\gamma_i(x_t-\theta_t)+\beta+\alpha(\theta_t-L_2)$,当 $\theta_t \geq L_2$ 时 (公式 5-1)

$A+Bx_t-t_h\theta_t-\gamma_i(x_t-\theta_t)$,当 $\theta_t < L_2$ 时 (公式 5-2)

($i=1$ 或 2)

我们把含有 x_t 的部分和 θ_t 的部分分开整理后得到:

$A+(B-\gamma_i)x_t+(\gamma_i-t_h+\alpha)\theta_t+\beta-\alpha L_2$,当 $\frac{x_t}{1+L_1}$ 时 (公式 5-3)

$A+(B-\gamma_i)x_t+(\gamma_i-t_h)\theta_t$,当 $\theta_t < L_2$ 时 (公式 5-4)

我们对上式分情况讨论:

(1)$\gamma_2 < B < \gamma_1$,此时企业会选择 γ_2 惩罚系数,即 $\frac{x_t-\theta_t}{\theta_t} < L_1$。

①$\theta_t \geq L_2$:先对企业收益函数关于 θ_t 求导,我们得到:$\gamma_2-t_h+\alpha$。

若 $\gamma_2-t_h+\alpha < 0$,则 $\theta_t=L_2$ 是企业的最佳选择;

若 $\gamma_2-t_h+\alpha > 0$,则 θ_t 上升为 x_t 最好。

此时,我们把收益函数都表示为 x_t 并求导整理后得到:

$B-t_h+\alpha > B-\gamma_2 > 0$ (公式 5-5)

所以这种情况下企业选择更多地排污并且真实地反映排污量最好。

②$\theta_t < L_2$：对企业收益函数关于θ_t求导,我们得到：$\gamma_2 - t_h$。

若$\gamma_2 - t_h < 0$,则θ_t增大,企业收益减少。注意到限制的条件为$L_2 > \theta_t > \dfrac{x_t}{1+L_1}$,因此$\theta_t \to \dfrac{x_t}{1+L_1}$最优。把$\theta_t = \dfrac{x_t}{1+L_1}$代入原企业收益函数并对$x_t$求导,有：

$$B - \gamma_2 + \dfrac{(\gamma_2 - t_h)}{(1+L_1)} > B - t_h$$

若$B - t_h < 0$,企业应该不排放污染也不做任何披露；若$B - \gamma_2 + \dfrac{(\gamma_2 - t_h)}{(1+L_1)} > 0$,那么企业多污染一直到$(1+L_1)L_2$,披露的$\theta_t \to L_2$为最优。

若$\gamma_2 - t_h > 0$,则企业会选择加大信息披露力度直到达到临界值L_2。

(2)$\gamma_2 < \gamma_1 < B$,此时企业会选择尽量多的污染排放。

假设$\dfrac{x_t - \theta_t}{\theta_t} < L_1$,

①$\theta_t < L_2$,此时企业的收益函数为$(B - \gamma_2)x_t + (\gamma_2 - t_h)\theta_t$；

若$t_h - \gamma_2 > 0$,那么企业会减少信息披露θ_t。注意到限制的条件为$L_2 > \theta_t > \dfrac{x_t}{1+L_1}$,因此$\theta_t \to \dfrac{x_t}{1+L_1}$最优。把$\theta_t = \dfrac{x_t}{1+L_1}$代入原企业收益函数并对$x_t$求导,有：

$$B - \gamma_2 + \dfrac{(\gamma_2 - t_h)}{(1+L_1)} > B - t_h$$

若$B - t_h < 0$,企业应该不排放污染也不做任何披露；

若$B - \gamma_2 + \dfrac{(\gamma_2 - t_h)}{(1+L_1)} > 0$,那么企业多污染一直到$(1+L_1)L_2$,披露的$\theta_t \to L_2$为最优。

若$t_h - \gamma_2 < 0$,那企业将会尽量多披露信息一直到$\theta_t = L_2$。

②$\theta_t \geq L_2$,此时企业的收益函数为$(B - \gamma_2)x_t + (\gamma_2 - t_h + \alpha)\theta_t + \beta + \alpha L_2$。

先对企业收益函数关于θ_t求导,我们得到：$\gamma_2 - t_h + \alpha$。

若$\gamma_2 - t_h + \alpha > 0$,则$\theta_t$越大越好,直到$x_t$；把$\theta_t = x_t$代入企业的函数并对$x_t$求导有$B - t_h + \alpha$。若$B - t_h + \alpha > 0$,则企业多污染并且全部真实披露是最优策略；若$B - t_h + \alpha < 0$,则企业减少污染为最优策略。

若 $\gamma_1-t_h+\alpha<0$，则 θ_t 减少到 L_2 对企业最有利，此时均衡为 $\theta_t=L_2$。

(3) $\gamma_1>\gamma_2>B$，此时 x_t 减少比较好。

① $\theta_t\geqslant L_2$：先对企业收益函数关于 θ_t 求导，得到：$\gamma_2-t_h+\alpha$。

若 $\gamma_2-t_h+\alpha<0$，则 $\theta_t=L_2$ 是企业的最佳选择，此时也满足 $x_t=\theta_t$；

若 $\gamma_2-t_h+\alpha>0$，则 θ_t 上升为 x_t 最好。

此时，我们把收益函数都表示为 x_t 并求导整理后得到：$B-t_h+\alpha$。

若 $B-t_h+\alpha<0$，x_t 越小越好，但是在 $\theta_t\leqslant x_t$ 约束下，$x_t=L_2$。

所以这种情况下企业选择排污 $x_t=L_2$ 并且真实地反映排污量最好。

② $\theta_t<L_2$：对企业收益函数关于 θ_t 求导，得到：γ_2-t_h。

若 $\gamma_2-t_h<0$，则企业会选择不披露；

若 $\gamma_2-t_h>0$，则企业会选择披露尽量多的信息，在约束条件下最优为 $\theta_t=x_t$。

将 $\theta_t=x_t$ 代入原收益函数再对 x_t 求导，有：$B-t_h$。

若 $B-t_h>0$ 则有 $\theta_t=x_t\longrightarrow L_2$；

若 $B-t_h<0$ 则有 $x_t\longrightarrow 0$。

第四节 总结

本章通过设定政府对企业虚假披露的惩罚政策，来展示在何种情况下，政府的政策会诱导企业真实披露自己的环境信息，从而为政府制定相应的环境管理政策提供了依据，丰富了企业环境信息研究领域的文献。

第六章 披露制度与企业环境信息披露

披露制度是企业面临的主要环境之一。企业必须满足当地法规所要求的相关披露程序和内容，否则企业的生存就面临着威胁。而各地的披露制度受到政治、文化和社会发展程度的影响。因此，披露制度对企业的环境信息披露行为和内容，具有决定性的影响。本章探讨了制度对企业环境信息披露的影响机制，并对我国现行相关披露法规进行了梳理，分析了其特点和影响。

第一节 制度影响企业环境信息披露的原理

一、环境信息披露制度

制度就是管理人们行为的社会准则的集合，包括法规等强制性准则和道德风俗等非强制性准则。制度的制定是为了达到一定的社会目的而为人们指出合理的生存方式。由于制度是人为的产物，因此制度会随着时间而产生、演化和消失。制度包括为社会生活提供稳定性和意义的规制性、规范性和文化—认知性要素，以及相关的活动与资源(斯科特，2010:56)。强制性要素主要以法律规章以及政府政策的形式出现，它通过法律授权的强迫或威胁方式来引导组织活动和组织观念。规范性要素是指将说明性的、评价性的、义务性的内容引入社会的规则中，一般以经验法则、标准操作程序、职业标准以及教育履历等形式出现，这些制度引导组织活动和信念的能力大部分来源于社会义务和专业化。文化—认知性要素指的是共享的价值观、信念和认知框架的集合体。它可以为组织成员提供模式化的思想、感受和反应，从而引导其制定决策和进行其他行为；它决定了人们共同的价值观、信念和行为取向(行为逻辑)(高勇强等，2008)。强制性要素、规范性要素以及文化—认知要素是制度的三大基础要素,共同构成了一个社会中个体与组织的行为准则(斯科特,2010:56)。这些制度要素相互作用,通过社会奖惩来施加压力,施加内在的本质的精神奖励与价值观,促使人们遵守,而所有这些社会奖惩都可能发挥作用,制度成为具有特殊意义的指示力量(D'Andrade,1984)。这种来源于制度的压力和影响即是制度压力。制度压力根据其来源可以划分为规制压力、规范压力和文化—认知压力。规制压力来源规制性要素对组织施加的压力,规范压力来源于规范性要素对组织施加的压力,文化—认知压力则来源于文化—认知性要素对组织施加的压力[①]。

企业环境信息披露制度,就是支配企业披露环境信息行为的社会准则,它既包括具有强制力的企业环境信息披露方面的政府法律规章,也包括利益相关方对企业环境信息披露的期望和惯例。因此企业环境信息披露制度实际上是一个综合性的行为要求,嵌入在一个具体的社会背景下。当前,中国企业环境信息披露制度主要包括:由中国环保部、证监会等发布的强制性法律规章;由证券交易所等发布的规范性披露操作指引;证券交易所、社会团体和专家学者们提供的建议和主张等。这些不同层面的制度因素,体现了不同利益团体的意愿和卷入程度,不同制度因素之间是相互补充和支持的关系,构成一个多层次的体制。处于这个体制中的中国企业根据自己利益最大化的原则,确定自己的企业环境信息披露行动策略和目标。

二、环境信息披露制度的影响机制分析

1.法规性制度的强制性要求,迫使企业进行相关信息的披露。这些信息以法律和强制性规定形式明确向企业提出要求,企业若不遵从,就要承担刑事和民事责任,或者企业的融资等经济诉求难以达成。在此情况下,企业为求得生存和发展,只能耗费一定的人力物力,按照强制性要求进行环境信息的披露。否则,企业只有放弃相关的业务经营,才能摆脱披露的责任。

这种法规性要求比较直接和彻底,企业都比较关注,且有强大的国家执法机构不断检查和推动,因而这种机制实行起来效果迅速显现,在改变国家对企业环境信息披露的管理方式和要求时显得尤为必要。但这种机制是一种单向的作用机制,企业纯粹地表现为被动的遵从,披露的程度也完全根据法规制定

[①] 本段主要引自:肖华,李建发,张国清,制度压力、组织应对策略与环境信息披露,厦门大学学报(哲学社会科学版),2013年第3期,33-40。本书做了少量的更改。

者的意愿和规定；而且缺少信息发布者和使用者的参与，不利于信息披露制度的自我完善和发展。另外，这种强制性要求带来的社会成本比较高，从而限制了这种要求的数量。为了增加法规的普适性，法规中的条款往往比较宽泛，常需要针对不同时间和地区配套细则性条款，因此法规性制度主要针对比较迫切、社会影响大的一些问题而定。

2.非强制性披露制度通过社会压力，对企业的环境信息披露行为产生影响。由于现实情况比较复杂，在强制性法规没有覆盖到的地方，需要使用非强制性制度进行完善和补充。处于一定文化背景中的公众，按照其价值观和道德标准，对社会事项的处理逐渐形成被社会成员广为接受的方式，并随着时间的推移固化为惯例和风俗，社会成员共同认可的惯例和风俗在社会运行过程中为人们的生活带来默契从而提高效率和满意感，这可以减少谈判成本和节约时间。当社会惯例形成后，个人和组织的行为会面临社会的默认的期望，如果不按这种期望行动，那么就会形成与社会共识对抗的情形，就会被社会孤立，同时心理层面要承受巨大压力。而且个人和组织若违反社会惯例，实质上就是违反了公认的社会契约。利益相关方会认为违反社会惯例的个人和组织破坏规则且其行动难以把握，从而拒绝与违规者合作。被孤立的违规者的经济活动就会受阻，最终导致经济利益受损。

社会是企业存在和发展的基础，是企业各种资源的提供者。因此企业必须得到社会的认可，才能获得经济上的成功。当前中国的环保形势不容乐观，社会公众都渴望拥有碧水蓝天的生活环境，从而促使企业纷纷进行环境信息披露，迎合社会对企业环境行为的期望。企业通过环境信息披露，向公众展示自己的环保努力、取得的环保荣誉，从而提高企业在社会公众心目中的声望。另外，重污染型企业也可以通过公开信息披露，解释自己产品的绿色程度，以及业务经营并没有对环境造成严重损害，以打消公众对其产品和业务经营污染环境的疑虑，以及贷款人对企业环保风险的担忧。总之，企业利用环境信息披露，能够影响社会公众对企业的印象，提高企业声誉。另外也会获得合作伙伴、贷款人和员工的支持。反之，若重污染行业企业没有进行披露，反而会让外界产生企业因为环境管理能力弱环境绩效差而不敢披露的猜测。当地社会污染型行业披露环境信息情况越常见，越能够被公众认可，则当地制度对企业环境信息披露的影响就越大。

第二节　中国上市企业环境信息披露

一、披露状况

单独发布环境报告书的中国上市公司并不多,大多数上市公司将自己的环境信息放在公司年报或社会责任报告书中,这与美、日等发达市场经济体国家大批上市公司单独发布企业环境报告的情况形成对比,表现出中国企业对环境责任的重视有待进一步提高。

2013年,单独发布环境报告书的有沪市主板上市公司10家,约占其954家上市公司的1％;深市中小板上市公司有6家,也是约占其701家上市公司的1％。深市创业板上市公司有1家,占其355家上市公司的0.3％。发布社会责任报告书的,沪市主板上市公司有332家,约占其954家上市公司的35％。深市主板上市公司有115家,约占其482家上市公司的24％。深市中小板上市公司有119家,占其701家上市公司的17％。深市创业板上市公司有28家,约占其355家上市公司的8％。两类报告书单独发布的上市公司合计为611家,约占全部上市公司的24.5％。在中国,能够成为上市公司的企业,都是业内的佼佼者,其管理制度比较规范,公司治理水平较高。中国的上市公司,特别是重污染行业中的企业,也都陆续进行了环境信息的披露。根据笔者对2006—2008年中国化工行业上市公司年报和公司网页的综合统计,企业环境信息披露分值最大达到36分,最小为0,平均为8.23分,标准差与平均值接近,说明即使是在化工这一个行业中,企业的环境信息披露的差异也较大。环境绩效好的企业,在设置专门的环保岗位和单独提供根据GRI规则编制的报告方面,显著高于环境绩效差的企业,说明环境绩效好的企业更注重公司的环境信息披露。在环保形势展望及环保战略声明方面,环境绩效好和环境绩效差的两类企业的指标都很高且没有显著差异,说明所有企业在空泛的环保理念描述方面都谈得比较多,这可能是外部环保压力和软披露成本低两个方面综合作用的结果。在环境绩效指标部分,两类企业在节约水、电、能源等"节能"方面披露较多,而对"减排"等容易引发社会负面印象的内容披露得不多,符合环境信息披露的印象管理理论和选择性披露理论。

二、上市企业环境信息披露规定

影响中国上市企业环境信息披露的相关法规和文件,可以分成三个层面。第一层面是国家机关制定的相关制度,主要包括《公司法》等国家主要法律规定,以及国家环保部(环保总局)制定的相关规定。这个层面的披露规定影响最大,覆盖了所有的企业,代表了国家机关的环保态度。第二层面是中国证监会对上市公司披露环境信息的相关要求,覆盖了所有的上市公司,能否满足其要求,决定了企业是否能够保持上市公司地位。第三个层面是各个证券交易所,对在自己所里挂牌交易的上市公司提出的要求,体现了该证券交易所的环保态度与理念,其规定更多的是鼓励性和引导性的条文,强制性最弱。

(一)国家及行政机关制定的企业环境信息披露规章

1.国家层面对环境保护及披露的法规比较健全

中国对环境保护及环境信息披露非常重视。我国宪法第9条规定:国家保障自然资源的合理利用,保护珍贵的动物和植物。禁止任何组织或者个人用任何手段侵占或者破坏自然资源。第26条规定:国家保护和改善生活环境和生态环境,防治污染和其他公害。国家组织和鼓励植树造林、保护林木。此外,中国还制定了上百部关于环境保护方面的法律,如《环境保护法》《海洋环境保护法》《水污染防治法》《大气污染防治法》《固体废物污染环境防治法》《环境噪声污染防治法》和《环境影响评价法》等,可以说环境保护的法规体系目前相对比较完整。

国家级法规中对环境信息的披露也比较重视。2002年全国人大常委会颁布专门针对生产与环境保护的《中华人民共和国清洁生产促进法》,是我国具有重要意义的一部环保法规。该法的第十七条规定:"省、自治区、直辖市人民政府负责清洁生产综合协调的部门、环境保护部门,根据促进清洁生产工作的需要,在本地区主要媒体上公布未达到能源消耗控制指标、重点污染物排放控制指标的企业的名单,为公众监督企业实施清洁生产提供依据。列入前款规定名单的企业,应当按照国务院清洁生产综合协调部门、环境保护部门的规定公布能源消耗或者重点污染物产生、排放情况,接受公众监督。"该法的第二十七条规定:"实施强制性清洁生产审核的企业,应当将审核结果向所在地县级以上地方人民政府负责清洁生产综合协调的部门、环境保护部门报告,并在本地区主要媒体上公布,接受公众监督,但涉及商业秘密的除外。"2005年发布的《国务院关于落实科学发展观加强环境保护的决定》第二十七条要求:"健全社会监督机制。实行环境质量公告制度,定期公布各省(区、市)有关环境保护指标,发布城市空气质量、城市噪声、饮用水水源水质、流域水质、近岸海域水质和生态状况评价等环境信息,及时发布污染事故信息,为公众参与创造条件。公布环境质量不达标的城市,并实行投资环境风险预警机制。发挥社会团体的作用,鼓励检举和揭发各种环境违法行为,推动环境公益诉讼。企业要公开环境信息。对涉及公众环境权益的发展规划和建设项目,通过听证会、论证会或社会公示等形式,听取公众意见,强化社会监督"。

2.环保部(总局)对企业环境信息披露的规定

国家环保总局非常重视企业环境信息披露工作,并于2003年9月颁布了《关于企业环境信息公开的公告》。根据该公告,企业环境信息公开包括"必须"和"自愿"两个层次。环境管理部门应建立超标准排放污染物或者超过污染物排放总量规定限额的污染严重企业名单;列入名单的企业,应当按照该公告要求,于2003年10月底以前公布2003年上半年的环境信息,2004年开始在每年3月31日以前公布上一年的环境信息。没有列入名单的企业可以自愿参照本规定进行环境信息公开。企业必须公开的环境信息内容必须如实、准确,有关数据应有三年连续性,并应包括以下内容:(1)企业环境保护方针。(2)污染物排放总量,包括:废水排放总量和废水中主要污染物排放量,废气排放总量和废气中主要污染物排放量,固体废物产生量、处置量。(3)企业环境污染治理,包括企业主要污染治理工程投资,污染物排放是否达到国家或地方规定的排放标准,污染物排放是否符合国家规定的排放总量指标,固体废物处置利用量,危险废物安全处置量。(4)环保守法,包括环境违法行为记录,行政处罚决定的文件,是否发生过污染事故以及事故造成的损失,有无环境信访案件。(5)环境管理,包括依法应当缴纳排污费金额;实际缴纳排污费金额;是否依法进行排污申报;是否依法申领排污许可证;排污口整治是否符合规范化要求;主要排污口是否按规定安装了主要污染物自动监控装置,其运行是否正常;污染防治设施正常运转率;"三同时"执行率。

《关于企业环境信息公开的公告》中企业自愿披露的环境信息包括:(1)企业资源消耗,包括能源总消耗量和单位产品能源消耗量,新水取用总量和单位产品新水消耗量,工业用水重复利用率,原材料消耗量,包装材料消耗量。(2)企业污染物排放强度(指生产单位产品或单位产值的主要污染物排放量),包括烟尘、粉尘、二氧化硫、二氧化碳等大气污染物和化学需氧量、氨氮、重金属等水污染物。(3)企业环境的关注程度。(4)下一年度的环境保护目标。(5)

当年致力于社区环境改善的主要活动。(6)获得的环境保护荣誉。(7)减少污染物排放并提高资源利用效率的自觉行动和实际效果。(8)对全球气候变暖、臭氧层消耗、生物多样性减少、酸雨和富营养化等方面的潜在环境影响。

公告中关于环境信息公开的方式包括:(1)必须进行环境信息公开的企业除在国家环保总局的政府网站和省级环保部门的政府网站上公布外,可以通过报纸和其他形式的媒体公布,也可以通过印制小册子等形式进行公布。(2)鼓励企业自愿在国家环保总局和各级环保部门的政府网站上进行信息公开。(3)鼓励企业发布年度环境报告书并在企业网站或政府网站上公布。

在《关于企业环境信息公开的公告》中,关于对企业环境信息公开的其他要求包括:(1)企业出现下列情况之一,企业登记所在地的省级环境保护行政主管部门,应当随时在环保总局网站或上报环保总局在总局政府网站上公布有关环境信息:常规环境监测中连续2次(含)以上排放的主要污染物没有达到国家或地方规定的污染物排放标准;常规环境监测中连续2次(含)以上污染物排放总量超过了排污许可证的允许排放量;现场环境监察中连续2次(含)以上出现环境违法行为;发生重大污染事故;发生集体性环境信访案件。(2)对不公布或者未按规定公布污染物排放情况的,应依据《清洁生产促进法》,按照相应的管理权限,由县级以上环保部门公布,可以并处相应的罚款。

《关于企业环境信息公开的公告》中要求,在环保总局政府网站公布企业环境信息的具体程序另行通知,在地方环保部门政府网站公布企业环境信息的具体程序由各地自行制定。

3.《环境信息公开办法(试行)》的颁布

中国环境保护部在2007年出台了《环境信息公开办法(试行)》,该办法自2008年5月1日起施行,这又是一部里程碑式的企业环境信息披露规定。在此规定中,明确了以下主要内容:

(1)明确了企业环境信息披露的范围

《环境信息公开办法(试行)》指出,企业环境信息是指企业以一定形式记录、保存的,与企业经营活动产生的环境影响和企业环境行为有关的信息。

(2)企业环境信息披露的管理部门

《环境信息公开办法(试行)》指明,在国家层面,中国环保部负责推进、指导、协调、监督全国的环境信息公开工作。县级以上地方人民政府环保部门负责组织、协调、监督本行政区域内的环境信息公开工作。

(3)企业环境信息披露的原则

《环境信息公开办法(试行)》指明,企业应当按照自愿公开与强制性公开相结合的原则,及时、准确地公开企业环境信息。环保部门应当建立、健全环境信息公开制度,监督本辖区企业环境信息公开工作。

(4)政府部门可以披露企业哪些环境信息

《环境信息公开办法(试行)》指明,环保部门应当在职责权限范围内向社会主动公开主要污染物排放总量指标分配及落实情况,排污许可证发放情况,城市环境综合整治定量考核结果;大、中城市固体废物的种类、产生量、处置状况等信息;建设项目环境影响评价文件受理情况,受理的环境影响评价文件的审批结果和建设项目竣工环境保护验收结果,其他环境保护行政许可的项目、依据、条件、程序和结果;排污费征收的项目、依据、标准和程序,排污者应当缴纳的排污费数额、实际征收数额以及减免缓情况;经调查核实的公众对环境问题或者对企业污染环境的信访、投诉案件及其处理结果;环境行政处罚、行政复议、行政诉讼和实施行政强制措施的情况;污染物排放超过国家或者地方排放标准,或者污染物排放总量超过地方人民政府核定的排放总量控制指标的污染严重的企业名单;发生重大、特大环境污染事故或者事件的企业名单,拒不执行已生效的环境行政处罚决定的企业名单。

(5)哪些内容可以予以保护不用公开披露

《环境信息公开办法(试行)》指明,环保部门应当建立健全政府环境信息发布保密审查机制,明确审查的程序和责任。环保部门在公开政府环境信息前,应当依照《中华人民共和国保守国家秘密法》以及其他法律、法规和国家有关规定进行审查。

环保部门不得公开涉及国家秘密、商业秘密、个人隐私的政府环境信息。但是,经权利人同意或者环保部门认为不公开可能对公共利益造成重大影响的涉及商业秘密、个人隐私的政府环境信息,可以予以公开。

环保部门对政府环境信息不能确定是否可以公开时,应当依照法律、法规和国家有关规定报有关主管部门或者同级保密工作部门确定。企业环境信息披露的方式和程序是指,环保部门应当将主动公开的政府环境信息,通过政府网站、公报、新闻发布会以及报刊、广播、电视等便于公众知晓的方式公开。

(6)企业披露的环境信息的主要方面

国家鼓励企业自愿公开企业环境信息,企业披露的环境信息包括以下主要方面:企业环境保护方针、年度环境保护目标及成效;企业年度资源消耗总量;企业环保投资和环境技术开发情况;企业排放污染物种类、数量、浓度和去向;企业环保设施的建设和运行情况;企业在生产过程中产生的废物的处理、处置情况,废弃产品的回收、综合利用情况;与环保部门签订的改善环境行为的自愿协议;企业履行社会责任的情况;企业自愿公开的其他环境信息。

(7)超标排放企业被强制公布相关信息

超标排放的企业,必须公开自己的相关信息,接受社会公众的监督,企业不得以保守商业秘密为借口拒绝。这些信息包括:企业名称、地址、法定代表人;主要污染物的名称、排放方式、排放浓度和总量、超标、超总量情况;企业环保设施的建设和运行情况;环境污染事故应急预案。超标排放的企业应当在环保部门公布超标排放名单后30日内,在所在地主要媒体上公布其环境信息,并将向社会公开的环境信息报所在地环保部门备案。环保部门有权对企业公布的环境信息进行核查。

(8)指明了企业自愿披露环境信息的渠道

自愿公开环境信息的企业,可以将其环境信息通过媒体、互联网等方式,或者通过公布企业年度环境报告的形式向社会公开。

(9)国家鼓励企业自愿披露环境信息

对自愿公开企业环境行为信息且模范遵守环保法律法规的企业,环保部门可以给予下列奖励:在当地主要媒体公开表彰;依照国家有关规定优先安排环保专项资金项目;依照国家有关规定优先推荐清洁生产示范项目或者其他国家提供资金补助的示范项目;国家规定的其他奖励措施。

(10)对违反披露规定的惩罚

污染物排放超过国家或者地方排放标准,或者污染物排放总量超过地方人民政府核定的排放总量控制指标的污染严重的企业,不公布或者未按规定要求公布污染物排放情况的,由县级以上地方人民政府环保部门依据《中华人民共和国清洁生产促进法》的规定,处十万元以下罚款,并代为公布。

《环境信息公开办法(试行)》与《关于企业环境信息公开的公告》相比,内容更加全面,加强了关于环境信息披露中政府应该披露的信息和承担的责任的规定。在关于企业环境信息披露方面,要求披露的内容有所减少,并且取消了连续三年披露的要求。

4.关于对申请上市的企业和申请再融资的上市企业进行环境保护核查的通知

国家环保部于2008年6月发布《关于对申请上市的企业和申请再融资的上市企业进行环境保护核查的通知》与《关于进一步规范重污染行业生产经营公司申请上市或再融资环境保护核查工作的通知》,这些文件对企业环境信息披露具有重要的推动作用。这些文件为进一步细化环保核查重污染行业分类,规定了《上市公司环境保护核查行业分类管理名录》(以下简称《管理名录》),《管理名录》中未包含的类型暂不列入核查范围。该文实际上进一步明确了哪些上市公司应该重点披露环境信息。这些上市公司主要包括：

(1)火电:火力发电(含热电、矸石综合利用发电、垃圾发电)。

(2)钢铁:炼铁(含熔融和还原)、球团及烧结、炼钢、铁合金冶炼、钢压延加工、焦化。

(3)水泥:水泥制造(含熟料制造)。

(4)电解铝:包括全部规模、全过程生产。

(5)煤炭:煤炭开采及洗选,煤炭地下气化,煤化工(煤制油、煤制气、煤制甲醇或二甲醚等)。

(6)冶金:有色金属冶炼(常用有色金属、贵金属、稀土金属、其他稀有金属冶炼);有色金属合金制造;废金属冶炼;有色金属压延加工;金属表面处理及热处理加工[电镀,使用有机涂层、热镀锌(有钝化)工艺]。

(7)建材:玻璃及玻璃制品制造、玻璃纤维及玻璃纤维增强塑料制品制造、陶瓷制品制造、石棉制品制造、耐火陶瓷制品及其他耐火材料制造、石墨及碳素制品制造。

(8)采矿:石油开采;天然气开采;非金属矿采选(化学矿采选,石灰石、石膏开采,建筑装饰用石开采,耐火土石开采,黏土及其他土砂石开采,采盐,石棉、云母矿采选,石墨、滑石采选,宝石、玉石开采);黑色金属矿采选;有色金属矿采选(常用有色金属、贵金属、稀土金属、其他稀有金属采选)。

(9)化工:基础化学原料制造(无机酸制造、无机碱制造、无机盐制造、有机化学原料制造、其他基础化学原料制造);肥料制造(氮肥制造、磷肥制造、钾肥制造、复混肥料制造、有机肥料及微生物肥料制造、其他肥料制造);涂料、染料、颜料、油墨及其他类似产品制造;合成材料制造[初级形态的塑料及合成树脂制造、合成橡胶制造、合成纤维单(聚合)体的制造、其他合成材料制造];专用化学品制造(化学试剂和助剂制造、专项化学用品制造、林产化学产品制造、炸药及火工产品制造、信息化学品制造、环境污染处理专用药剂材料制造、动物胶制造、其他专用化学产品制造);化学农药制造、生物化学农药及微生物农药制造(含中间体);日用化学产品制造(肥皂及合成洗涤剂制造、化妆品制造、口腔清洁用品制造、香料香精制造、其他日用化学产品制造);橡胶加工;轮胎制造;再生橡胶制造。

(10)石化:原油加工、天然气加工、石油制品生产(包括乙烯及其下游产品生产)、油母页岩中提炼原油、生物制油。

(11)制药:化学药品制造(含中间体),化学药品制剂制造,生物、生化制品的制造,中成药制造。

(12)轻工:酿造[酒类及饮料制造,包括:酒精制造、白酒制造、啤酒制造、黄酒制造、葡萄酒制造、其他酒制造,碳酸饮料制造、瓶(罐)装饮用水制造、果菜汁及果菜汁饮料制造、含乳饮料和植物蛋白饮料制造、固体饮料制造、茶饮料及其他软饮料制造,精制茶加工];造纸(纸浆制造,含浆纸林建设;造纸,含废纸造纸);发酵(调味品制造,如味精、柠檬酸、氨基酸制造等;有发酵工艺的粮食、饲料加工);制糖;植物油加工。

(13)纺织:化学纤维制造,棉、化纤纺织及印染精加工,毛纺织和染整精加工,丝绢纺织及精加工,化纤浆粕制造,棉浆粕制造。

(14)制革:皮革鞣制加工、毛皮鞣制及制品加工。

列入以上名单中的行业,其在资本市场融资的机会受到了直接的影响,为了满足文件要求和打消投资者对企业的环保风险疑虑,相关企业的环境信息披露水平显著增加。

5.《上市企业环境信息披露指南》(征求意见稿)

我国环保部于2010年9月发布了《上市企业环境信息披露指南》(征求意见稿),规定火电、钢铁、水泥、电解铝、煤炭、冶金、化工、石化、建材、造纸、酿造、制药、发酵、纺织、制革和采矿业等16个重污染行业上市公司应当定期发布年度环境报告;发生突发环境事件或受到重大环保处罚的上市公司,应当发布临时环境报告,其中若发生突发环境事件的,应在事件发生1天内发布临时环境报告。上市公司及其下属企业因环境违法被省级以上环保部门通报批评、挂牌督办、环评限批、处以高额罚款、责令限期治理或停产整治、责令拆除、关闭等重大环保处罚的上市公司,应当在得知处罚决定后1天内发布临时环境报告。

2010年9月国家环保部发布的《上市企业环境信息披露指南》(征求意见稿),进一步明确了上市企业环境信息披露的相关细则,主要包括:

(1)披露的要求

《指南》要求,上市公司应当准确、及时、完整地向公众披露环境信息,不得有虚假记载、误导性陈述或者重大遗漏。上市公司编制和披露环境信息,应有利于债权人、投资者、社会公众和政府管理部门了解企业的环境保护情况。

(2)披露的时间

《指南》指出,上市企业环境信息披露包括定期披露和临时披露。重污染行业上市公司应当定期披露环境信息,发布年度环境报告;发生突发环境事件或受到重大环保处罚的,应发布临时环境报告。鼓励其他行业的上市公司参照本指南披露环境信息。

(3)披露的途径

《指南》指出,上市公司应在环境保护部网站和公司网站上同时发布年度环境报告,在环保部网站、中国环境报和公司网站上同时发布临时环境报告。

(4)独立年度环境报告的时间

《指南》指出,年度环境报告期原则上为一个会计年,即每年1月1日至12月31日。上市公司可在发布公司年度财务报告的同时发布年度环境报告。

(5)年度环境报告应当披露的信息

①重大环境问题的发生情况。包括:发生突发环境事件并已发布临时环境报告的,应报告环境事件最终处理结果和环境影响,造成的经济损失和经济赔偿。因为环境违法违规受到重大环保行政处罚且已发布临时环境报告的,报告采取的整改措施和效果。

②环境影响评价和"三同时"制度执行情况。说明依法开展建设项目环境影响评价和"三同时"验收制度的执行情况;未能按期完成验收的,应说明原因和进展情况。

③污染物达标排放情况。说明下属各生产企业废水和废气中常规污染物和特征污染物达标排放情况,厂界噪声和无组织排放达标情况。出现污染物超标排放的,要说明排放浓度、排放标准、超标原因和整改措施。下属企业中有国家重点监控企业的,应公布一年四次监督性监测情况。

④一般工业固体废物和危险废物依法处理处置情况。一般工业固体废物的种类及综合利用情况、危险废物的安全处置情况。

⑤总量减排任务完成情况。说明各子公司、分公司减排工程实施进度和减排指标完成情况。未完成总量减排任务的,要说明原因和整改措施。

⑥依法缴纳排污费的情况。

⑦清洁生产实施情况。上市公司内有属于重点企业应定期开展清洁生产审核的,报告应说明依法实施清洁生产审核及开展评估验收的情况。上市公司内有依法应开展强制性清洁生产审核的企业且已被环保部门公布的,报告应披露企业名称、地址、法定代表人,主要污染物的名称、排放方式、排放浓度和总量、超标、超总量情况,企业环保设施的建设和运行情况,环境污染事故应急预案等环境信息。

⑧环境风险管理体系建立和运行情况。说明突发环境事件应急预案的完备情况;存在重大环境风险源的,要说明企业环境风险管理机制的建设情况。

(6)鼓励上市公司在年度环境报告中披露以下环境信息

①经营者的环保理念,即上市公司最高经营者对企业的经营理念和价值观。

②上市公司的环境管理组织结构和环保目标

介绍环境管理组织结构图、各职能部门及其人员相关责任、环境管理组织运转现状、与环境保护方针相适应的中长期目标、目前目标和指标的完成情况及下一阶段计划等。

③环境管理情况

这包括环境管理体系认证及自愿开展清洁生产的情况、与环保相关的教育及培训、与利益相关者进行环境信息交流、环境技术开发情况、环境管理会计推进情况、获得的环境保护荣誉、环境标志认证情况等。

④环境绩效情况

这包括单位产品或单位原料的原料消耗、水资源消耗、能耗等,单位产品或单位原料的废水产生量、主要污染物排放量、温室气体排放量等。

⑤其他环境信息

这包括为推进环境保护开展的环境教育、植树造林、生物多样性保护等各类环境公益项目。

(7)临时环境报告的时间

《指南》指出,上市公司发生突发环境事件的,应在事件发生后1天内发布临时环境报告。上市公司及其下属企业因环境违法被省级及以上环保部门通报批评、挂牌督办、环评限批、处以高额罚款、责令限期治理或停产整治、责令拆除、关闭等重大环保处罚的,应当在得知处罚决定后1天内发布临时环境报告。上市公司因突发环境事件发布临时环境报告的,应当报告环境事件的发生时间、地点、主要污染物质和数量、事件环境影响和人员伤害情况(如有)、已采取的应急处理措施等内容。上市公司因环境违法被省级以上环保部门处以重大环保处罚的,应当在临时报告中披露违法情形和违反的法律条款、处罚时间、处罚具体内容、整改方案及进度。

(8)重污染行业的范围

重污染行业包括火电、钢铁、水泥、电解铝、煤炭、冶金、化工、石化、建材、造纸、酿造、制药、发酵、纺织、制革和采矿业,具体按照《上市公司环保核查行业分类管理名录》(环办函〔2008〕373号)认定。

(9)重点监控企业

重点监控企业是指依照《中华人民共和国清洁生产促进法》规定应当实施

清洁生产审核的企业,包括:污染物超标排放或者污染物排放总量超过规定限额的污染严重企业;生产中使用或排放有毒有害物质的企业[有毒有害物质是指被列入《危险货物品名表》(GB12268)、《危险化学品名录》、《国家危险废物名录》和《剧毒化学品目录》中的剧毒、强腐蚀性、强刺激性、放射性(不包括核电设施和军工核设施)、致癌、致畸等物质];按照环境保护部发布的《重点企业清洁生产行业分类管理名录》和《需重点审核的有毒有害物质名录(第一批)、(第二批)》应当开展清洁生产审核的企业。

(10)重大环境风险源

重大环境风险源是指长期或短期生产、加工、运输、使用或贮存危险物质,且危险物质的数量等于或超过临界量的功能单元。危险物质(化学品)的类别临界量参照《危险化学品重大危险源辨识》(GB18218-2009)。

(二)证监会层面的披露制度

为提高上市公司的环境信息披露工作,证监会也制定了一些针对上市企业环境信息披露的规定。

1.公开发行证券的公司信息披露内容与格式的系列准则中的规定

证监会发布的"准则第1号——招股说明书"中,要求公司在刊发招股说明书时,对投资项目在环境保护方面存在的问题,以及由于环境保护方面的法律、法规、政策变化引致的风险,必须予以披露。另外,存在高危险、重污染情况的,应披露安全生产及污染治理情况、因安全生产及环境保护原因受到处罚的情况、近三年相关费用成本支出及未来支出情况,说明是否符合国家关于安全生产和环境保护的要求。募集资金直接投资于固定资产项目的,发行人可视实际情况并根据重要性原则披露投资项目可能存在的环保问题、采取的措施及资金投入情况。

证监会发布的"准则第2号——年度报告的内容与格式"中,要求公司在刊发年度报告时,在董事会报告一节中,应当遵循关联性原则和重要性原则披露公司可能面对的环保风险。鼓励公司主动披露在防治污染、加强生态保护方面的措施。属于国家环境保护部门规定的重污染行业上市公司及其子公司,应按《清洁生产促进法》《环境信息公开办法(试行)》的相关规定披露报告期内发生的重大环境问题及整改情况、主要无任务达标排放情况、企业环保设施的建设和运行情况、环境污染事故应急预案以及同行业环保参数比较等环境信息。

2.《上市公司信息披露管理办法》

中国证监会自2007年1月30日实施的《上市公司信息披露管理办法》，要求信息披露义务人真实、准确、完整、及时地（及时，是指自起算日起或者触及披露时点的两个交易日内）披露信息，不得有虚假记载、误导性陈述或者重大遗漏。信息披露文件主要包括招股说明书、募集说明书、上市公告书、定期报告和临时报告等，并在中国证券监督管理委员会指定的媒体发布。如果公司面临环保政策风险和重大环境事故风险等会对投资者做出投资决策有重大影响的信息，均应当披露。

（三）证券交易所层面的披露制度

早在2006年，深交所就颁布实施了《上市公司社会责任指引》，采取了自愿信息披露制度，鼓励上市公司根据指引要求建立社会责任制度，定期检查和评价公司社会责任制度的执行情况和存在问题，形成社会责任报告，并与年度报告同时披露。2008年上海交易所发布《上海证券交易所上市企业环境信息披露指引》等相关文件，除了要求公司治理板块样本公司、同时在境外上市的公司和金融类公司三类上市公司披露社会责任以外，在年度报告的备忘录中，也要求上市公司按照一定的格式披露含有环境信息的报告，并且要求董事会在审议社会责任报告的同时有工作底稿。

1.《上海证券交易所上市企业环境信息披露指引》中的相关内容

上海证券交易所于2008年5月14日颁布了《上海证券交易所上市企业环境信息披露指引》，其中关于上市企业环境信息披露的要求主要包括：

（1）上市公司发生以下与环境保护相关的重大事件，且可能对其股票及衍生品种交易价格产生较大影响的，上市公司应当自该事件发生之日起两日内及时披露事件情况及对公司经营以及利益相关者可能产生的影响。这些事件具体包括：公司有新、改、扩建具有重大环境影响的建设项目等重大投资行为的；公司因为环境违法违规被环保部门调查，或者受到重大行政处罚或刑事处罚的，或被有关人民政府或者政府部门决定限期治理或者停产、搬迁、关闭的；公司由于环境问题涉及重大诉讼或者其主要资产被查封、扣押、冻结或者被抵押、质押的；公司被国家环保部门列入污染严重企业名单的；新公布的环境法律、法规、规章、行业政策可能对公司经营产生重大影响的；可能对上市公司证券及衍生品种交易价格产生较大影响的其他有关环境保护的重大事件。

（2）上市公司可以根据自身需要，在公司年度社会责任报告中披露或单独披露如下环境信息：公司环境保护方针、年度环境保护目标及成效；公司年度资源消耗总量;公司环保投资和环境技术开发情况;公司排放污染物种类、数量、浓度和去向;公司环保设施的建设和运行情况;公司在生产过程中产生的废物处理、处置情况,废弃产品的回收及综合利用情况;与环保部门签订的改善环境行为的自愿协议;公司受到环保部门奖励的情况;企业自愿公开的其他环境信息。对从事火力发电、钢铁、水泥、电解铝、矿产开发等对环境影响较大行业的公司,应当披露所列的前述环境信息,并应重点说明公司在环保投资和环境技术开发方面的工作情况。

(3)被列为环保部门的污染严重企业名单的上市公司,应当在环保部门公布名单后两日内披露下列信息:公司污染物的名称、排放方式、排放浓度和总量、超标、超总量情况;公司环保设施的建设和运行情况;公司环境污染事故应急预案;公司为减少污染物排放所采取的措施及今后的工作安排。上市公司不得以商业秘密为由,拒绝公开前款所列的环境信息。

(4)上市公司申请披露前述环境信息时,应当向上海证券交易所提交以下备查文件:公告文稿;关于具有重大环境影响的建设项目等重大投资行为的董事会议决议(如涉及);环保部门出具的处罚决定书或相关文件(如涉及);主要资产被查封、扣押、冻结或者被抵押、质押的证明文件(如涉及);其他可能涉及的证明文件。

(5)根据相关环境保护法律法规公司必须履行的责任及承担的义务,且符合《企业会计准则》中预计负债确认条件的,公司应当披露已经在财务报告中计提的相关预计负债的金额。

(6)依据本指引第三条自愿披露的信息,公司可以仅在本所网站上披露。依据本指引其他规定应当披露的信息,公司必须在证监会指定报刊及网站上同时披露。

(7)对不能按规定要求,及时、准确、完整地披露相关环境信息的,上海证券交易所将视其情节轻重,对公司及相关责任人员采取必要的惩戒措施。

2.《深圳证券交易所上市公司社会责任指引》中的相关内容

深证证券交易所2006年9月制定的《深圳证券交易所上市公司社会责任指引》,希望在其上市的公司自愿披露公司社会责任报告。《深圳证券交易所上市公司社会责任指引》对企业环境信息披露的内容包括:

(1)公司应根据其对环境的影响程度制定整体环境保护政策,指派具体人员负责公司环境保护体系的建立、实施、保持和改进,并为环保工作提供必要的人力、物力以及技术和财力支持。

(2)公司的环境保护政策通常应包括以下内容:符合所有相关环境保护的

法律、法规、规章的要求;减少包括原料、燃料在内的各种资源的消耗;减少废料的产生,并尽可能对废料进行回收和循环利用;尽量避免产生污染环境的废料;采用环保的材料和可以节约能源、减少废料的设计、技术和原料;尽量减少由于公司的发展对环境造成的负面影响;为职工提供有关保护环境的培训;创造一个可持续发展的环境。

(3)公司应尽量采用资源利用率高、污染物排放量少的设备和工艺,应用经济合理的废弃物综合利用技术和污染物处理技术。

(4)排放污染物的公司,应依照国家环保部门的规定申报登记。排放污染物超过国家或者地方规定的公司应依照国家规定缴纳超标准排污费,并负责治理。

(5)公司应定期指派专人检查环保政策的实施情况,对不符合公司环境保护政策的行为应予以纠正,并采取相应补救措施。

第三节 中国企业环境信息披露存在的问题

1.中国、美国和日本的企业环境信息披露对比

从披露内容看,中国企业将有正面影响的环境管理、环境投资和环境治理信息作为主要披露内容,而对环境成本和环境负债等负面信息则多采取不披露或少披露的态度。

而美国企业披露的内容主要包括环境政策、环境成本和环境负债三个方面。在环境政策方面的披露主要是对于环境负债和环境成本有关的特定经营政策的披露;在环境成本方面,美国许多上市公司披露环境成本、环境投资和费用,对研究、再利用环境健康管理等方面有一定的描述;对于环境负债,公司对于环境有关的负债予以定量的披露,对越来越严格的未来法规所导致的潜在债务予以说明,对于环境有关的债权和金额予以披露(周洁、王建明,2005)。

在日本,环境信息的披露通过法律法规给出了具体和规范的要求。2001年4月,日本颁布实施了《PRTR法》(环境污染物质的移动、排放登记制度),规定各企业必须对制度中提出的354种化学物质的数量做到准确把握和如实申报。日本政府制定的《环境会计指南2002》,给出企业三种可供选择的环境报告内容格式:(1)仅披露有关的环境成本信息。该格式明确了环境成本的确认和计量标准,所以这种格式提供的信息是最可靠的。(2)将环境成本与环保收益共同列示进行比较。它有利于进行成本/收益分析,但由于很大一部分环

境收益无法以货币计量,使得分析难以精确。(3)列示全部两类环境收益。它的综合性最高,可以给出关于企业环境业绩的完整图景。日本环境省在《环境报告书指南(2003年版)》中要求企业披露环境成本、环保收益、环保活动所产生的经济效益等企业所有的经济活动对环境的影响(孟晓军、胡琳吉,2008)。

从披露形式和载体看,中国当前的环境信息披露多表现为年报中的文字描述,主要散布在董事会报告、财务报表附注等年报中的相关章节。而以独立报告形式披露环境信息的重污染企业只占总数的四分之一。

但美国的环境信息披露形式以公司发布单独的环境报告为主,企业主张采取定量形式披露为主,定性描述为辅的形式,为投资者提供环境具体信息,而非简单地以文字形式描述环境信息,造成投资者对公司信息的模糊不清。在货币表述部分,各公司可根据自身情况,采用资产负债表样式、利润表样式或只列示环境成本。

同样的,日本企业大部分也是以独立的环境报告形式对外公开。环境报告书中,单独立项的环境信息是其重要组成部分,这样更能集中、直观地反映环境会计信息。从1999年开始,上市公司50％以上在公司网站上开设"环境"专栏,通过互联网向全世界公布本企业的独立环境报告书。有的企业还通过公司环境手册、公司介绍手册、营业报告书等手册来反映环境信息(孟晓军、胡琳吉,2008)。

2.中国企业环境信息披露制度的问题

(1)制度运行效果不显著

虽然在制度实施后,高污染产业的环境信息披露率和披露质量都有了显著的提高,但根据对高污染产业上市公司的评估,大多数上市公司的环境活动绩效仍停留在较低水平。研究结果显示大多数高污染企业并没有严格遵守制度执行,企业环境的信息不对称问题也尚未得到改善。2010年综合绩效的评分标准为:$A(\geqslant 80)$,$B(70\leqslant B<80)$,$C(60\leqslant C<70)$,$D(40\leqslant D<60)$,$E(20\leqslant E<40)$,$F(<20)$,仅有14家企业达到合格等级(B级2家,C级12家),仅占我国847家高污染上市公司总数的1.65％,绝大多数企业无法达到合格等级,共占企业总数的98.35％,其中,253家企业为E级,占29.87％;527家企业为F级(包括不进行环境信息披露的企业),占62.22％。这都证明了我国现行的环境信息披露制度对大部分重度污染产业的影响效果甚微(周洁、王建明,2007)。

(2)信息披露质量不高

我国企业环境信息披露制度还存在质量不高的问题,主要包括:

从披露内容来看,首先是没有形成像会计报表那样的固定框架,年报和独立报告中的环境信息呈现"随意化"和"碎片化",没有成熟的披露体系,不同公司不同年份披露的信息往往缺乏可比性。其次,具体的关键性环境绩效数据少甚至不披露,大多是一些理念性口号性的文字描述,以及个别的环保成绩。许多企业对公司如何"节能"笔墨甚多,但对可能产生负面印象的"排污"避而不谈。最后,关于公司环境行为的财务性信息少,无法对投资者的公司价值判断提供帮助。因而中国不少股票分析师都表示不会关注公司的环境信息披露。

从载体方面看,缺乏像美国 10-K 表那样的法规性文件,环境信息的对外披露较随意。大多数上市公司没有计划性地通过年报、网络和媒体宣传等方式进行披露,并且很少有上市公司用具有针对性的环境发展报告进行披露。即使在重污染行业中,也只有约 30% 的上市公司发布社会责任报告,而且其中的环境信息披露仍然不能令人满意。因为虽然政策制定者对公司应该披露哪些方面的环境信息做出了指南,但由于对披露的程度和范围要求还是不够具体和明确,导致社会责任报告中的环境信息在数量和质量方面参差不齐,可比性、可信性弱,信息的使用价值不高。

(3) 不披露或少披露负面环境信息

虽然中国环境法规多,对上市企业环境信息披露的规章也比较多,但重污染上市公司中不披露环境成本信息和不披露环境负债信息的比例仍然很高。大多数上市公司主要就是挑选有利于公司形象的正面环境信息进行披露,而对环境成本和环境负债等负面环境信息,绝大多数重污染上市公司却避而不谈,致使外部利益相关者仍然无法估计公司实际面临的环保风险对企业价值的影响。

第四节　企业环境信息披露制度问题的成因分析

1. 制度设计的不合理

当前,我国企业的环境信息披露主要是自愿性披露。虽然自愿性披露对市场机制尚不完善的中国资本市场中的上市公司压力不会太大,但也造成大量重污染行业企业罔顾外部利益相关者的需求,拒绝承担环境信息的披露责任。一些发达国家如日本,虽然也是以自愿性披露为主,但日本社会经过市场经济的长期发展,投资者比较成熟,公众环保意识很强,其社会制度形成的强大压力迫使几乎所有的上市公司都进行环境信息披露。而我国政府和民众的关注焦点仍在发展经济上面,当经济发展和环境保护冲突时,无法像发达国家那样有明确的选择。另外,在中国少量的强制性环境信息披露方面,虽然给出了披露的大体框架,却没有详细的指导和说明,无形中增大了企业规范地披露环境信息的难度。中国各级政府发展经济的压力很大,特别是一些地方政府,为了维护当地企业和获得稳定的税收,往往对企业的环境行为不是非常重视,相关部门对公司的环境信息披露也督促不力,最终导致中国企业环境信息披露发展缓慢。

2.缺乏社会监督和公众参与机制

由于企业众多,单靠环保部门有限的人力,难以有效而又周密地监管企业的环境行为。发达国家最强大的企业环境行为监督者是公众和民间环保团体。我国缺乏支持社会公众和民间环保团体的相关法律条款,社会公众缺乏参与和监督企业环境信息披露的途径,从而没能充分督促企业提高环保努力和履行环境信息披露责任。

3.环境信息审计的作用不显著

改革开放近40年,我国企业的能力有了长足的发展,但和发达国家的企业相比,我国许多企业的环境管理能力和污染防治能力还不强,这些企业的环保绩效往往很差,当然都是极力回避环境信息披露。而地方政府为了发展经济,对辖区内的污染企业往往网开一面,采取庇护的态度。而积极进行环保的企业,投入了大量人力财力,却并没有得到得到相应的经济补偿,因此资本市场出现过获得环保奖励的消息导致企业股价下跌的怪事。在这种形势下,每年只有很少的企业进行环境信息的第三方审计,反过来也是公司环境信息的审计作用很难显现。

4.企业环境信息缺乏积极性

当前,我国企业环境信息披露发展缓慢的主要原因,在于企业没有动力进行环境信息披露。社会给予积极披露的企业的奖励并不突出。而企业环境信息披露的成本却非常高,除了要配备设备进行检测和计量外,还要配备人员进行资料整理和文书撰写,都为企业带来一定的经济压力。特别是企业披露了排污信息后,往往受到当地居民的误解和压力。一些媒体也喜欢捕风捉影,以渲染和报道企业的负面事件来吸引关注,这些都极大地阻碍了企业履行环境信息披露责任。

在一些发达国家如美国,企业一旦被发现违反环保规定,便会遭受高额环境违规的惩罚(见表6-1)。严厉的惩罚提高了企业的环保风险,也反过来通过资本市场倒逼企业重视环境信息披露,最终能极大地促进公司披露环境信息。

表 6-1　美国有关环境违法的处罚规定

法律	民事罚金	刑事罚金
全面环境反应、赔偿和责任法	2.5万美元/天（相当于政府清理费的3倍）	2.5万美元/天或一年监禁
清洁空气法（CAA）	2.5万美元/天，5 000美元/天传票程序	2.5万美元/天或五年以下监禁
清洁水源法（CWA）	2.5万美元/天	5万美元/天，三年监禁，并处25万美元罚金或对重大危害行为处以15年监禁
资源保护和恢复法	2.5万美元/天/违反，2.5万美元/天/未能采取纠正措施	5万美元/天，2~5年监禁，25万美元（公司100万美元）罚金，或对重大危害责任处以15年监禁
有害物控制法	2.5万美元/天	2.5万美元/天/违反一年

资料来源：焦若静.美国、日本两国企业对环境信息的披露[J].世界环境,2001(3).

第五节　完善我国企业环境信息披露制度的建议

1.规范披露方式增强可比性

对于信息接受者来说，信息的刺激可分为绝对部分和相对部分。绝对部分是指具体的内容，比如废水、废气的绝对排放量。相对部分是指与同行业、竞争对手和企业历史水平相比的节能减排数据。有些具体数据在与参照指标相比后才能显示出其意义和影响。因此，环境信息披露的可比性尤为重要，能够让外部利益相关者和资本市场更好地理解公司的实际环境状况，推动企业增加环保努力。针对我国社会公众的环保意识尚有待提高，上市公司尚不是很重视环境信息披露的情况，我国的企业环境信息披露应加大强制披露的内容，格式和细项要一致，便于外部利益相关者和资本市场的比较。从而使我国的环境信息披露制度更加具体和完善。

2.提高信息披露的真实性和可信性

由于环保部门全面掌握企业的污染数据，因此其有责任加强企业环境信息披露真实性和全面性的核查，对不按要求披露和虚假披露的企业加大环保执法力度，并对主动积极地做好企业环境信息披露的企业进行奖励。环保部门可以建立一个企业环境信息披露评级制度，让环境披露不达标的企业暴露在公众的监督下,迫使所有企业都能规范地遵守环境信息的披露规定。另外,要积极推动企业环境信息披露的第三方审计制度,利用第三方的审核和鉴证,推动公司履行环境信息披露义务。只有综合运用固定披露框架和内容审查手段,杜绝企业环境信息披露中存在的选择披露和虚假披露问题,才能鼓励企业自愿地、全面地披露环境信息,才能降低社会获得环境信息的总成本。

3.加强财务性环境信息的比重

当前我国企业环境信息披露的一个突出问题就是财务性信息数量偏少,细枝末节、泛泛而谈的环境信息偏多,难以满足信息使用者判断企业价值的要求。我国可以参照日、美等国的做法,明确制定环境资产、环境负债、环境权益、环境收益、环境成本等类别的具体科目,以及当年企业在环保方面收到的政府补贴和企业的具体环保投入科目,要求企业如实填报。另外,还可以要求公司对业务经营中可能受那些已有或将有的法规影响,以及现有或潜在的经济损益等做出预判,从而使投资者能够清晰地观察到企业的环境管理对企业价值的影响,提高企业环境信息披露的实际使用价值。

4.改善环境信息披露的载体

当前我国上市公司的环境信息披露散布在公司年报的各个部分。而公司年报篇幅长、内容多,外部利益相关者和投资人很难得到便利和统一的了解。可以考虑参照日本的管理模式,鼓励企业使用独立的环境报告书。这样的好处在于,首先,专有的披露载体可以引起企业的重视,便于管理和规范企业的环境信息披露工作;其次,独立的环境报告书,可以聚焦在公司的环境事项上,避免其他信息的干扰;再次,独立的环境报告书可以同时揭示每个环境事项的环境绩效数据和经济绩效数据,便于管理层聚焦于重要的环境事项,改善公司的环境管理,也便于投资者了解企业的环境绩效及其财务后果,从而能够做出较为准确的价值判断。这样,公司的环境信息披露才会引起各方的重视,公司就能加认真地进行披露工作,资本市场也会对环境信息披露做出有效的反应,从而推动企业环境信息披露的良性循环。

5.进一步完善监管法规体系

市场经济要求完善的法规体系予以配合,才能使企业对自己的行为后果有明确的预期,才能有效引导企业按照政府和社会的要求,开展有利于社会长远发展的商务活动。欧、美、日这些发达国家之所以在企业环境信息披露方面成效显著,与完善的披露法规体系有很大的关系。美国的《资源保护与恢复法》,要求企业向当地和联邦政府报告其超标排放的化学物情况。著名的《超级基金法》,要求企业必须对超出超级基金范围的预计责任承担自然增值的责任,并在财务报表附注中披露相关环境问题。日本更是积极升级《环境会计指南》,为企业如何建立相关科目披露环境信息,做出了细致的引导。因此我国也要根据自己的实际情况,建立和及时修订相关的法规,对企业环境信息披露做出与时俱进的规定。

6.帮助企业提高环境信息披露的能力

客观地说,要求企业加大企业环境信息披露的水平,同时就增加了企业的成本和压力。社会和政策制定者也应加强对企业的相关扶助,帮助企业提高披露能力,才能顺利地达到多赢的局面。具体措施包括设立相应的政府支持机构,对企业进行培训,增强企业管理者的环境披露意识。对企业会计人员进行相关知识培训,培养其进行环境财务核算的技能。对企业因收集环境信息资料和核算成本所需要增加的人员和设备成本,可以给予适当的补贴。使企业认识到清楚核算企业的环境效益对企业长远发展的益处,促使企业自愿地、积极地建立环境管理系统,主动真实地披露环境信息。政府还可以在环境信息核算和披露的教育和推广方面进行资金和人力的支持,才能使环境信息披露制度更加完善。

总的来看,中国的企业环境信息披露虽然起步晚,但发展很快,政府监管部门也制定了不少切合实际的规章制度。当然,由于中国仍处于中等收入国家,很多产业尚没有能力做到经济效益和环境效益都很好的地步,因此中国的企业环境披露还比较宽松,体现了政府对企业的眷顾态度。

随着企业实力的增强,当中国企业更加有能力履行环境和社会责任的时候,企业必然会大量进行环境信息披露。当前,不仅大部分环境敏感型行业的企业在年报中自愿进行环境信息披露,而且许多上市企业另外发布独立的社会责任报告、环境发展报告、可持续性发展报告等。每年还有上百家企业自愿进行社会责任报告的第三方鉴证,充分展示了中国社会正逐渐进入环保时代的趋势。

经验研究篇

第七章 披露成本对环境信息披露的影响

企业的环境信息披露决策受收益与成本的影响。本章通过构建披露成本对披露影响的数理模型,来展示企业的信息披露过程。虽然模型的推导基于一些假设,使模型与实践尚存在一些距离,但模型基本上能够反映出披露事件的实质,对理论研究和实践指导都有一定的参考作用。

第一节 披露成本对披露决策的影响分析

投资者根据已知的和推测的各种信息,对企业的价值进行判断。企业的许多重要信息,起初只有企业自己知道而企业外部的投资者无法获知。为保护企业的商业秘密,政府只能强制要求企业在特定的时间公布某些特定方面的信息,比如年报和季报中企业过去一段时期的主要财务数据披露。其他一些重要信息如环境信息等非财务信息,没有被强制要求披露,但对投资者进行定价也有很大影响。中外历史都表明,一些企业会自愿披露某些未被强制要求披露的信息,也有一些企业会隐藏或推迟披露某些信息。比如环境信息对重污染型企业价值影响很大,而其未被强制要求披露,所以中国化工行业上市公司年报中的环境信息披露就参差不齐,许多企业甚至一字不提。总的来看,强制性披露只是所有信息中的冰山一角,大部分信息都是企业有选择地进行自愿披露。

当企业披露信息后,投资者会根据新信息调整对企业的定价。当企业未披露信息但投资者觉察到信息的存在时(比如未披露环境信息的化工企业),投资者会推测企业未披露的动机并对企业进行重新定价。总之,信息不对称的存在,引发企业和外部投资者围绕企业选择性信息披露展开博弈。

企业信息披露行为比较复杂但又很重要,一直是理论界苦苦探索的问题。本章在先前文献的基础上,提出披露成本函数是披露水平的二次递增函数下的选择性信息披露均衡,并求出了披露临界水平,对披露行为的解释符合现实情况。

第二节 理论回顾及本模型的创新

关于信息披露博弈的研究,已经涌现了一批经典成果。Spence(1973)的信号发送模型指出,内部信息的掌握者,可以通过发送信号,表明自己属于"好的那部分",而获得较高的定价等利益。比如,能力强的工人效率高,能为雇主带来更多利润,应该获得较高的工资。但当工人和雇主在劳动力市场相遇且准备签订劳动合同时,工人知道自己的能力而雇主不知道。能力差的工人一般在获取教育文凭方面困难也较大。因此,能力强的工人通过获得较高的教育文凭表明自己的类型,与能力差的工人区分开来,而获得雇主高的工资。

早期的信息披露理论认为,未被披露的信息就是对企业不利的信息。当外部投资者发现掌握信息的企业未披露信息时,就会推测信息对企业不利,并根据不利消息的重要程度等对企业价值进行折价。Grossman(1981)在研究买卖双方的博弈时指出,卖家掌握内部信息,卖家最好的选择是全部披露而不能部分披露,任何被隐瞒的信息都会被买家认为不利于货物,从而进行压价;若卖家还不披露,说明货物状况可能更糟,买家会进一步压价;最终使价格跌落到"货物品质处于最坏的情况"。如果货物的实际状况没那么糟,卖家就遭受损失。Milgrom(1981)的类似的研究结果指出,如果消息是有利于消息的掌握者,则信息的掌握者会选择全部披露,以消除信息被推测为负面消息的顾虑。但人们在实践中观察到,有些利好消息也未被披露,这难以用先前理论进行解释。

Verrecchia(1983)引入了信息披露成本的概念,对先前的理论进行了修正。信息披露的显性成本包括收集、整理和发布信息的成本。信息披露的隐性成本包括因信息被工会、政府和竞争对手利用而对企业造成不利的影响。Verrecchia(1983)指出,当信息披露存在成本时,即使利好的信息也不一定被披露。企业没有披露一些信息,并不一定是因为这些信息是负面的,有可能是披露这些利好消息的成本超过了收益。Verrecchia(1983)的研究弥合了理论与现实的差异,解释了选择性披露问题,对信息披露的研究产生了巨大的推动作用。

当考虑到信息披露成本后,投资者与企业关于信息披露的博弈相对比较复杂,企业必须在考虑投资者反应的状态下决定自己的披露行为,投资者要对企业披露行为进行猜测,两方面同时决定,最后达到一个均衡。企业与投资者围绕信息披露的博弈过程,可以参见图7-1。

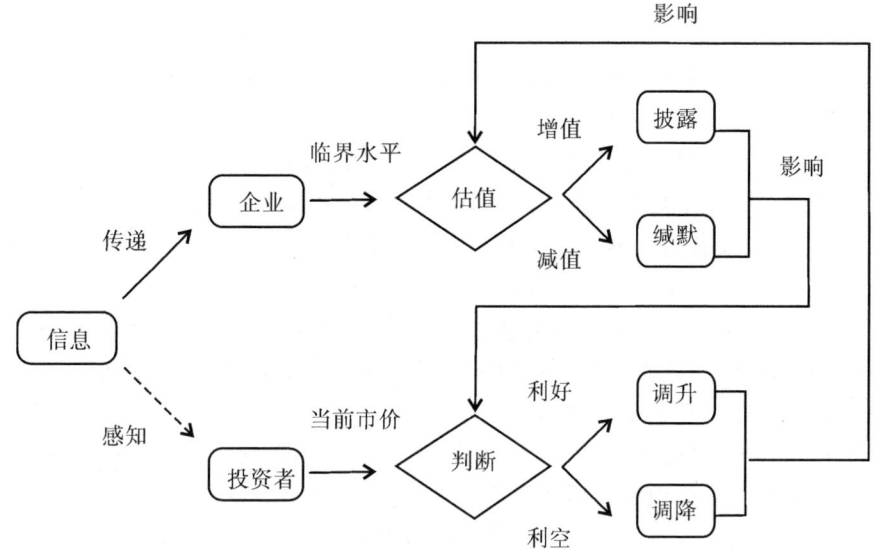

图7-1 企业披露与投资者定价的博弈

我们认为,信息披露成本应该是一个变量,受到披露内容的影响。即使Verrecchia(1983)自己也承认其信息披露成本被假定为恒定的常数有些过于简化。Verrecchia(1990)又指出,理解披露成本函数构成对选择性披露至关重要,当产业进入博弈等更多因素被考虑进来后,披露成本可能是两端向上倾斜的一个曲线。

信息披露成本的具体形式究竟为何,至今尚没有定论。也许不同性质和类型的信息,披露成本函数各不相同。我们认为,从信息披露的显性成本和隐性成本的定义看,信息披露成本很可能是披露水平的非线性递增函数。信息披露成本中的显性成本可能是固定的或线性的,因为披露的准备工作应该是有限的。隐性成本是信息披露成本中的主要部分,它在很多情况下是递增的。因为随着外界对企业的了解程度的上升,其对企业潜在的威胁和伤害会加速上升。因此本书要解决的新问题是,当信息披露成本是披露水平的二次函数时,信息披露均衡下企业的价值和披露临界水平是什么。该问题的回答能更好地解释企业的披露行为。

第三节 模型的假设与前提

本章模型的基本假设部分同 Verrecchia(1983)。首先构建一个由企业和投资者组成的市场。在这个市场中,企业可以决定是否对投资者进行信息披露。投资者能够对企业的披露行为进行理性预期,并且其预期决定了企业的市场价值。在该市场中,将会有下列四个事件依次发生:

第一,企业获得了揭示企业最终价值的信息 $\tilde{y}$,投资者得知企业已经获得了该信息,但不清楚其具体内容;

第二,企业会视其收到的信息对企业最终价值的影响来决定是否披露;

第三,投资者或者根据企业的披露来形成对企业最终价值的预期,或者猜测企业不披露的动机形成预期;

第四,企业进行清算,投资者依据其股份持有额得到相应的清算收入。

企业的清算价值在最后才能确定下来,之前其清算价值为随机变量 $\tilde{u}$,最终实现价值用 u 来表示。另外,投资者对清算价值有一个先验估计,认为 $\tilde{u}$ 服从一个期望值为 y_0 且精度(精度是方差的倒数)为 h_0 的正态分布。企业收到的信息 $\tilde{y}$ 和企业的清算价值 $\tilde{u}$ 有如下关系:

$$\tilde{y} = \tilde{u} + \varepsilon \qquad (公式7\text{-}1)$$

其中 $\tilde{u} \sim N(y_0, \frac{1}{h_0})$,$\varepsilon \sim N(0, \frac{1}{s})$,且 ε 与 $\tilde{u}$ 独立。随机变量 ε 是一个服从期望值为 0 且精度为 s 的正态分布的扰动项。

当企业获得信息 $\tilde{y} = y$ 后,假设其披露行为只有两种选择:向市场投资者如实披露信息 $\tilde{y} = y$;或者不披露任何信息,保持沉默。同时假设信息披露是有成本的。具体的,如果企业进行了信息披露 $\tilde{y} = y$,企业最终的价值将会下降,下降部分就是信息披露成本 $c(y)$。市场信息集合 $\Omega = \{\tilde{y} = y\}$,企业的价值一般可以表示为:市场对企业这一风险资产清算价值的预期值,减去由于其价值的不确定带来的风险调整(风险溢价,risk premium)后,再经过无风险利率折现的现值。基于信息集合的企业价值为:

$$P(\Omega) = \frac{E[\tilde{u} - c(y) | \Omega] - \beta(Var[\tilde{u} | \Omega])}{1 + r} \qquad (公式7\text{-}2)$$

$\beta(\cdot)$ 是一个非负增函数,它的自变量为企业清算价值资产的风险程度,它的函数值则表示这项资产的市场风险溢价。r 是无风险利率。不失一般性，可以假设 $r=0$，且假定企业选择披露政策的目标是使企业价值最大化。如果企业收到信号 $\tilde{y}=y$，当企业进行信息披露时，投资者获得了 $\tilde{y}=y$ 的信息。企业的最终价值为：

$$P(\tilde{y}=y)=E[\tilde{u}-c(y)|\tilde{y}=y]-\beta(Var[\tilde{u}|\tilde{y}=y])$$
$$=E[\tilde{u}|\tilde{y}=y]-\beta(Var[\tilde{u}|\tilde{y}=y])-c(y) \quad \text{（公式 7-3）}$$

第四节 选择性信息披露的均衡

以下我们讨论信息披露成本为二次函数递增时，存在信息披露均衡。我们认为，信息披露成本具有以下几个特点，这将导致至少在某些情况下，信息披露成本将会呈现二次函数的递增状态：

第一，信息披露成本与企业价值期望的精度 h_0 成反比。因为不确定性即为风险，对企业价值有负面影响。如果未来企业的价值越明确，信息披露后对企业的损害必然越小。

第二，信息披露成本与信息的精度 s 成正比。因为信息的精度 s 越小，竞争对手等就越难以有效利用，信息的隐性成本就越低。信息精度与价值期望的精度的相对大小，影响到信息精度作用的大小。

第三，以企业价值期望的平均数值 y_0 为中心，信息若偏离其越远，对市场的冲击越大，因此信息的披露成本就越大。比如，企业的经营业绩远远低于市场的期望，会导致贷款人的担忧而使贷款成本提高；而过好的营业业绩会导致员工要求增加工资、新的竞争者加入等。

第四，信息披露成本是信息 y 的递增函数。因为随着披露的信息发生变化后，信息所带来的负面影响可能是加速变化的，即量变导致质变。比如随着企业信息披露水平的增加，竞争对手对企业的把握越来越准确，可能采取原先在少量信息下不敢采用的对抗措施，从而表现为信息披露成本的加速上升。

根据以上几条理由，我们对于信息披露成本具有正的加速上升的特点，提出一种二次函数形式递增的信息披露成本 c 的函数形式：

$$c(y)=\frac{s}{h_0+s}(y-y_0)^2 \quad \text{（公式 7-4）}$$

下面我们进一步推算信息披露成本额为二次函数的企业最终价值表达形

式。首先，根据二元正态分布随机变量条件分布计算 $\tilde{u}$ 与 $\tilde{y}$ 的相关系数：

$$\rho = \frac{\mathrm{cov}(\tilde{y},\tilde{u})}{\sqrt{\mathrm{var}(\tilde{y})\mathrm{var}(\tilde{u})}} = \frac{E[(\tilde{u}-y_0)(\tilde{y}-y_0)]}{\sqrt{\frac{1}{h_0} \cdot \frac{h_0+s}{h_0 s}}} = \frac{E[\widetilde{uy}]-y_0^{\ 2}}{\sqrt{\frac{1}{h_0} \cdot \frac{h_0+s}{h_0 s}}}$$

$$= \frac{E(\tilde{u}^2+\tilde{u}\varepsilon)-y_0^{\ 2}}{\frac{1}{h_0} \cdot \sqrt{\frac{h_0+s}{s}}} = \frac{y_0^{\ 2}+\frac{1}{h_0}-y_0^{\ 2}}{\frac{1}{h_0} \cdot \sqrt{\frac{h_0+s}{s}}} = \sqrt{\frac{s}{h_0+s}} \qquad (公式\ 7\text{-}5)$$

其次，计算期望和方差：

$$E(\tilde{u}|\tilde{y}=y) = y_0 + \sqrt{\frac{s}{h_0+s}} \cdot \frac{\sqrt{\frac{1}{h_0}}}{\sqrt{\frac{h_0+s}{h_0 s}}} \cdot (y-y_0)$$

$$= y_0 + \frac{s}{h_0+s}(y-y_0) \qquad (公式\ 7\text{-}6)$$

$$\mathrm{Var}(\tilde{u}|\tilde{y}=y) = \left(1-\frac{s}{h_0+s}\right) \cdot \frac{1}{h_0} = \frac{1}{h_0+s} \qquad (公式\ 7\text{-}7)$$

将披露成本函数代入 Verrecchia(1983) 的均衡模型，得到披露成本为二次函数递增形式下的披露均衡时企业的价值为：

$$P(\tilde{y}=y) = y_0 + \frac{s}{h_0+s}(y-y_0) - \beta\left(\frac{1}{h_0+s}\right) - c(y) \qquad (公式\ 7\text{-}8)$$

从公式 7-8 中可以看出，披露对企业价值的影响是线性的。由于披露成本是为正且是二次递增的，因此对于不同的信息，必然只存在唯一的一个披露临界水平，在此之上，表示披露后企业价值减去披露成本之差，大于不披露时市场对企业的定价，企业必然进行披露。在此之下，表示披露后企业价值减去披露成本之差，小于不披露时市场对企业的定价，企业不会进行披露。这样，投资者对企业披露动机的猜测，与企业披露行为表现一致，形成了信息披露的均衡。

第五节 选择性信息披露均衡

企业将依据受到噪音的干扰的信息对企业价格的影响而决定是否披露。企业在行使选择权时会选择一些参考点，这些参考点就是信息的质量程度

(degree of the information quality)。在参考点之上企业全部披露他收到的信息,之下则不披露。参考点被称为披露临界水平(threshold level of disclosure)。我们下面求出新的成本函数 $c(y)=\dfrac{s}{h_0+s}(y-y_0)^2$ 下的披露临界水平。在达到均衡时,披露临界水平 $\hat{x}$ 一定满足以下两个条件:

条件1:对任何信号 $\tilde{y}=y$,企业选择的临界水平 $\hat{x}$ 满足企业市场价格最大化的目标。

条件2:$\hat{x}$ 也是投资者在企业不披露信息时的预期,即投资者对企业不披露信息时的推测是企业收到的信号 $\tilde{y}=y$ 满足 $y \leqslant \hat{x}$。

当企业不披露信息时,同 Verrecchia(1983),我们也得出企业价值为:

$$P(\tilde{y}=y\leqslant x)=y_0-\frac{h_0^{-1}g(x)}{G(x)}-\beta(k(x)) \qquad (公式7\text{-}9)$$

其中,

$$g(x)=\frac{1}{2\pi}\sqrt{\frac{sh_0}{s+h_0}}e^{-\frac{1}{2}\frac{sh_0}{s+h_0}(x-y_0)^2}$$

$$G(x)=\int_{-\infty}^{x}g(t)\,dt$$

$$k(x)=h_0^{-1}-\frac{s}{s+h_0}(x-y_0)\frac{h_0^{-1}g(x)}{G(x)}-\left[\frac{h_0^{-1}g(x)}{G(x)}\right]^2$$

$$(h_0+s)^{-1}\leqslant k(x)\leqslant h_0^{-1}$$

企业的目标是企业市场价格最大化,所以当且仅当 $P(\tilde{y}=y)\leqslant P(\tilde{y}=y\leqslant x)$ 时,企业不披露信号 $\tilde{y}=y$。因此,由公式7-8和公式7-9得:

$$y_0+\frac{s}{h_0+s}(y-y_0)-\beta\left(\frac{1}{h_0+s}\right)-c(y)\leqslant y_0-\frac{h_0^{-1}g(x)}{G(x)}-\beta[k(x)]$$

$$(公式7\text{-}10)$$

将成本函数 $c(y)=\dfrac{s}{h_0+s}(y-y_0)^2$ 代入公式7-10整理后得:

$$-\frac{s}{h_0+s}[(y-y_0)^2-(y-y_0)]\leqslant \beta\left(\frac{1}{h_0+s}\right)-\frac{h_0^{-1}g(x)}{G(x)}-\beta[k(x)]$$

$$(公式7\text{-}11)$$

我们令

$$A=\beta\left(\frac{1}{h_0+s}\right)-\frac{h_0^{-1}g(x)}{G(x)}-\beta[k(x)] \qquad (公式7\text{-}12)$$

由于 $\beta(\cdot)$ 为单调增函数且 $\frac{1}{h_0+s} \leqslant k(x) \leqslant \frac{1}{h_0}$,所以

$$\beta\left(\frac{1}{h_0+s}\right) - \beta[k(x)] < 0 \qquad \text{(公式 7-13)}$$

由此可得 $A<0$,从而 $-\frac{h_0+s}{s}A>0$。由公式 7-11 继续推导可得:

$$-\frac{s}{h_0+s}\left[\left(y-y_0-\frac{1}{2}\right)^2-\frac{1}{4}\right] \leqslant A \qquad \text{(公式 7-14)}$$

整理后得:

$$y \geqslant \sqrt{-\frac{h_0+s}{s}A+\frac{1}{4}}+y_0+\frac{1}{2} \text{ 或 } y \leqslant -\sqrt{-\frac{h_0+s}{s}A+\frac{1}{4}}+y_0+\frac{1}{2} \qquad \text{(公式 7-15)}$$

由于企业没有披露时,企业收到的信号必定是在投资者预期的临界水平 $\hat{x}$ 以下,即企业不披露信号 $\tilde{y}=y$ 当且仅当 y 满足 $y \leqslant \hat{x}$,故 $y \geqslant \sqrt{-\frac{h_0+s}{s}A+\frac{1}{4}}+y_0+\frac{1}{2}$ 舍去。因此公式 7-15 最后的结果只能是 $y \leqslant y_0+\frac{1}{2}-\sqrt{-\frac{h_0+s}{s}A+\frac{1}{4}}$。

根据定义,披露临界水平为满足 $y \leqslant \hat{x}$ 的实数。所以,在我们设定的成本递增的信息披露博弈中,均衡情况下披露临界水平为:

$$\hat{x}=y_0+\frac{1}{2}-\sqrt{-\frac{h_0+s}{s}A+\frac{1}{4}} \qquad \text{(公式 7-16)}$$

第六节　模型总结与讨论

先前的文献指出,企业与投资者关于信息披露的博弈结果,一定是企业披露所有的信息。然而现实中企业往往是选择性披露信息。Verrecchia(1983)引入了一个不变的信息披露成本,指出由于存在信息披露成本,投资者难以分清企业不披露是因为利空消息还是因为披露的成本太高,从而使企业拥有了选择性披露的机会。

我们考虑了信息披露成本为披露水平的二次递增函数时,选择性披露的均衡问题,并求出了新的披露临界水平,对 Verrecchia(1983)选择性披露的模

型进行了延伸，对信息披露水平为披露水平的递增函数时企业的选择性披露行为进行了解释。

本章构建的模型具有几个特点：

披露临界水平与 h_0 成反比。这表明资产价值的波动性越高，披露临界水平越高，企业进行选择性披露的空间就越大。资产价值的不确定性越强，信息披露的成本就越高，从而市场就越难猜测出企业不披露信息是因为信息是利空消息还是因为披露成本太高。

披露临界水平与 S 成正比。这表明噪音的波动性越高，披露临界水平越低，企业进行选择性披露的空间就越小。噪音的波动性越高，说明信息揭示真实资产价值的能力越弱，信息披露带来的利益就越弱，企业在权衡披露的利益与成本时，就会越倾向不披露。

披露成本对选择性披露的影响的理论模型，对于理解企业的选择性披露行为具有重要意义，且对于信息披露的实证研究奠定了基础。国内已有的研究已经显示出信息披露水平与信息披露成本负相关，但无法确定是否一定是线性负相关。未来的实证工作，将实证分析国内企业信息披露成本高时，选择性披露更少，或者说其较低的披露水平，对企业的价值造成的负面影响较小。

第八章　环境信息披露、环境绩效与权益资本成本

如何利用环境信息披露激励企业加强环保仍是探索中的问题。本章对2006—2008年化工行业上市公司的研究表明，企业环境信息披露水平与环境绩效呈现正相关关系；在此基础上，提高环境信息披露水平能够有效降低权益资本成本。进一步的分析发现，企业根据自己的环境绩效选择披露的环境信息类型。环境绩效好的企业较多地披露内容具体、可验证性强的环境信息，以和环境绩效差的企业区分开来；环境绩效差的企业较多地披露空泛的信息，以进行印象管理。只有较多地披露内容具体、可验证性强的环境信息，才能有效降低权益资本成本。因此，企业环境信息披露具有信号传递作用。

第一节　自愿披露降低了信息不对称程度

学者们一直在努力寻求能够引导企业自觉加强环保的经济手段。但企业环境数据的不公开，形成了前述目标实现的障碍。当企业的环境数据被社会团体和竞争对手利用来对付企业时，可能危及企业的生存。所以为保护企业，大多数国家并不强制企业披露环境数据。在中国，只有重污染型企业在需要发行股票或上市公司发生重大环境事件时，才要求必须进行相应的环境信息披露。

但是，企业自愿性环境信息披露广泛地存在于世界各地（Cormier和Magnan，1999）。这种自愿性环境信息披露，在外部人无法直接观察到企业的环保行为和绩效时，成为利益相关方博弈的焦点。在我国，上市公司的自愿性环境信息披露参差不齐，引发了几个基础性问题：这些自愿性环境信息披露能够揭示企业的真实环境绩效吗？它们能给企业带来哪些影响？影响发生的机制是什么？我国已有文献对这几个问题的研究还不够充分，对影响机制的分析也需要进一步拓展。

本章利用相对绩效的思路,探索了中国上市企业环境信息披露水平与企业实际环境绩效的关系。在此基础上,我们进一步分析环境信息披露对权益资本成本的影响。另外,我们将信息披露分成两类:披露具体的、易验证的信息(硬披露);披露空泛的、易被环境绩效差者模仿的信息(软披露)。本章实证结果发现硬披露是自愿性环境信息披露发挥作用的路径。

第二节 理论分析及研究假设

一、企业环境信息披露的研究脉络和存在问题

20世纪70年代欧美国家的企业觉察到环保的重要性,开始自愿披露环境信息,并引发了相关的研究。Ingram和Frazier(1980)发现企业环境信息披露与环境绩效存在弱相关。Wiseman(1982)构建了一个比较系统的环境信息披露水平测算方法。其后的重要文献如Blacconiere和Patten(1994)、Cormier等(1999)、Richardson等(2001)、Clarkson等(2008)、Magnan(2008)、Lyon等(2011)、Liao等(2014),大都围绕披露的动机、行为和后果这条主线展开研究,但得到的结论并不一致。国内学者从政治和媒体压力、行业特征、财务特征等角度对环境信息披露进行了研究。其中:耿建新和焦若静(2002)对上市企业环境信息披露的特点和问题进行了分析;沈洪涛等(2010)研究了再环保核查对上市公司披露行为的影响;肖华等(2013)探讨了制度压力的影响。但由于难以获得环境绩效数据,对于环境信息披露与环境绩效的关系这一基础性问题的直接研究在国内却不多见。

各研究基于不同的国家和时期,结论上的差异表明企业环境信息披露可能深受社会环境影响。企业环境信息披露水平的测度方法的不同也影响了研究结论的稳健性。国内外相关研究虽开展多年,取得的共识却较少,还需要更多的实证分析。

二、环境信息披露与环境绩效的关系

环境绩效好的企业,环境信息披露水平并不一定就高。因为环境信息披露会为企业带来直接成本和间接成本。当披露信息的利益超过成本时,企业

才会进行披露(吴红军等,2013)。国外对环境信息披露与环境绩效之间关系的研究也没有形成一致的结论。合法性理论(legitimacy theory)认为企业通过披露环境信息,向社会证明了自己存在的理由和价值,这意味着环境绩效差的企业可能披露水平更高。现有文献也都发现,重污染型企业受到的社会压力较大,环境信息披露水平也较高。资源依赖理论(resource dependence theory)认为企业通过环境披露,来获得声誉等资源。此理论的结论是环境绩效好的企业,其环境信息披露水平较高。利益相关者理论(stakeholder theory)则认为企业的自愿环境披露是应利益相关者的要求而为,与环境绩效的关系不确定。Cormier等(2005)指出,企业自愿披露环境信息,可能是出于多个方面的动机。

我们认为,企业之所以自愿地、选择性地披露一些信息,一个重要的动机就是想向外界发送相关的信号,促使外界将企业归入"好孩子"的类别,以谋取相应的利益。从Spence(1973)信号发送模型可以推知,不同类型企业披露的边际成本差异越大,越是会形成披露的分离均衡,即不同类型的企业选择不同的披露水平;披露的边际成本越小,披露水平越高。在我国,一方面,能够治污甚至"变废为宝"的环保设备单价大多比较昂贵,因此企业的环保投资往往具有台阶式上升的特点。处于产业链不同位置上的企业,其经济实力和治污能力彼此间差异也较大。另一方面,我国近年来对环保日益重视,各级环保部门的监测都比较到位,企业发布虚假环境信息的难度和受到的处罚不断增大。在这两方面的作用下,我国企业环境信息披露边际成本的差异逐渐扩大,绩效差的企业无力跟随绩效好的企业进行大量的环境信息披露。因此我们认为已经具有环境信息披露分离均衡的条件:即在当前中国的社会体制下,环境管理能力强、环境绩效好的企业,其环境信息披露水平较高;环境管理能力弱、环境绩效差的企业,其环境信息披露水平较低。在此我们提出假设:

假设8-1:环境信息披露水平与环境绩效正相关。

三、环境信息披露对权益资本成本的影响

企业的行为动机,最终都可归结到企业价值最大化上。企业价值决定于企业的现金流和资本成本。Richardson and Welker(2001)发现环境信息披露只会增加企业成本,并不会增加企业的现金流入。这说明企业主动进行环境信息披露主要不是基于现金流方面的考虑。环境信息披露是企业信息披露的一部分,而信息披露的最重要作用在于改善企业内外部的信息不对称,减少外

部投资者面临的风险。而风险直接影响了权益资本成本。Botosan and Plumlee(2002)发现,总体而言环境信息披露会降低权益资本成本,在环境敏感型企业中尤为明显。在中国环境法规越来越严厉的形势下,特别是重污染行业中的企业,其环境管理能力和环境绩效,关乎企业的生存和发展。环境信息披露可以降低信息不对称和投资者面临的风险,从而降低投资者对投资必要回报的要求,即降低企业的权益资本成本。基于此,我们提出如下假设:

假设 8-2:环境信息披露水平与权益资本成本负相关。

四、不同类型的环境信息披露效果不同

环境信息可以从不同角度分成多个类别。Clarkson 等(2008)将企业的环境信息分为硬披露(hard disclosure)和软披露(soft disclosure)。硬披露是指披露的是比较客观具体且不易被环境绩效差的企业模仿的环境信息。软披露是指披露的是泛泛而谈缺乏实质性内容的环境信息。硬披露的成本更高,向外界展示企业的污染数据还会带来社会压力。企业进行硬披露就是要表明自己具有更高的环境绩效,未来的风险更小,从而降低企业的资本成本。而软披露很难有效消除投资者的疑虑和风险,不能有效改变信息不对称。企业进行软披露的动机更多的是进行印象管理(Neu et al.,1998)。因此我们提出如下假设:

假设 8-3:只有硬披露才能有效降低企业的权益资本成本。

第三节 实证研究设计

一、主要指标的测量

1.环境信息披露水平指标

本章的环境信息披露指标依据 Clarkson et al.(2008)的环境披露评分表评分而得。该表具有一些优点:首先是基于 Global Reporting Initiative(GRI)的标准,突出投资者和分析师所关注的项目。其次是范围比较全面,能清楚地刻画出企业整体的环保状况。企业的网站是企业同外部利益相关者沟通的重要渠道。企业在网站上已公布的某些信息不一定会再出现在年报中。因此我

们在2009年也从企业网站上收集了几个方面的信息,且假定短期内这些信息不变。这些信息包括:企业是否设置环境管理部门或岗位,企业是否获得环境荣誉,企业是否通过ISO14001体系验证。

我们借鉴Clarkson et al.(2008)做法,同时收集我国化工企业上市公司年报和企业网站披露的环境信息,根据企业情况进行逐项评分,最后得到企业总的环境信息披露水平的分值。在评分过程中,每个样本由两人分别评分,两人评分差异由第三者进行协调。

2.企业的环境绩效指标

许多文献采用相对排序思想来衡量环境绩效,即以环境绩效排名是否超过样本平均值或中值作为衡量环境绩效好坏的标准。相对排序的做法难以体现环境绩效绝对数值的影响,但是在环保要求和标准不断提高的形势下,环境绩效的好与差从相对的视角来评判也有合理的一面。我国企业的环境数据由政府环保部门掌握且并不对外公布,给实证分析带来了困难。但相关政府机构为鼓励企业的节能减排,会授予环境绩效优秀的企业环境荣誉称号。我们根据企业是否获得环境荣誉,将样本分成环境绩效好和环境绩效差两类,这符合环境绩效好坏由相对排序情况决定的思路。本章主要关注的是环境绩效与环境披露水平之间的关系,并不研究环境绩效本身,所以本章认为这种做法可行。具体做法是:若企业在2006—2008年曾获得市级以上政府部门或全国石化协会颁发的环境荣誉称号的(包括环境友好企业、节能减排先进单位和循环经济试点单位三种荣誉称号),将该企业的环境绩效判定为好,赋值为1;否则判定为差,赋值为0。

3.权益资本成本

我们参照曾颖和陆正飞(2006)的研究,运用GLS模型估算权益资本成本。具体计算公式如下:

$$P_t = B_t + TV \qquad (公式8\text{-}1)$$

$$TV = \sum_{i=2}^{11} \frac{FROE_{t+i+1} - r_e}{(1+r_e)^i} B_{t+i} + \frac{FROE_{t+12} - r_e}{r_e(1+r_e)^{11}} B_{t+11} \qquad (公式8\text{-}2)$$

其中:P_t为每股的潜在价格,采用上年度公司每股收益乘以当年公司所处行业市盈率中位数进行计算,以避免个股市盈率不同带来的附加影响。B_t为第t期的每股净资产,等于第t期期末每股净资产减第t期每股股利再加第t期每股收益。TV为终值的现值。权益资本成本r_e通过公式8-2解方程求出,并剔除了无最优解和最优解落在(0,0.5)区间以外的样本。

二、控制变量

根据相关文献,企业规模、盈利能力、财务风险、股权结构、企业性质、成长性和流动性等,是影响企业环境信息披露的主要因素。因此本章选其作为控制变量。表 8-1 对变量进行了说明。

表 8-1　变量描述表

变量名称	符号	定　　义
环境信息披露	ED	根据表 8-2 对企业年报和网站的环境信息披露情况评分
硬披露	HED	根据表 8-2 的第一至第四部分对企业的披露评分
软披露	SED	根据表 8-2 的第五至第七部分对企业的披露评分
权益资本成本	r_e	根据 GLS 模型和 CAPM 模型估算
环境绩效	EP	获得环境荣誉的赋值为 1,否则判为 0
资产规模	SIZE	企业当年年末的总资产的自然对数
净资产回报率	ROE	净利润除以年末净资产
资产负债率	LEV	企业当年年报披露的资产负债率
股权结构	GR	第一大股东持股比例
企业性质	PR	最终控制人为政府或国营机构赋值为 0,其他赋值为 1
成长性	MB	年末股票市值除以年末净资产
流动性	TO	本年流通股日换手率的平均值

三、实证模型与样本

对环境信息披露与环境绩效和权益资本成本的关系进行估计的具体模型为公式 8-3 和公式 8-4。

$$ED = \beta_0 + \beta_1 EP + \beta_2 SIZE + \beta_3 ROE + \beta_4 LEV + \beta_5 GR + \beta_6 PR + \varepsilon \quad (公式 8\text{-}3)$$

$$r_e = \lambda_0 + \lambda_1 ED + \lambda_2 SIZE + \lambda_3 ROE + \lambda_4 LEV + \lambda_5 GR + \lambda_6 PR + \lambda_7 MB + \lambda_8 TO + \varepsilon \quad (公式 8\text{-}4)$$

实证的样本,是证监会行业代码为 C4 的所有化工企业。在 2006—2008 年期间共有 527 个样本。在删除 ST 公司、发行 B 股的公司、同时在境外证券市场挂牌以及交易数据有问题的公司后,共得到 301 个样本。环境信息披露的相关资料从企业的年报和网站,按表 8-2 手工收集。其他相关数据资料来自 Wind 数据库和锐思(RESSET)金融研究数据库。

第四节 实证结果及分析

一、统计性描述和变量之间的相关性

本章汇总的样本企业环境信息披露评分情况如表 8-2 所示。

表 8-2 环境信息披露评分表

序号	披露项目	平均得分		(1)−(2)
		环境绩效好的企业(1)	环境绩效差的企业(2)	
一、治理结构和管理系统(最高 5 分)		0.999	0.704	0.295
1	设置污染控制部门或环境管理岗位(0−1)	0.478	0.278	0.2*
2	有董事参与的环境或社会事务委员会(0−1)	0.087	0.032	0.055
3	订立针对客户或供应商的环境条款(0−1)	0	0.016	−0.016
4	在工厂或公司层面实施 ISO14001 环境管理体系(0−1)	0.391	0.328	0.063
5	管理层报酬与环境绩效挂钩(0−1)	0.043	0.05	−0.007
二、可靠性(最高 6 分)		1.347	0.327	1.02***
6	单独提供企业社会责任报告或类似报告(0−1)	0.348	0.098	0.25***
7	在环境绩效报告(网页)上的信息披露有独立验证(0−1)	0.13	0.032	0.098*
8	环境绩效系统的阶段性验证或审计(0−1)	0	0.033	−0.033
9	环境项目的独立机构证书(0−1)	0.043	0	0.043*
10	环境绩效的外部奖励(0−1)	0.783	0.164	0.619***
11	参与特定行业协会或自发性的环境改善活动(0−1)	0.04	0	0.04*

续表

序号	披露项目	平均得分		
		环境绩效好的企业(1)	环境绩效差的企业(2)	(1)—(2)
三、环境绩效指标(最高60分)		3.173	1.794	1.379**
12	能源使用或能源效率方面的环境绩效指标(0—6)	1.043	0.41	0.633**
13	用水或用水效率的环境绩效指标(0—6)	0.522	0.4	0.122
14	温室效应气体排放方面的环境绩效指标(0—6)	0.261	0.132	0.129
15	其他气体排放方面的环境绩效指标	0.391	0.246	0.145
16	毒性物质排放(土壤、水、空气)方面的环境绩效指标(0—6)	0.043	0.016	0.027
17	其他有毒有害物质排放或泄露的环境绩效指标(0—6)	0.087	0.098	−0.011
18	废物的产生和管理(回收、削减、处置和清理)指标(0—6)	0.478	0.278	0.2*
19	土地和资源使用、生物多样性及保持方面的绩效指标(0—6)	0	0.05	−0.05
20	产品和服务的环境影响方面的指标(0—6)	0	0.016	−0.016
21	遵从法规的情形(包括超限情况、应报告事故等)(0—6)	0.348	0.148	0.2*
四、环境支出(最高3分)		1.522	1.558	−0.036
22	自发性环保为公司节约的金额(0—1)	0.652	0.738	−0.086
23	为提高环境绩效或在环境技术和研发上的花费(0—1)	0.696	0.508	0.188
24	环境事项方面的罚款(0—1)	0.174	0.312	−0.138
五、展望和战略声明(最高6分)		1.955	2.194	−0.239
25	CEO对股东或利益相关者关于环境绩效的公开声明(0—1)	0.043	0.114	−0.071
26	公司对环境的政策、价值、原则和行为守则的陈述(0—1)	0.739	1.032	−0.293
27	关于环境风险和绩效的正式管理系统的陈述(0—1)	0.478	0.54	−0.062
28	关于企业定期开展环境绩效检查评估的陈述(0—1)	0	0.016	−0.016

续表

序号	披露项目	平均得分 环境绩效好的企业(1)	平均得分 环境绩效差的企业(2)	(1)−(2)
29	就未来环境绩效而言的可测量目标的陈述(0—1)	0.043	0.132	−0.089
30	关于特定环境发明或新技术的陈述(0—1)	0.652	0.36	0.292
六、环境现状(最高4分)		0.52	0.262	0.258*
31	公司是否遵从特定环境标准的陈述(0—1)	0.304	0.164	0.14*
32	行业特点对环境影响的概述(0—1)	0.13	0	0.13*
33	商务运营、产品和服务如何影响环境的概述(0—1)	0.043	0.098	−0.055
34	公司的环境绩效与业界同行相比较的概述(0—1)	0.023	0	0.023*
七、自发环保行为(最高5分)		0.565	0.178	0.387**
35	具体地描述对员工环保管理和操作的培训(0—1)	0.174	0.032	0.142*
36	存在环保事故应急方案(0—1)	0.087	0.066	0.021
37	内部的环保奖励(0—1)	0.043	0.06	−0.017
38	内部环境审计(0—1)	0.087	0	0.087
39	与环境有关的社会参与或捐赠(0—1)	0.174	0.02	0.154*
硬披露部分合计		7.04	4.383	2.657**
软披露部分合计		3.04	2.634	0.406

注:1.自愿环境披露指数采用等权重按项目打分的方法。第三部分每项若存在以下条目则按每条加1分:(1)有具体的绩效数据;(2)绩效数据与同行、竞争对手或行业情况进行了比较;(3)绩效数据与公司以往的情况进行了比较;(4)绩效数据与目标进行了比较;(5)绩效数据同时以绝对数和相对数形式披露;(6)绩效数据有进行分解性描述。其他部分每项若存在都只得1分。2.Clarkson等(2008)原表中的条目更多,但有些条目不适合中国企业使用,在此表中不再列出。3.***、**、*分别表示在0.01、0.05、0.1水平上显著,以后全书同,不再另作诠释。

从表8-2可以看出,环境绩效好的企业,在设置专门的环保岗位和单独提供企业社会责任报告方面显著高于环境绩效差的企业,说明环境绩效好的企业确实重视环保。在展望及战略声明方面,两类企业的指标都很高且没有显著差异,说明所有企业在空泛的环保理念描述方面都谈得比较多,展现出对外部利益相关者的迎合。在环境绩效指标部分,两类企业在节约资源方面披露

第八章 环境信息披露、环境绩效与权益资本成本

较多,而对污染物排放等容易引发社会负面影响的内容有些避而不谈。总体来看,两类企业在硬披露方面差异显著,而在软披露方面差异不显著,与我们的假设一致。

变量的描述性统计见表8-3。环境信息披露分值最大达到36分,最小为0分,平均为8.23分,标准差与平均值接近,说明即使是同一个行业,环境信息披露的差异也较大。硬披露平均得分与全部披露接近,是软披露的两倍,说明硬披露对全部披露的分值影响较大,全部披露得分高的企业其硬披露部分得分也往往较高。但是,软披露平均得分也占到全部披露的1/3,说明如果笼统地使用内容分析法对企业的环境信息披露进行评价,则大量泛泛而谈的企业得分也不低,所得研究结论就不够精确。另外,16%的企业获得过环境荣誉;权益资本成本集中在5%左右;国有企业占多数超过样本的60%。

表8-3 样本的描述性统计

变量	最小值	最大值	均值	中位数	标准差
ED	0	36	8.23	6	6.85
HED	0	34	5.6	4	5.59
SED	0	11	2.63	2	2.41
EP	0	1	0.159	0	0.367
r_e	0.02	0.27	0.0504	0.04796	0.02651
SIZE	19.6	23.59	21.39	21.33	0.919
ROE	−0.25	0.58	0.063	0.055	0.1
LEV	0.02	0.85	0.48	0.52	0.186
GR	0.09	0.72	0.3576	0.36	0.142
PR	0	1	0.345	0	0.447
MB	0.8	15.24	2.402	1.983	1.836
TO	0.49	6.89	2.667	2.527	1.279

我们对变量进行相关性分析,发现披露与环境绩效显著正相关,与权益资本成本显著负相关,初步支持了信号传递假设,即环境绩效好的企业,通过提高环境信息披露来发送自身类型的信号,以区别于环境绩效差的企业。变量之间的相关性,没有达到多重共线性的界限。为消除量纲的影响,相关性检验和回归分析时对数据进行了标准化处理,即各数据减去其均值,再除以标准差。

二、多元回归结果

表8-4报告了环境信息披露与环境绩效、权益资本成本与环境信息披露的普通最小二乘法多元回归结果。

表8-4 多元线性回归结果(普通最小二乘法)

变量	披露			权益资本成本		
	(1)全部	(2)硬披露	(3)软披露	(4)	(5)	(6)
常数项	−0.507* (−1.751)	−0.531* (−1.833)	−0.423 (−1.233)	0.066*** (4.353)	0.063*** (4.213)	0.066*** (4.376)
ED				−0.002* (−1.804)		
HED					−0.006* (−1.671)	
SED						0.00058 (0.2)
EP	1.386*** (7.742)	1.363*** (7.636)	0.983*** (4.648)			
SIZE	0.17** (2.123)	0.175** (2.206)	0.179* (1.905)	−0.002 (−0.352)	0.001 (0.082)	−0.002 (−0.387)
ROE	0.077 (1.084)	0.039 (0.551)	0.103 (1.225)	−0.023*** (−5.412)	−0.023*** (−5.369)	−0.024*** (−5.387)
LEV	0.548 (1.297)	0.681 (1.614)	0.362 (0.723)	−0.05** (−1.98)	−0.044* (−1.752)	−0.05** (−2.01)
GR	0.479 (1.05)	0.402(0.883)	0.246 (0.456)	0.022 (0.968)	0.023 (1.019)	0.022 (0.955)
PR	−0.418*** (−2.907)	−0.449*** (−3.133)	0.026 (0.154)	−0.032*** (−4.45)	−0.032*** (−4.437)	−0.032*** (−4.44)
TO				0.001 (0.098)	0.001 (0.081)	0.001 (0.1)
MB				0.001 (−0.293)	0.001 (−0.485)	0.001 (−0.292)
样本数	301	301	301	301	301	301
调整 R^2	0.419	0.424	0.225	0.141	0.114	0.108
F值	18.319	18.675	6.695	4.923	8.124	7.725

注:括号中为 t 值。

表 8-4 的前三列研究环境信息披露与环境绩效的关系,分别以全部披露、硬披露和软披露作为被解释变量,它们都与环境绩效显著正相关。这说明在我国,环境管理能力强、环境绩效好的企业,确实通过提高环境披露水平,以求与环境管理能力弱的企业区分开来。验证了我们的假设 8-1。硬披露和软披露都显著正相关,表明环境绩效好的企业,不仅大量披露环境数据,而且对环保理念、内部环保规章等方面也非常重视。软披露的系数及其 t 值显著较小,这是由于环境绩效差的企业,在环境信息披露方面大量使用了泛泛而谈的披露,削弱了软披露与环境绩效的正相关性。另外,SIZE 的系数非常显著,表明了大企业的信息披露水平相对较高,较多地披露了环境数据。PR 在前两列显著而在第(3)列不显著,即国有企业在全部披露和硬披露方面披露水平明显高,而在软披露方面所有企业披露差不多。这说明国有企业多进行实质性披露,而在泛泛而谈等非实质性披露方面所有企业做法都相似。国有企业与政府的关联较多,环境绩效的好坏直接影响到企业领导人的升迁等,因此国有企业应该更加重视企业的环境责任和口碑;而民营企业等则更看重经济利益。LEV 的系数为正,但不显著,这在一定程度上展现了企业为消除与贷款人之间的代理冲突而加大信息披露的情况。ROE 的系数不显著,说明就化工行业来看,环境信息披露与经济绩效没有显著关系。

表 8-4 的后三列分别查看了全部披露、硬披露和软披露对权益资本成本的影响。第(4)列中全部披露的系数显著为负,表明环境披露水平高的企业,确实权益资本成本比较低,支持了我们的假设 8-2。这也显示环境绩效好的企业,通过环境披露水平的不同,达到了与环境绩效差的企业区分开来的目的,从而投资者对其要求的权益资本回报较低。第(5)列中硬披露的系数显著为负,而第(6)列中软披露的系数不显著,说明环境信息披露的信号作用,主要体现在环境数据等可量化、可区分的实证性披露上,泛泛而谈的披露得不到市场的回应,支持了体现信号发送思想的假设 8-3。这也与假设 1 的实证结果相互呼应。因为当环境信息披露确实能够揭示企业的环境绩效时,信息披露才会影响到权益资本成本,否则仅看信息披露与权益资本成本的相关性就得出相关结论,逻辑上不够完整。ROE、LEV 和 PR 的系数显著,表明这三者显著影响了投资者对权益资本回报的要求。

三、稳健性分析

考虑到可能存在的内生性问题,基于先前相关文献的研究,我们采用两阶段最小二乘法进行对比检验。对于环境信息披露与环境绩效之间的关系,在第一阶段,用公司规模、盈利能力和上期环境信息披露作为解释变量对环境绩效进行回归,然后用回归方程估计企业的环境绩效;在第二阶段,将估计出来的环境绩效作为解释变量代入公式 8-3 进行回归。

对于环境信息披露与权益资本成本的关系,在第一阶段,用公司规模、盈利能力和上期权益资本成本作为解释变量对环境信息披露进行回归,然后用回归方程估计企业的环境信息披露水平值;在第二阶段,将被估计出来的环境信息披露水平值作为解释变量代入公式 8-4 进行回归。

两阶段最小二乘法结果显示:环境绩效依然与全部披露、硬披露和软披露显著正相关;权益资本成本与全部披露和硬披露显著负相关,与软披露没有显著关系。这一结果与前面的实证结论保持一致,表明了研究结论的稳健性。

另外,我们使用 CAPM 模型对权益资本成本进行估算,虽然算出的权益资本成本具体数值与 GLS 模型不太相同,但仍然与全部披露和硬披露显著负相关,和软披露没有显著关系,即用 CAPM 模型得到的结论依然未变。

第五节 环境披露揭示了绩效从而产生影响

本章发现我国企业环境信息披露与环境绩效之间呈现正相关关系,而这是环境信息披露化解信息不对称的前提条件。然后我们实证了环境信息披露给企业带来的经济方面的利益,即权益资本成本的降低。我们将环境信息披露进一步细分,发现只有硬披露才能有效降低权益资本成本,这为企业如何利用环境信息披露提供了指引。

要达到利用企业环境信息披露激励企业自觉加强环保的目标,需要监管层进一步规范企业的披露行为,扩大强制性披露的范围,明确企业环境信息披露的具体内容、方式和时间,确保企业环境信息的可靠性、可比性和全面性,杜绝环境绩效差的企业用软披露代替或掩盖硬披露,干扰投资者的价值判断。当前我国的环境信息披露制度过于宽松,造成企业大量选择性披露环境信息,抑制了环境信息披露信号传递作用的发挥。同时,我国需要尽快推出环境会计准则,并综合运用规制、环保补贴、排污权和环境税等手段,使企业的排污成本内部化,使投资者了解企业面临的大量环境或有负债。排污成本的内部化和环境信息披露的规范化,是通过环境信息披露激励企业自觉加强环保、发挥环境信息披露的信号传递作用的必由之路。

第九章 环境信息披露与机构投资者

本章从行为金融的投资者偏好理论和迎合理论角度,分析了企业环境信息披露的动机。基于2012年重污染行业上市公司的数据,我们发现不同的机构投资者对企业的社会责任信息偏好不同。企业环境信息披露水平与QFII持股比例成正相关关系,而且这种正相关关系主要是由硬披露(具体化的、环境绩效差的公司难以模仿的信息披露)导致的。而作为机构投资者的券商和法人单位,其持股比例与环境信息披露水平没有显著相关关系,这表明境内的某些机构投资者,在决定是否持有公司股票时,没有受到目标公司的环境信息披露的影响。不同类型的机构投资者对环境信息的不同态度表明,机构投资者对公司的治理作用是不一致的。

第一节 研究目标的提出

企业的环境保护行为和环境绩效,对世界环保形势有重大影响。然而,外部利益相关者无法直接观察到企业的环保行为和真实的环境绩效,所以企业的环境信息披露成为各方博弈的焦点。通过环境信息披露机制,用经济手段引导企业自觉加强环保努力,是理论界和实务界苦苦追求的目标。

企业的环境责任,作为企业社会责任的一部分,在我国整体环保形势恶化的情形下,受到越来越多的关注。然而,由于环境信息事关企业的商业机密,影响到企业的竞争和生存,因此很多国家并不要求企业必须全面披露其环境状况和环境绩效。在我国,虽然环保部、证监会和证券交易所先后出台了一些相关的规定和要求,但中国企业的环境信息披露,除少数情况外,仍属于自愿性披露范畴。

企业披露的环境信息对投资者起到什么作用?它会对什么样的投资者发挥作用?这些是本章所关心的问题。本章利用2012年中国重污染行业上市公司的数据,将机构投资者分成代表国际投资者的QFII、代表国内职业机构投资者的券商、代表能够影响公司经营行为的法人机构投资者三类，分析环境信息披露水平与机构投资者持股比例的关系，从而探寻企业环境信息披露迎合投资者需求的动机与效果。

第二节　文献回顾与研究假设

哈佛商学院的马尔科姆·贝克(Malcolm Baker)和纽约大学斯特恩商学院的杰弗里(Jeffrey Wurgler)于2004年提出，由于投资者不掌握信息，因此经理人不能一厢情愿地按照股东利益最大化的宗旨决策，而应该迎合投资者的偏好，以获得投资者溢价购买公司股票带来的股价上涨的好处。

根据迎合理论我们同样可以推演：由于市场上存在偏好环保绩效好的公司的"道德投资者"，因此为了迎合这些投资者，管理层会加大环境信息的披露，展示自己良好的环境绩效和理念，最终当道德投资者溢价购买公司股票时，管理层会因此获利。另外，环境管理是否规范，也从一个侧面反映了公司管理层的能力和行为恰当性，从而影响了投资者的预期和投资判断。因此公司进行环境信息披露，也是迎合这些喜欢规范的企业的投资者。

具体说来，市场上存在着这样的投资者，以是否进行环境信息有效披露，将公司区分为积极进行环境信息披露的公司和没有进行环境信息披露的公司。投资者对这些公司的兴趣以及环境信息披露政策的变换频率，对股票价格产生影响。公司管理者通常会迎合投资者的偏好进行不同程度的环境信息披露，迎合的最终目的在于获得股票溢价，即当投资者比较注重环境社会责任时，他们就会偏好环境信息披露水平高的公司，因为这类公司可能会有更好的环境绩效和企业形象，管理者为了迎合这类投资者会进行相对应的环境信息披露；当投资者不注重企业是否披露环境信息，而是更希望能够有更高的经济方面的回报率时，管理者会选择不进行环境信息披露，甚至隐藏对自己不利的环境信息，以吸引这类投资者进行投资。

第三节　研究设计

1.变量定义

(1)环境信息披露水平(ED)。企业可以通过各种渠道披露自己的环境信息,但企业在年报上披露的环境信息最为重要。首先,年报是企业与投资者进行沟通的最重要途径,所有的投资者和利益相关者都会查看企业的年度报告。其次,年报必须经过会计师事务所审计,并在指定的媒体公开发布,具有一定的法律效应。最后,年报的格式比较规范,投资者和利益相关者可以很容易在年报中的相关部分找到公司的环境信息。因此本章以公司年报中的环境信息作为企业环境信息披露的内容。具体环境信息披露水平是依据 Clarkson (2008)的方法进行计算。该方法虽然也属于内容分析法,但与其他方法相比,具有几个优点:它是依据 GRI 的指导意见,由会计学家和环境管理专家合作研制,能够比较全面和客观地反映企业年报中的环境信息披露水平,并突出了投资者所关注的信息,避免了其他环境信息披露评价方法中财务信息权重过大的缺点。

Clarkson(2008)的方法,是将企业的环境信息分成七部分共 95 个等权重项目,其中前四部分包括环境管理结构、可靠性、环境绩效、环境收支共 79 项,属于硬披露;后三部分包括愿景和战略性声明、环境现状、自发性环境行为共 16 项,属于软披露。硬披露和软披露的划分,使内容分析法的适用更加细腻。

我们首先培训编码员,在编码员编码的信度测试大于 85% 以后才让编码员开始工作。对每一家样本公司,同时让两个编码员独立编码,若结果相关性低于 90% 则由第三者进行协调。两组结果最后的信度测试都超过了 85%。最后每个公司年报的环境信息披露水平是两个编码员的平均。

(2)机构投资者持股比例。机构投资者是证券市场的主力。机构投资者的种类较多,不同的机构投资者具有不同的偏好,而这种偏好体现在其在不同类型上市公司中的持股比例上。我们选取代表国际投资者的 QFII、代表国内职业机构投资者的券商和代表能够影响公司经营行为的法人机构投资者三类,分析环境信息披露水平与机构投资者持股比例的关系。

(3)其他变量。先前文献表明,公司的规模往往代表了公司所承受的信息披露外部压力,对环境信息披露有显著影响,因此本章将其作为控制变量。负债比例代表了贷款人对环境信息披露的要求,因此本章也将其作为控制变量。不同行业信息披露水平也不相同,在研究环境信息披露时也是要将其作为控制变量。变量描述如表 9-1 所示。

表 9-1　变量描述表

变量名称	符号	定义
环境信息披露	ED	根据 Clarkson(2008)评分表对企业年报的环境信息披露情况评分
硬披露	HED	根据 Clarkson(2008)评分表的第一至第四部分对企业报告的披露评分
软披露	SED	根据 Clarkson(2008)评分表的第五至第七部分对企业的披露评分
QFII 持股比例	QFSR	企业当年年末 QFII 机构投资者的持股比例
券商持股比例	BKSR	企业当年年末券商的持股比例
法人持股比例	LPSR	企业当年年末企业法人投资者的持股比例
资产规模	SIZE	企业当年年末的总资产的自然对数
资产负债率	LEV	企业当年年报披露的资产负债率
行业	INDUS	根据企业所属行业设置虚拟变量

2.研究模型

本章利用多元回归模型,验证企业环境信息披露水平与机构投资者持股比例的关系,研究模型见公式 9-1～公式 9-3:

$$QFSR = \beta_0 + \beta_1 ED + \beta_2 SIZE + \beta_3 LEV + \beta \sum_{i=1}^{5} INDUS_i + \varepsilon \quad \text{(公式 9-1)}$$

$$BKSR = \beta_0 + \beta_1 HED + \beta_2 SIZE + \beta_3 LEV + \beta \sum_{i=1}^{5} INDUS_i + \varepsilon \quad \text{(公式 9-2)}$$

$$LPSR = \beta_0 + \beta_1 SED + \beta_2 SIZE + \beta_3 LEV + \beta \sum_{i=1}^{5} INDUS_i + \varepsilon \quad \text{(公式 9-3)}$$

3.研究数据

本章选取了污染最为严重的化工、造纸、钢铁、印染和水泥行业 2012 年的全部 A 股上市公司,去除 ST 和数据缺失的公司,最后共获得 494 个样本股。

第四节　实证结果与讨论

1.变量描述

相关变量描述如表 9-2 所示。

表 9-2 样本的描述性统计

变量	最小值	最大值	均值	标准差
ED	0	22	4.22	3.33
HED	0	15	2.23	2.27
SED	0	9	1.75	1.6
QFSR	0	0.0291	0.0008	0.0034
BKSR	0	0.04	0.0008	0.0033
LPSR	0	0.899	0.24	0.21
SIZE	17.6	25.99	21.66	1.17
LEV	0	1.82	0.42	0.36

2.变量相关系数表

相关性系数如表 9-3 所示。从中我们可以看出,QFII 持股比例与企业的环境信息披露,无论是全部的环境信息披露,还是硬披露和软披露,都是正向相关的。特别是这些正相关关系,在 QFII 持股比例上表现得比较强烈。另外,我们也可以看到,变量之间不存在多重共线性问题。

表 9-3 变量相关系数表

变量	ED	HED	SED	QFSR	BKSR	LPSR	SIZE
HED	0.89						
SED	0.79	0.55					
QFSR	0.13	0.15	0.07				
BKSR	0.05	0.03	0.05	−0.001			
LPSR	0.08	0.1	0.01	0.03	−0.07		
SIZE	0.26	0.21	0.11	0.14	0.1	0.27	
LEV	0.07	0.06	0.02	0.03	0.02	0.18	0.11

3.多元回归结果

从表 9-4 可以看出,环境信息披露总水平与 QFII 持股比例有显著的正相关,表明 QFII 偏好投资于环境信息披露水平高的企业,体现了 QFII 对企业环境责任的重视。进一步分析发现,这种影响作用是硬披露带来的,软披露没有什么显著性影响。这说明泛泛而谈没有实质性环境信息披露的企业,并不能吸引 QFII 的投资。

表 9-4 多元线性回归结果(普通最小二乘法)

变量	QFII 持股比例			券商持股比例			法人持股比例		
	(1)	(2)	(3)	(4)	(5)	(6)	(7)	(8)	(9)
常数	-0.007* (-2.4)	-0.0066* (-2.35)	-0.008 (-2.73)	-0.005* (-1.77)	-0.005* (-1.85)	-0.0052* (-1.87)	-0.81*** (-4.62)	-0.79*** (-4.5)	-0.82*** (-4.75)
ED	0.000097** (2.1)			0.000026 (0.54)			0.0002 (0.08)		
HED		0.000185** (2.74)			0.000018 (0.27)			0.003 (0.78)	
SED			0.00012 (1.22)			0.00009 (0.95)			-0.0034 (-0.6)
SIZE	0.0003** (2.4)	0.00032** (2.44)	0.0004*** (2.9)	-0.00027** (-1.98)	0.00028** (2.09)	0.00027** (2.08)	0.047*** (5.67)	0.046*** (5.6)	0.047*** (5.91)
LEV	0.0001 (0.2)	0.00008 (0.2)	0.00012 (0.29)	0.00007 (0.16)	0.00007 (0.17)	0.00008 (0.18)	0.09*** (3.5)	0.09*** (3.48)	0.09*** (3.52)
行业控制	Yes	Yes	Yes	Yes	Yes	Yes	Yes	Yes	Yes
样本	494	494	494	494	494	494	494	494	494
调整 R^2	0.02	0.034	0.02	0.005	0.004	0.006	0.1	0.092	0.097
F 值	4.66	5.76	3.73	1.76	1.69	1.97	17.38	17.6	17.5

注:括号中为 t 值。

以职业投资者为代表的券商,与三种环境信息披露都没有显著的相关关系,表明国内的职业投资者只关注企业的利润和股权投资的经济回报,对被投资的上市公司是否履行了环境保护责任并不关心。

以内部投资者为代表的法人持股比例与三种环境信息披露水平之间,也都没有显著的相关关系。这说明机构投资者无论持股比例高低,都不能影响企业的环境责任履行,这是因为法人投资者往往持有很高的股权,能够影响到企业的经营决策。因此,这种实证结果表明,某些上市公司之所以不注重环境保护,是因为其股东本身就不注重环境责任。

第五节 机构投资者在意的信息类型

本章研究了公司的环境信息披露水平,以及其背后代表的公司的环境责任履行水平对不同投资机构的吸引力。研究结果发现,QFII 偏好投资于环境信息披露水平高的企业,体现了QFII对企业环境责任的重视。进一步分析发现,这种影响作用是硬披露带来的。而那些只是进行环境软披露,即只进行泛泛而谈没有实质性环境信息披露的企业,并不能吸引QFII的投资。以职业投资者为代表的券商,和以内部投资者为代表的法人持股比例,与三种环境信息披露水平之间都没有显著的相关关系。这种结果表明目前中国国内的投资者还不太关注企业的环境信息披露水平。这种结果也解释了为何发达西方国家的环保形势比当前中国的环保形势好,这是股东的不同理念导致的。

  本章的局限在于只使用了一年的数据和有限数量的重污染行业,未来的研究可以扩展到多年数据和全部的重污染行业。

第十章 企业环境信息披露与融资约束[①]

本章考察了污染行业公司自愿披露环境信息对其融资约束的影响。通过对中国化工行业上市公司数据的分析表明:公司提高环境信息披露可以显著降低公司面临的融资约束。进一步分析发现,公司财务不透明程度越高,环境信息披露对融资约束的影响越明显,展现了公司非财务信息对资金提供者的信息增量作用。另外,公司所在地的政府治理水平越高,环境信息披露对融资约束的影响越明显,说明了公司社会责任行为能否带来明显的财务效果依赖于所处的社会环境。变换环境披露水平和融资约束的测度方式等进行分析,结果仍稳健。

第一节 研究背景

天津塘沽化学品爆炸事故中,最令公众恐惧的不是冲天的火焰而是环境污染问题。"绿水青山就是金山银山",当今社会关注的重点正从如何提高生产转向如何绿色发展。社会对公司的环境保护要求越来越高,这也影响到投资者提供资金的决策。由于外部人很难观察到公司的环境行为,公司的环境信息披露遂成为各方博弈的焦点。虽然我国没有强制企业在年报中进行环境信息披露,但公司自愿披露其环境信息的情形比比皆是。这些自愿性披露因为存在选择性、不可比等问题,其披露效果与动机自然令人疑惑。本章旨在从融资约束视角,探索企业环境信息披露对投资者的影响,也为公司社会责任行为的财务后果问题提供证据。

现有文献对企业环境信息披露动机的解释大体可分成两类:一类着眼于满足外部人的信息需求方面(Cormier et al.,2009),包括代理理论、利益相关者理论等。这类研究认为公司主要基于外部信息需求者的压力,被动地披露

---

① 本章的共同作者为刘啓仁和吴世农。

外部人关注的信息，避免遭受法律诉讼。另一类着眼于公司的合法性方面（Brown and Deegan, 1998；Cho and Patten, 2007；Cormier and Magnan, 2013），包括合法性理论、制度理论、信号发送理论等，认为企业通过对环境信息的披露来显示其"履行了社会契约"，引导社会对企业行为正当性的感知。无论哪一类，相比完全不披露，都能够不同程度地降低信息不对称，进而能产生某些经济利益：显示自己良好的管理能力和未来现金流的前景以提高股价（Al-Tuwaijri et al., 2004）；获得具有环保理念的投资者支付的股票溢价（Tietenberg, 1998）；降低投资者面临的不确定性，降低资本成本（Richardson and Welker, 2001）等等。

融资约束对公司的发展影响很大。但关于企业环境信息披露与融资约束之间关系的研究尚鲜见。Dhaliwal et al.(2012)发现公司提高社会信息（含环境信息）披露水平后往往会发行证券，暗示了环境信息披露的融资动机。Cheng et al.(2014)指出公司的社会责任绩效有助于公司获得金融资源。本章通过差分 GMM 动态面板方法解决内生性等问题后，揭示企业环境信息披露与融资约束缓解的关系。

本章研究的主要贡献体现在：首先，我们从资本可得性的角度丰富了企业环境信息披露动机的文献，提供了外部融资需求与环境信息披露之间关系的证据。其次，我们发现了公司财务不透明度对企业环境信息披露效果的影响，展示了环境信息与财务信息的联系。最后，展示了公司社会责任信息披露的财务效果，受到政府治理水平等社会环境的影响，丰富了自愿性信息披露的文献。

第二节 理论机制及研究假说

一、自愿披露环境信息与缓解融资约束

缓解融资约束是公司的一个重要利益诉求。融资约束的根源在于信息不对称（Myers and Majluf, 1984）。当公司经理掌握外部资金提供者所不知道的重要信息时，他们有可能利用信息不对称攫取利益，将过多的风险转移给外部资金提供者。所以当外部资金提供者怀疑存在重大信息不对称时，就会按照这些信息是最负面的情况进行定价，对企业索取高额利率甚至不提供资金，遂形成了融资约束。经过博弈，当公司需要外部资金时，理性的选择是尽可能

地披露相关信息,以消除资金提供者的猜疑。污染型行业的公司具有显著的环保风险,当它们需要外部融资时,就会披露相关的环境信息以消除投资者的环境风险顾虑(Blacconiere and Northcut,1997)。因此,自愿性信息披露可能是公司的一种策略性行为,有时其目的在于帮助公司获得外部融资(Balakrishnan et al.,2014)。

污染型行业公司的环保风险会显著影响外部资金的安全与收益。随着环保形势的快速恶化,环保法规正日益严苛。环境绩效差的公司,将受到社区公众和消费者的抵制,以及政府罚款等惩罚,其发展前景黯淡。公司若发生环保事故,更会使投资者陷入血本无归的境地。而环境管理能力强、环境绩效好的公司,就具有相对竞争优势,未来现金流就更有保证。外部资金提供者可以从公司披露的环境信息中,了解公司的环境行为和绩效,提高对未来现金流分布的把握程度,较为精确地得到资金的安全性和收益性信息,就能更快速地决定是否以及用何种价格对公司提供资金。总之,污染型行业公司主动提高环境信息披露的水平,可以消除外部资金面临的环保风险,展现企业良好的收益前景,从而能降低融资约束。因此提出:

假设10-1:污染型行业企业环境信息披露水平越高,融资约束程度越低。

二、公司财务不透明度的调节作用

如果说企业环境信息披露影响融资约束是基于信息不对称的降低,那么公司的不透明度越高,环境信息披露的作用就应该越明显。财务透明度是公司透明度最重要的代表。公司未来现金流是资金提供者获得预期回报的基础。投资者对企业未来的现金流的分布概率估计得越精确,面临的投资风险就越小(Botosan,1997)。

社会责任信息和财务信息两者显著不同:两者的目标对象不同,因此强调的重点不同,两者提供的信息是不重叠的,从而使社会责任信息(包括环境信息)披露对财务信息披露的效果有补充作用,体现在社会责任信息可以为投资者解读公司的财务信息提供相关的背景和参考(Dhaliwal et al.,2012)。另外,从环境信息本身,也能预测出企业未来现金流的变化情况,因为随着环保法规的日益严厉,污染型行业企业的治污排污费用在总成本中的比重不断提高。企业在环保设施和治污技术上的投资,往往伴随着较大的经济回报(Clarkson et al.,2008)。在财务不透明度高的公司,财务信息不够充分,环境信息等非财务信息对资金提供者的参考作用就更大,更能显著地降低信息不

对称程度。综上所述,我们提出以下假说:

假设 10-2:环境信息披露对融资约束的缓解作用在财务不透明度高的公司中更显著。

三、当地政府治理的调节作用

在中国,政府在社会事务中居主导地位。企业环境信息披露与融资约束的关系可能受到当地政府态度的影响。省级政府的治理水平决定了该省域内环保事项的实际处理行动。在政府治理水平高的地区,政府会更多地从地区长远利益出发,对污染企业严加监督,一旦发现污染情况超标,也会规范地按照相关法规迅速处理。而政府治理水平低的地区,政府更多地从自己的财政收入出发,对企业的污染采取比较容忍的态度。另外,政府治理水平低的地区的政企关系更加复杂,政府对企业的干预比较多,企业即使发生污染事故,也可以通过对政府的疏通得到庇护和较轻的处理。环境信息披露的主要作用在于减少投资者面临的企业潜在环保风险。如果政府对污染型企业进行包庇,企业即使发生环境风险事故,也有办法渡过难关,因此投资者对企业的环保风险重视程度就大为降低,这时企业是否披露环境信息对投资者行为的影响就不太显著。因此我们提出以下假说:

假设 10-3:当地政府治理水平越高,环境信息披露对融资约束的缓解作用越显著。

四、分析师跟进的影响

分析师重视公司的社会责任信息,并据其调整对公司财务方面的判断(Dhaliwal 等,2012)。中国一些企业缴纳的排污费已占到生产成本的 2%,治污设施建设和运营费用不菲,对污染型企业的准确估值需要考虑环境信息。分析师希望自己的报告比较精确。公司披露环境信息的水平越高,越有助于分析师提供精确的报告,分析师也越有精力跟踪其他股票。公司披露的多寡对分析师是否选择公司的影响,在不同情境下结论不同。中国上市公司披露的信息越具体、越多,跟进的分析师数量也越多(王玉涛和王彦超,2012)。因此中国污染型行业公司自愿披露的环境信息越多,越能吸引分析师跟踪公司。

比较复杂的信息,解读的分析师越多,市场才能理解得越彻底,选择性披露的目的才能达到。公司披露的环境信息,往往表达得比较精炼,甚至是比较专业和抽象。投资者的精力和能力也是有限的。因此公司披露的环境信息，不一定能被资本市场充分关注和理解，形成对消息的反应不足或反应过度（Chang，Dasgupta 和 Hilary，2006）。分析师是连接资本市场和公司的纽带（Lang 等，2003）。分析师拥有积累丰富的资料和数据。当污染型行业公司提供环境信息时，分析师往往能迅速反应，及时对环境信息进行横向及纵向对比，其分析也比较综合和全面。污染型行业的分析师大都具有一定的专业背景，能够理解环境信息中专业词汇的含义，及关键数据对公司的影响程度，并通过股价预测、分析报告等方式，将公司环境信息的价值传递给投资者。另外，心理学指出，信息出现的频率与关注度和效果成正比。单个分析师的能力和精力也是有限的。跟进公司的分析师越多，对公司环境信息的分析报告就越多，市场就会多角度地审视公司披露的环境信息，使信息的说服力得到加强。跟踪的分析师越多，公司信息披露的作用就越大。

公司披露的社会信息尤其需要分析师帮助投资者解读（Richardson 和 Welker，2001），因为社会信息不是很精确且具有选择性。分析师报告越多，投资者越能从不同角度和层面对公司环境信息进行理解，信息不对称和风险就越小，公司的融资约束就越小。在中国情境下，资本市场上充斥着大量对公司信息披露理解和反应不足的中小投资者，市场依赖分析师报告来理解消化信息的情况非常突出。

假设 10-4：跟进公司的分析师越多，环境信息披露越能减缓公司面临的融资约束。

第三节 计量模型构建

Fazzariet al.(1988)的模型提供了研究融资约束问题的基本方法。针对一些学者的质疑，Fazzari et al.(2000)进行了回应和辩驳，从而使其模型至今仍被广泛使用。[①] 考虑到本期的投资水平会受到前期投资水平的影响，我们对 Fazzari et al.(1988)的模型进行了扩展，加入了最优投资调整路径因素，最

[①] Fazzari et al.(1988)是融资约束研究领域的开山之作（Kaplan and Zingales，1997）。为回应对投资—现金流模型的质疑，Fazzari et al.(2000)进行了再论证，认为即使存在一些缺点，但他们的模型还是适用于融资约束研究的。考虑到其他方法也存在缺陷，我们使用 Fazzari et al.(1988)的模型以使本研究尽量遵循融资约束研究的本意。

终形成本章实证所用的差分 GMM 动态计量模型。

Brainard and Tobin(1968)以及 Tobin(1969)提出了著名的"托宾 Q"理论,指出在税收为零且资本市场完善条件下,追求价值最大化的企业将不断提升其投资水平直至增加一单位资本的影子价值(即 Q 值)等于 1,即新增的单位投资价值等于其重置成本时形成均衡结果。然而,Myers and Majluf(1984)指出现实市场中存在税收扭曲与信息不对称等造成资本市场不完全的因素。这些因素造成外部融资净损失。Fazzari et al.(1988)进一步认为这会形成公司融资分层(financing hierarchies),其中最显著的特征是公司内外部融资存在巨大成本差异,最终导致公司投资受制于内部融资。本章重点从信息不对称角度引入 Fazzari et al.(1988)的"投资—现金流"模型,考察上市企业环境信息披露对融资约束的缓解功能。考虑到"投资调整成本"的存在,本章进一步将模型扩展至动态情形,具体地说,我们在 Fazzari et al.(1988)的"投资—现金流"模型中引入环境披露及其与现金流的交叉项,考察环境信息披露对融资约束的缓解作用,参见公式 10-1。为减少同时性偏差,我们对部分解释变量进行滞后一期,则公司最优投资方程可表述为:

$$IL_{it} = \varphi_0 + \varphi_1 CF_{it} + \varphi_2 CF_{it} \times ED_{it} + \varphi_3 ED_{it} + \gamma X_{it-1} + \lambda_i + \varepsilon_{it} \quad \text{(公式 10-1)}$$

其中,IL、CF 和 X 分别为以期初的资本存量水平 K 调整后的最优投资水平、现金流和影响公司投资的其他解释变量;ED 为环境信息披露水平;λ 为公司固定效应,ε 为随机误差项。

公式 10-1 实质上为"投资—现金流"模型的静态形式,企业一般需要动态调整过程才能达到最优的投资水平,但是,投资的调整是具有成本的。因此,我们需要考虑公式 10-1 中公司趋向最优投资状态的调整路径,投资的调整成本一般具有二次形式,且与实际利率呈正比,如下式:

$$C(\Delta IL_{it}) = r_t \frac{b}{2}(IL_{it} - IL_{it-1})^2 \quad \text{(公式 10-2)}$$

其中,$C(\Delta IL_{it})$ 为公司投资的调整总成本,r 为实际利率,b 为投资调整的单位成本。因此,公司调整的最优投资路径为:

$$IL_{it} = \mu IL_{it-1} + (1-\mu)(1-\delta g\mu) \sum_{j=0}^{\infty} (\delta g\mu)^j IL_{it+j} \quad \text{(公式 10-3)}$$

其中,μ 为调整成本 b 的函数,代表向最优投资状态调整的速度;g 为预期的实际利率增长率;δ 为公司固定的贴现率。考虑到公司投资的调整成本,我们将公式 10-1 的投资方程动态扩展成不对称信息下的动态模型,即:

$$IL_{it} = \alpha + \mu IL_{it-1} + \beta_1 CF_{it} + \beta_2 CF_{it} \times ED_{it} + \beta_3 ED_{it} + \gamma_1 SIZE_{it-1} + \gamma_2 GROWTH_{it-1} + \gamma_3 ROE_{it-1} + \gamma_4 LEV_{it-1} + YEAR_{it} + \lambda_i + \varepsilon_{it}$$

(公式10-4)

其中,μ 为公司投资调整成本函数,代表向最优投资状态调整的速度。IL、CF、ED 分别为投资水平、现金流与环境信息披露水平。我们还控制了公司规模(SIZE)、成长性(GROWTH)、资产收益率(ROE)、资产负债率(LEV)等影响公司投资的其他解释变量,为减少同时性偏差,我们均将其滞后一期。λ 为公司固定效应。YEAR 为宏观固定效应,ε 为随机误差项。当 β_1 显著为正时,表明企业显著存在融资约束;β_2 显著为负时,表明企业环境信息披露具有融资约束缓解效应。

第四节 样本与变量

为避免不同的外部制度环境等行业差异带来的干扰,并尽量消除遗漏变量的影响,我们只选取化工行业这一最具代表性的污染型行业的面板数据。具体而言,我们从 2008—2012 年中国 A 股所有的化工行业上市公司中,剔除 ST 公司和数据不全的公司后,得到 142 家公司的 710 个公司年度样本。环境信息披露指标从公司年报中手工收集,其他指标来自于 CSMAR 数据库。

一、变量定义

1.环境信息披露水平(ED)。我们参照 Clarkson et al.(2008)的方法量化公司年报中的环境信息披露水平。经过培训的编码员对测试样本编码的信度检验合格后(Kendall 系数为 0.93),每个公司年报分别由两人独立编码,第三人核对和协调,最终取平均值作为披露水平。虽然公司也可通过新闻媒体等途径披露环境信息,但公司年报是公司与外部投资者沟通的最重要、最权威和投资者必读的文件。其他途径的信息由于不够权威而作用有限。另外,Dhaliwal et al.(2012)指出,公司社会信息披露的政策在年报、社会责任报告等不同途径表现出相同倾向性,即社会信息披露水平高的公司,无论是在年报、社会责任报告等哪个披露渠道,都会有高的披露水平,因此我们认为年报的环境信息披露最具代表性。

2. 企业的投资水平(IL)和现金流(CF)这两个变量参照 Fazzari et al. (1988)和其他相关文献进行定义。企业投资水平(IL)为现金流量表中"构建固定资产、无形资产和其他长期资产所支付的现金"除以"资产总额",现金流(CF)为"经营活动产生的现金流量净额"除以"资产总额"。

3. 财务不透明度(TSP)。我们参照 Hutton et al.(2009)和潘越等(2013),以公司盈余管理程度来构建公司的财务信息不透明度指标。具体地说,用分行业分年度的修正 Jones 模型估计出可操控性总应计利润,用前三期的可操控性总应计利润的绝对值之和作为财务不透明度指标。

4. 政府治理水平(GMT)。本章借用王小鲁等(2013)的政府行政管理指数来表示政府治理水平,并按照中位数进行分组构成虚拟变量,即低于中位数的就被认为是政府治理水平低的地区,赋值为 0,其他赋值为 1。该指数自 2006 年起每两年一次对全国 29 个省级政府的政府行为的规范性进行评价。为适应本研究,我们对空缺年份数据用插值法补全。由于没有西藏和青海的评价数据,在与政府治理水平相关的研究中,我们删除了这两个地区的样本。

5. 分析师跟进(AL)。我们以每年对公司发布分析报告的分析师人数,作为分析师跟进的测度。经计算并参考王玉涛和王彦超(2012),跟进每家上市公司的分析师人数中位数约为 3,我们一方面以其中位数为界将样本分为"多分析师跟进组"与"少分析师跟进组"两个子样本;另一方面在敏感性分析中将样本按跟进的分析师数量,从多至少分为 5 组来反映分析师跟进数量多少的影响。

6. 其他解释变量。我们据 Fazzari et al.(1988)选择了控制变量:公司规模(SIZE)为总资产的自然对数,成长性(GROWTH)为销售额的年增长比率,资产收益率(ROE)为净利润除以净资产,资产负债率(LEV)为年末负债除以资产总额。

二、数据描述

表 10-1 为变量定义和统计性描述。从中可以看出,环境信息披露水平平均值为 5.69,标准差为 4.82,说明即使在同一行业中,公司之间的环境信息披露水平也存在较大差异。投资水平的平均值为 0.07,超过了现金流水平的平均值 0.06,直观地说明了公司的外部融资需要。财务不透明度指标平均值为 0.21。样本公司的成长性、净资产收益率和资产负债率的标准差相对较大,说明样本具有随机性特征。

表 10-1　变量定义及其统计性描述

变量	符号	定义	均值	标准差	中位数	最小值	最大值
环境信息披露	ED	按 Clarkson et al.(2008)计算	5.69	4.82	4	0	39
投资水平	IL	现金流量表中"构建固定资产、无形资产和其他长期资产所支付的现金"/资产总额	0.07	0.07	0.06	0	0.45
现金流	CF	经营活动产生的现金流量净额/资产总额	0.06	0.08	0.05	−0.47	0.42
不透明度	TSP	前三期可操控性总应计利润绝对值之和	0.21	0.14	0.18	0.01	1.03
政府治理水平	GMT	低于中位数为0,其他为1	0.504	0.502	1	0	1
分析师跟进	AL	发布分析报告的分析师数量	4.45	6.28	3	0	46
公司规模	SIZE	总资产的自然对数	21.68	1.00	21.71	19.37	24.47
成长性	GROWTH	销售额的年增长比率	0.09	0.26	0.004	−0.52	2.74
净资产收益率	ROE	净利润/净资产	0.02	0.16	0.02	−2.21	0.76
资产负债率	LEV	年末负债/资产总额	0.30	0.28	0.30	0.0001	1.11

资料来源:环境信息披露指标从公司年报中手工收集,其他指标来自于CSMAR数据库。

第五节　实证结果与分析

一、样本的初步分析

为初步分析环境信息披露对融资约束的影响,我们将披露水平大于中值者归类为高披露水平企业样本,并对两组样本分别做投资与现金流的散点拟合图,如图10-1所示。从图中可以看到,在低披露水平样本中,投资与现金流存在显著的正向联系,而在高披露水平样本中,两者的正向关系显著弱于前者,这初步反映出提高环境信息披露水平可以缓解现金流对投资的约束。

第十章 企业环境信息披露与融资约束

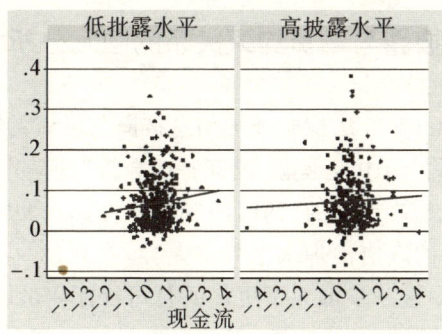

图 10-1 投资与现金流散点拟合图

注：纵轴为投资水平

我们以中值为界，将样本分成政府治理水平高与低两组，在每组中将样本按财务不透明度指标排序后分成由低到高的 5 个等级，每个等级的平均披露水平情况如图 10-2 所示。从图中可看出，政府治理水平高的地区，其披露水平总体上要高于政府治理水平低的地区。在政府治理水平低的地区中，财务不透明度等级越高，披露的水平越低；但在政府治理水平高的地区，不同财务透明度公司的披露水平均保持在 4 左右，最不透明企业具有最高的披露水平。这初步展示出政府治理水平和财务不透明度具有调节企业环境信息披露的融资约束缓解效果的作用。

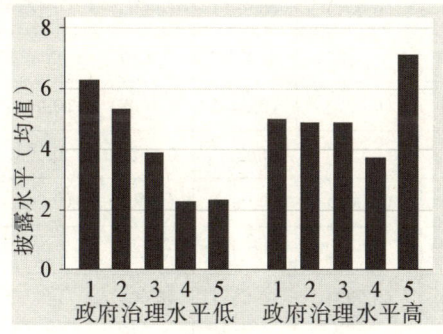

图 10-2 披露水平柱状图

注：数字 1 至 5 为财务不透明度由低到高的 5 个等级

二、环境信息披露与融资约束关系的回归分析

我们首先采用 OLS 方法检验环境信息披露与融资约束的关系,结果如表 10-2 所示。我们在列(1)中仅考虑"投资—现金流"的静态模型中的最基本变量;为避免由于时间趋势带来的"伪回归"问题,在列(2)中控制了宏观固定效应;考虑到不同地区的政府治理水平具有差异,在列(3)中进一步控制了省份固定效应,在列(3)中进一步加入了更多的公司特征变量以控制公司的异质性影响。从表中列(1)至(4)总体来看,静态基准模型中现金流(CF)的系数均显著为正,这反映出公司总体上存在一定的融资约束。与此同时,现金流与披露水平的交互项(CF×ED)均显著为负,这表明公司披露的环境信息的增加有助于降低融资约束水平,即假设 10-1 成立。另外,随着控制的因素越多,信息披露的融资约束减缓效应越大,这反映出宏观因素、地区差异和公司自身特点均对融资约束行为产生影响。

表 10-2 OLS 静态与差分 GMM(FD-GMM)估计结果

因变量:IL	(1)	(2)	(3)	(4)	(5)	(6)	(7)
	OLS 静态基准分析				差分 GMM(FD-GMM)分析		
CF	0.113**	0.095*	0.115**	0.103*	0.345**	0.298**	0.277**
	(0.053)	(0.054)	(0.055)	(0.053)	(0.164)	(0.132)	(0.138)
CF×ED	−0.017**	−0.015**	−0.021***	−0.019**	−0.087***	−0.066***	−0.069***
	(0.007)	(0.007)	(0.007)	(0.008)	(0.031)	(0.023)	(0.024)
ED	0.002***	0.002***	0.002***	0.002**	0.003	0.001	0.003*
	(0.001)	(0.001)	(0.001)	(0.001)	(0.002)	(0.002)	(0.002)
SIZE	−0.003	−0.002	−0.002	−0.004	−0.008***	−0.007**	−0.006**
	(0.003)	(0.003)	(0.003)	(0.003)	(0.003)	(0.003)	(0.002)
GROWTH				0.010		0.005	0.020
				(0.009)		(0.014)	(0.014)
ROE				0.041*		−0.019	−0.024
				(0.021)		(0.026)	(0.028)
LEV				−0.018*		−0.023**	0.023

续表

因变量:IL	(1)	(2)	(3)	(4)	(5)	(6)	(7)
	OLS 静态基准分析				差分 GMM(FD-GMM)分析		
				(0.010)		(0.009)	(0.023)
IL 滞后一期					0.344***	0.407***	0.344***
					(0.054)	(0.056)	(0.058)
宏观固定效应	不控制	控制	控制	控制	不控制	不控制	控制
省份固定效应	不控制	不控制	控制	控制	不控制	不控制	控制
截距项	0.112*	0.102*	0.138*	0.111	0.205***	0.177***	0.156***
	(0.064)	(0.061)	(0.071)	(0.071)	(0.066)	(0.057)	(0.057)
减缓效应(%)	15.04%	15.79%	18.26%	18.45%	25.36%	22.22%	24.79%
Sargan 检验					29.53	39.38	35.52
					(0.08)	(0.28)	{0.26}
AR(2)检验					1.15	1.5	1.64
					(0.25)	(0.13)	(0.1)
样本数	568	568	568	568	426	426	426
R^2	0.015	0.041	0.109	0.099			

注:系数括号内为标准误;宏观和省份固定效应分别采用相应年份或省份虚拟变量进行控制,下同;减缓效应=$(\beta_2/\beta_1) \times 100\%$,反映相对不披露时,披露对融资约束缓解的相对效应,下同;Sargan 和 AR(2)检验量括号内均为对应的 P 值;AR(1)检验均在 5% 显著水平通过,结果略,下同。

  采用静态模型 OLS 分析得到了本章的主体结论,但是,实证分析中还可以存在以下几个问题:首先,现金流与环境信息披露水平等解释变量可能与不可观测的公司固定效应(λ)相关,造成系数估计的偏误。为此,我们采用一阶差分方法消除掉不可观测的公司固定效应。其次,差分后的方程仍可能存在解释变量与误差项相关的问题,例如,当随机误差项存在序列相关时,ΔIL_{it-1} 与 $\Delta \epsilon_{it}$ 相关导致系数 μ 估计偏误,为得到一致性估计,我们可采用投资水平(IL)的 $t-2$ 期以上的滞后项作为工具变量进行 GMM 回归。再次,公司投资与公司规模(SIZE)等控制变量之间可能存在反向因果关系,为此,我们对这些控制变量进行滞后一期,解决可能存在的同时性偏差问题。最后,我们视其高阶滞后项为前定变量作为现金流与环境信息披露的工具变量解决其可能的内生性问题。

基于以上考量,我们采用差分 GMM(FD-GMM)动态面板方法利用总体样本进行估计。在表 10-2 列(5)中我们仅控制了公司规模(SIZE)变量。从表中可以看出,现金流(CF)系数显著为正,这也反映出样本公司总体上存在融资约束。与此同时,现金流(CF)与环境信息披露水平(ED)交叉项的系数显著为负,这说明提高环境信息披露水平可以缓解融资约束。在列(6)中当我们加入其他解释变量,公司融资约束(β_1)和缓解效应(β_2)略有下降,但系数仍然很显著。考虑到所有公司面临的共性宏观冲击,例如,宏观财政金融政策以及重大环境事故等可能会影响公司的融资约束情况,我们用年份控制住宏观固定效应,从表 10-2 列(7)中可以看出宏观固定效应显著存在,融资约束系数为 0.28 且缓解效应保持在 -0.07,两者均显著。在现金流的中值水平,经环境信息披露减缓后的融资约束系数为 0.002,这反映出环境信息披露具有较大的融资约束缓解效应。相对未披露情形,披露的融资约束缓解相对效应为 24.79%,该效应大于 OLS 基准结果,反映出 OLS 低估了环境信息披露的效果。表中 Sargan 检验和 AR(2)检验均在 5%的显著水平上通过,因此,模型中的工具变量是有效的。总之,从表 10-2 列(5)(6)和(7)来看,样本公司总体上存在融资约束,提高环境信息披露水平可以减缓其融资约束,从而进一步支持了假设 10-1。

三、调节变量的作用

为检验财务不透明度的调节作用,我们以财务不透明度指标中位数为界,把样本分为"不透明度高"与"不透明度低"两个子样本,通过采用差分 GMM 方法估计得到结果,如表 10-3 所示。从表中列(1)和(2)可以看出,在"不透明度低"的子样本中,虽然融资约束系数与缓解系数的符号与理论预期相同,但是两者均不显著,这反映出在"不透明度低"的样本中,环境信息披露的融资缓解效应并未体现。与之相反的是,在"不透明度高"的子样本中,融资约束系数与缓解系数均显著,这表明"不透明度高"子样本公司面临显著的融资约束,环境信息披露显著地缓解了该约束。我们认为,透明度影响环境信息披露效果的原因在于:公司的环境信息披露,减少了资金提供者关于公司环境风险对公司发展影响方面的担忧;增量信息能够让资金提供者更加准确地估计未来公司的现金流情况,降低了不能收回本息的风险,从而能够缓解公司面临的融资约束。总之,实证结果支持了假设 10-2。

表 10-3　财务不透明度和政府治理水平的调节效应分析结果

因变量:IL	(1) 不透明度高	(2) 不透明度低	(3) 政府治理水平高	(4) 政府治理水平低	(5) 分析师跟进少	(6) 分析师跟进多
CF	0.190**	0.049	0.539***	0.048	0.06	0.21*
	(0.082)	(0.225)	(0.154)	(0.175)	(0.09)	(0.10)
CF×ED	−0.037**	−0.043	−0.094***	−0.023	−0.01	−0.04***
	(0.016)	(0.028)	(0.024)	(0.037)	(0.02)	(0.01)
ED	−0.002*	0.003	0.005***	0.000	0.0002	0.003*
	(0.001)	(0.003)	(0.002)	(0.002)	(0.002)	(0.001)
IL 滞后一期	−0.055	0.419***	0.241***	0.390***	0.37***	0.11**
	(0.075)	(0.067)	(0.039)	(0.067)	(0.06)	(0.03)
宏观、省份固定效应	控制	控制	控制	控制	控制	控制
减缓效应(%)	19.59%		17.45%			18.55%
Sargan 检验	30.98	28.12	27.63	28.35	36.04	37.53
	(0.19)	(0.3)	(0.33)	(0.29)	(0.42)	(0.35)
AR(2)检验	0.75	0.09	1.37	0.86	1.08	1.02
	(0.45)	(0.93)	(0.17)	(0.39)	(0.28)	(0.31)
样本数	250	176	218	208	244	154

注:系数括号内为标准误;为节省篇幅我们省略了变量 SIZE、GROWTH、ROE、LEV 和截距项的结果,备索。

为了检验政府治理的调节作用,我们按公司所在地政府治理水平指数是否在中位数以上,将样本分类为"政府治理水平高"和"政府治理水平低"两个子样本,采用差分 GMM 方法估计得到的结果见表中列(3)和(4)。从中可以看出,在政府治理水平高样本组中,投资水平与现金流、环境信息披露水平分别显著正相关,和现金流与环境信息披露水平的交乘项显著负相关,表明环境信息的披露可以显著降低公司的融资约束。而在政府治理水平低样本组中,现金流与环境信息披露水平的交乘项系数并不显著。两组样本回归结果的对比,显示出当地政府政策和行为的规范性,显著影响了企业环境信息披露的作用,支持了假设 10-3。

为检验分析师跟进解读的影响,我们将总样本以分析师跟进数量中位数①为界把样本分为"跟进多"与"跟进少"两个子样本,通过采用差分 GMM 方法估计得到的结果见表中列(4)和(5)。从中可以看出,在"跟踪少"子样本中,虽然融资约束系数与缓解系数的符号与理论预期相同,但是两者均不显著,这反映出在分析师跟踪少的样本中,环境信息披露的融资缓解效应并未体现。与之相反的是,在"跟进多"子样本中,融资约束系数与缓解系数均显著,这表明"跟进多"子样本企业面临显著的融资约束,环境信息披露显著地缓解了该约束效应;相对未披露情形,披露的融资约束缓解相对效应为 18.55%。实证结果支持了假设 10-4。

第六节　敏感性分析

我们在上文中将其他解释变量滞后一期减小了"同时性偏差"问题,并采用差分 GMM 方法避免了解释变量与公司固定效应可能存在的相关性。但是,实证分析中还可能存在以下几个问题:其一,环境信息披露水平由人工打分得来,可能受到编码员主观评判的影响,从而影响到估计结果的稳健性;其二,Kaplan and Zingales(1997)、Allayannis and Mozumdar(2004)两文对 Fazzari et al.(1988)的"投资—现金流"模型进行了批评,认为融资约束与投资—现金流敏感性之间并不存在必然的单调关系,特别是当公司陷入财务困境(以负现金流为标志)时,公司融资约束程度与投资—现金流敏感性负相关,因此,本章需要注意公司具有"负现金流"对研究结论的影响;其三,考虑到有些公司只在社会责任报告中披露相关环境信息,我们需将其中的 102 个有披露独立社会责任报告的样本与基于环境信息披露的样本进行数据合并,以保证披露信息的完整性;最后,相对于"投资—现金流"等模型的间接性,"KZ 指数"可能是更直接地衡量企业融资约束的方法,我们也采用"KZ 指数"做稳健性分析。

---

① 经笔者计算并参考王玉涛和王彦超(2012),我国上市公司的分析师跟进数量中位数约为 3。

一、基于环境信息披露等级的分析

(1)针对环境信息披露水平可能不是非常精确的稳健性分析

我们将环境信息披露水平从高到低排序后分为 5 个组(等级),每组中的样本根据其环境信息披露水平值对应等级号(EDcat)。通过多等级量化法,我们既区分了不同披露水平的效应,又减小了内容分析法可能产生的误差。因此,在动态回归模型(4)中,我们采用环境信息披露等级变量(Edcat)代替原环境信息披露水平变量(ED)进行回归,结果见表 10-4 列(1)。此时我们仍然发现了显著为正的融资约束,同时环境信息披露等级(EDcat)的缓解作用也是显著的。因此,采用环境信息披露等级(EDcat)来代替环境信息披露水平(ED)时,我们的结论相同,这反映出考虑环境信息披露水平测量性误差后本章的结论仍较为稳健。

表 10-4 敏感性分析结果

因变量:IL	(1) 总样本	(2) 正现金流	(3) 负现金流	(4) OLS 静态	(5) 差分 GMM
CF	0.443**	0.556***	−0.094	0.083*	0.243**
	(0.223)	(0.174)	(0.111)	(0.049)	(0.116)
CF×EDcat	−0.053**	−0.119***	0.002		
	(0.023)	(0.031)	(0.018)		
EDcat	0.002	0.007***	−0.004***		
	(0.002)	(0.003)	(0.001)		
CF×ED_SRR				−0.013**	−0.048**
				(0.006)	(0.019)
ED_SRR				0.002**	−0.002
				(0.001)	(0.001)
SIZE	0.029**	0.022	0.030*	−0.005	−0.007***
	(0.014)	(0.017)	(0.018)	(0.003)	(0.003)
GROWTH	−0.025	0.015	−0.018	0.011	0.007
	(0.026)	(0.031)	(0.031)	(0.009)	(0.014)

续表

因变量：IL	(1) 总样本	(2) 正现金流	(3) 负现金流	(4) OLS 静态	(5) 差分 GMM
ROE	0.024	0.052*	0.060**	0.042*	−0.011
	(0.023)	(0.027)	(0.028)	(0.021)	(0.024)
LEV	0.029**	0.022	0.030	−0.018*	−0.027***
	(0.014)	(0.017)	(0.018)	(0.010)	(0.009)
IL 滞后一期	0.363***	0.292***	−0.136***		0.362***
	(0.059)	(0.052)	(0.025)		(0.064)
宏观、省份固定效应	控制	控制	控制	控制	控制
截距项	0.11	0.12	0.000	0.133*	0.212***
	(0.06)	(0.07)	(0.04)	(0.070)	(0.061)
减缓效应(%)	12.00%	21.37%	2.07%	15.66%	19.75%
Sargan 检验	40.84	32.06	35.51		45.63
	(0.23)	(0.41)	(0.26)		(0.11)
AR(2)检验	1.54	0.44	−0.93		1.07
	(0.12)	(0.66)	(0.35)		(0.28)
样本数	426	340	86	568	426

注：系数括号内为标准误；为节省篇幅我们省略了变量 SIZE、GROWTH、ROE、LEV 和截距项的结果，备索。

(2)针对现金流为负时模型结论是否一致的稳健性分析

当现金流为负时，我们参照 Allayannis and Mozumdar(2004)将样本归为陷入财务困境的公司类别。按现金流是否为负将公司分成两个子样本分别回归的结果见表 10-4 列(2)和(3)。可以看出，在"负现金流"子样本中，约束系数确实为负，但不显著，陷入财务困境的样本量较少，"正现金流"子样本占到 80%，从表 10-3 的列(2)中可以看出，"正现金流"子样本的系数均符合"投资—现金流"模型的预期，这说明"投资—现金流"模型是适合于本章污染行业上市公司研究的。

二、采用虚拟变量来考察环境信息披露的作用

为进一步量化不同披露水平等级的缓解效应大小,我们采用虚拟变量来表示"最低披露等级组"之外的其他四个组,从而可以比较不同披露等级相对最低披露等级的缓解效应,即计量模型(5):

$$IL_{it} = \alpha + \mu IL_{it-1} + \beta_1 CF_{it} + \underbrace{\sum_{l=2}^{5}\beta_2^l CF_{it} \times ED_{it}^l + \sum_{l=2}^{5}\beta_3^l ED_{it}^l}_{\text{披露水平等级分类}} + \gamma X' +$$

$$YEAR_{it} + \lambda_i + \varepsilon_{it} \qquad (公式 10\text{-}5)$$

其中 ED_{it}^l 为公司 i 在 t 期的第 l 个披露水平等级;β_2^l 为不同披露等级相对最低披露等级(即等级 1)的缓解效应大小。差分 GMM 方法估计结果如图 10-3 所示,图中横轴为披露的不同等级,纵轴为公式 10-5 中的 β_2^l 系数,反映缓解效应的大小。从图 10-3 可以看出,缓解效应与披露水平呈正相关关系。

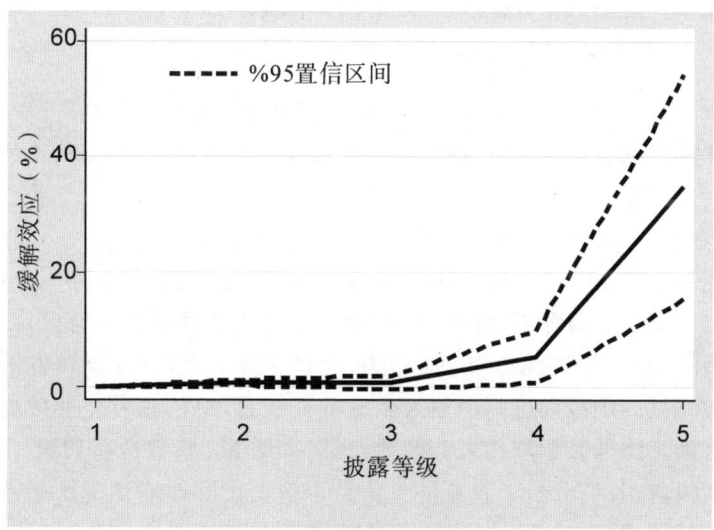

图 10-3 披露等级与缓解效应

三、合并年报与社会责任报告中环境信息披露的检验

考虑到有些公司有可能因为发布社会责任报告等独立报告,从而减少在年报中的环境信息披露,因此我们将其中的 102 个有披露独立报告的样本,合并其年报与独立报告中的环境信息,进行稳健性分析,结果如表 10-4 的列(4)和(5),其中列(4)为采用 OLS 的基准静态分析,其结果与表 10-2 中的 OLS 静态结果一致,另外列(5)为采用差分 GMM 的分析结果,从中可以看出,环境信息披露仍具有显著的融资约束缓解效应。总之,合并年报与独立报告中的环境信息后,本章的结论仍稳健。

四、采用 KZ 指数分析

我们参照了(梁权熙等,2012)构建 KZ 指数,用另一种方式考察环境信息披露对融资约束的影响。计量模型为:

$$KZ_{it} = \alpha + \beta EDDUMMY_{it-1} + \gamma_1 SIZE_{it-1} + \gamma_2 GROWTH_{it-1} + \gamma_3 ROE_{it-1} + \gamma_4 LEV_{it-1} + YEAR_{it} + \varepsilon_{it} \quad (公式 10-6)$$

其中,被解释变量为 KZ 指数,该指数越大表明融资约束越高。EDDUMMY 为披露环境信息的虚拟变量,当企业披露环境信息时为 1,否则为 0,为降低反向因果关系我们将其滞后一期。我们预期 EDDUMMY 的系数显著为负,即企业披露环境信息有助于降低其未来的融资约束程度。

采用 KZ 指数的分析结果见表 10-5,其中列(1)~(3)为全样本分析结果,列(4)~(7)展示了财务不透明度和治理水平的调节效应。在列(1)中我们仅控制滞后一期的 EDDUMMY,列(2)中我们控制了宏观、行业和省份三个固定效应,在列(3)中我们进一步加入企业特征变量,总体来看企业披露环境信息显著有助于降低其融资约束。因此,我们采用 KZ 指数分析假设 10-1 仍然成立。同样的,我们分析了企业财务信息不透明度和政府治理水平的调节作用,采用 KZ 指数分析仍然发现披露的效果均在不透明度高和治理水平高的样本中显著,这反映出信息不对称条件下环境信息对财务信息的补充作用,对环境的治理水平也加强了该环境信息发送的效率,进而能有效地降低该地区信息披露企业的融资约束。

表 10-5　采用 KZ 指数的分析结果

因变量:KZ	(1)	(2)	(3)	(4)	(5)	(6)	(7)
	全样本			不透明度高	不透明度低	治理水平高	治理水平低
EDDUMMY	−0.978*	−0.991**	−0.940**	−1.299**	−0.533	−1.131*	−0.494
滞后一期	(0.498)	(0.415)	(0.407)	(0.602)	(0.560)	(0.617)	(0.557)
SIZE			0.003	−0.058	0.011	0.159	−0.044
			(0.114)	(0.166)	(0.147)	(0.134)	(0.156)
GROWTH			−0.269	0.021	−0.241	−0.143	−0.587
			(0.340)	(0.627)	(0.362)	(0.425)	(0.448)
ROE			−1.383*	−1.603*	−1.446	−0.640	−1.254*
			(0.719)	(0.966)	(0.949)	(2.318)	(0.717)
LEV			5.094***	5.358***	4.257***	5.449***	6.517***
			(0.711)	(1.065)	(1.052)	(1.110)	(0.931)
宏观固定效应		控制	控制	控制	控制	控制	控制
行业固定效应		控制	控制	控制	控制	控制	控制
省份固定效应		控制	控制	控制	控制	控制	控制
截距项	3.765***	1.647**	−0.754	1.521	−0.625	−3.057	1.197
	(0.490)	(0.660)	(2.351)	(3.406)	(3.024)	(2.883)	(3.078)
样本数	555	555	555	303	252	282	273
R^2	0.015	0.242	0.345	0.340	0.445	0.321	0.234

注:系数括号内为标准误。

总之,在考虑了内生性、变量测量误差和模型适用性后,本章的实证结果仍较为稳健。

第七节　结论与政策启示

基于经典自愿性披露理论,我们分析了化工行业公司自愿性环境信息披露对公司所受融资约束的影响后发现:公司通过自愿性环境信息披露,可以降低公司面临的投资约束。进一步分析发现,公司的财务不透明度对这一作用具有重要影响。这一作用在财务不透明度高的公司中得到很好的发挥,表明了自愿性环境信息对财务信息具有补充完善的作用。特别是在财务信息不充分的情况下,企业环境信息披露对投资者具有较好的信息增量作用。另外,这种作用只在当地政府治理水平高的公司中表现显著,说明了当地政府政策和行为的规范程度,影响了公司自愿性环境信息披露的动机与效果。

　　本章的研究对信息披露政策制定具有参考作用。首先,本章结果显示了融资动机显著地影响着公司的环境信息披露行为。如果信息披露制度和融资行为更加密切地联系起来,公司的披露行为就会更加积极主动。其次,政府的态度与行为,对公司披露相关的社会责任信息的效果有明显的影响。当政府日益重视公司的社会行为时,公司的社会信息披露水平就会越来越全面和有价值。再次,当前对企业环境信息披露等的要求仍不够具体,只停留在主题层面的要求,对各主题下公司该披露哪些数据等,仍由公司自由决定,这就无法使公司的环境信息披露做到"可信、可比和全面",难以发挥环境信息披露的作用。如果要充分发挥环境信息披露的作用,还需要进一步完善环境信息披露的要求,以最终形成环境信息披露的"分离均衡":环境绩效好的公司披露水平高,环境绩效差的公司披露水平低,两者不会互相模仿。这时外部投资者就可以根据信息披露水平的差异,对公司的前途和风险进行判断,并做出投资决策,才能较好地实现用经济手段引导公司自觉提高环保努力的目标。

第十一章　企业环境信息披露与营销业绩

随着经济的迅速发展,科学技术的进步大大提高了人们的生活水平,同时生态破坏和污染问题亦加速发展,生态环境问题日益受到社会关注,全人类社会的环保意识逐渐提高,开始重视经济与环境的协调发展,企业履行环境责任成为趋势。企业本身以盈利为目的,非常关心履行环境责任对营销业绩的影响这一问题。本章以我国上市公司为研究对象,选取2012年494家企业的样本数据,研究分析企业环境责任对营销业绩的影响。研究发现企业环境责任与营销业绩之间存在负相关关系。这说明我国市场参与者整体上对企业履行环境责任并不注重,政府相关环境管理政策需进一步完善,才能实现可持续发展的目标。

第一节　研究背景

科技的加速发展使人类影响和改造自然的能力越来越强。随着自动化制造技术和智能机器人技术的推进,一般人类的基本需求,都可以在一个开关开启后,被机器和能源的组合源源不断地生产出来。人类的传统需求,如衣食住行等,得不到满足的情况已经一去不复返了,人均的物质消费在直线上升。为此,越来越多的石油和煤被燃烧以提供能源,越来越多的林地被转变为住宅和工厂,越来越多的水泥钢铁和化学物质被用来制造短期性消费品,生态平衡被破坏、温室效应、酸雨蔓延、核辐射污染等大范围的全球性环境问题,对人类社会的可持续发展提出了挑战。

20世纪90年代,英国学者约翰·埃尔金顿(John Elkington)提出了三重底线(triple bottom line)的概念,指出企业的成果考核,应该包括经济成果、环保成果和社会成果。经济成果就是企业传统的责任,包括以尽可能少的要素投入,生产出尽可能多的产品和服务,为股东创造利润,对政府缴纳税收,给员工发放优厚的工资。环保成果就是在生产运营的时候,要减少污染,保护自然环境免遭"不可逆的损害",使人类和自然界和谐共处。社会成果就是企业要承担社会责任等,为社会多做善事,做一个合格的社会公民。企业要取得可持续发展,必须同时照顾到这三个方面。之所以要强调三重底线的考核方式,是基于"你所考核的就是你关心的,考核引导最后的结果"。当企业开始采用三重底线的考核方式时,企业才称得上真正具有社会责任。为了推动三重底线的考核方式,1997年,全球首个企业社会责任认证标准——SA8000标准产生了。SA8000标准涉及环境保护、劳动条件、工会权力、员工的健康和安全及员工的培训和薪酬等设立最低的要求。SA8000标准属于企业自愿申请考核认证标准,得到了许多企业的认可,不少企业会将该标准的认证和实施视为理想的企业文化之不可或缺部分。

2003年中国政府颁布《关于企业环境信息公开的公告》,开启了中国企业环境信息披露的新阶段。自此,中国重污染行业企业的排污行为受到日益严格的监察。企业按照污染影响大小被分类,进入重污染类别的企业,按照《关于企业环境信息公开的公告》,必须公开发布上一年度的相关环境信息,其他企业则根据自愿原则进行环境信息披露。近年来,随着中国环保形势的恶化,社会对企业的污染问题日益关注,政府也不断发布与企业环境信息披露有关的法规文件,试图通过企业的环境信息披露,借社会之力加强对企业排污的监管。

不过,由于培养企业的环保意识是一个渐进的发展过程,当前中国企业环境信息披露的情况与发达国家还有较大差距。如果仅仅从成本收益原则分析,中国企业会在环境信息披露的利弊之间进行权衡:从成本方面讲,企业环境信息披露不仅产生像披露其他类别信息时一样的披露的直接成本,同时也意味着更多的披露的间接成本,比如过多地承担环境责任、增加投入环境管理的成本等,都会大大降低企业的边际利润;从收益方面讲,企业通过环境信息披露,可以树立良好的企业形象,可以得到更多消费者的青睐,提高产品销量,最终实现良好的经济绩效,带来经济利益。本章将研究企业环境披露对企业营销业绩最终体现出何种影响。

企业环境信息披露与营销利润之间的关系,是社会关心的话题,而当前的研究却比较少。环境信息披露是否能够提高产品的销量和价格,具有很强的实践指导意义。对此关系的研究,也可以促进政府环境政策的完善。

由于我国在改革初期经济底子薄弱,迫切需要提高人民的物质生活水平,因此对环境保护的重视程度偏低,从而造成大量的重污染型企业在中国开工生产,导致中国环境生态被严重破坏。当前,一方面中国经济已经提升到中等收入国家,人们的重点需求不再是吃饱穿暖,而是希望过上有蓝天白云和青山绿水的优美环境的生活。环境生态意识在人们的观念中迅速提升。环保的企业受到社会的支持,人们愿意溢价购买绿色产品,这使得研究企业环境信息披露与营销成效的时机变得成熟。

理论上的推断需要实证结果的支持。本章通过实证研究,可以展示中国企业环境信息披露是否以及如何影响到产品的营销,可为政府与企业的环境政策与决策提供理论参考,最终达到提高企业综合竞争力的结果。

第二节 文献回顾

一、企业环境责任的分析

现代的经济学观点认为,环境也是一种稀缺资源。如果不将环境资源计入产品成本,则对其他的企业和民众是不公平的,更会导致环境方面的"公地的悲剧",当前的全球变暖的情形就是一个例证:各国都明白全球变暖会导致自然灾害甚至威胁到人类的生存,但各国为了维护本国企业的竞争成本而都不愿意在限制排污方面采取行动。当然,为了避免地球的毁灭,最终人们被迫要采取环保行动。由于条件限制,个人和普通的组织产生的污染比较少,只有拥有大型设备的企业,才能生产出自然难以降解的化学物质和矿产品,并消耗大量的能源,因此企业是环境责任的主要承担者。企业的环境责任主要是指保护自然生态、减少自然资源消耗、减排环境难以承受的废弃物。

崔宁斌(2007)认为,企业通过消耗自然环境资源而谋求经济利益,所以有责任履行保护生态环境、维护环境公共利益的社会责任。Cormier and Magnan (2013)指出,企业只有获得利益相关者的支持才能生存和发展,而履行环境责任是获得利益相关者支持的主要对价之一。中国的法规比较完善,上市公司虚假披露会遭到严惩,因此企业虚假披露的情况比较少。由于虚假披露很容易被揭发和受到严惩,对于非强制的企业环境信息披露,如果环境绩效差,企业的理性选择是不披露。因此中国上市公司的环境信息披露水平,在某种程度上可以代表企业环境绩效的高低,从而影响到企业在外部利益相关者心目中的环保形象。

二、企业环境责任与营销业绩的关系

先前文献对环境信息披露与营销业绩的研究并不多。比较多见的是包括

环境信息披露的社会责任信息披露与营销业绩之间的研究,一般认为两者呈现正相关关系。有代表性的文献包括：

Brown and Dacin(1997)指出,公司的社会责任信息披露,可以影响顾客对公司产品的感觉,提高公司的销售溢价和公司价值。公司披露的社会责任信息可以产生公司联想(corporate associations),改善顾客对公司的态度。

Luo and Bhattacharya(2006)指出,顾客不只是有着经济方面的需求,作为家庭、社区和国家的一分子,顾客的利益需要是多维度的。此时,社会责任水平高的企业的产品能给顾客带来更高的满意度。更优秀的社会责任行为表现,能够提高公司在顾客心目中的地位,在顾客观念中被标示为好公司,这能在顾客心目中产生先验性的判断,反过来又会提高顾客的满意度。

Xu(2014)通过对消费者调研发现,快餐行业的消费者对公司的环境行为和绩效非常重视,企业是否做好环境的可持续发展决定了顾客的忠诚度和满意度。

Newman et al.(2015)指出,社会责任绩效好的公司,员工能够得到更高的自尊和精神满足感,员工愿意长期效力于令他们感到自豪的公司,并且对工作的投入也更多,从而使公司的营销业绩更好。

Dhaliwal et al.(2012)发现,一个国家或地区的民众的社会意识越强,文化中对公司社会责任的要求越高,企业的销售业绩受其环境信息披露的影响也越大。

由于企业环境责任这一概念在西方兴起较早,国外学者对企业环境责任、环境信息披露与营销业绩的课题研究得比较深入,有一定的研究成果。而我国学者对这方面的研究起步较晚,研究成果不够丰富,我国需借鉴国外的研究角度、方法和结论,再结合我国国情,更加深入地扩大研究。

第三节　理论分析及研究假设

一、理论分析

企业的环境责任(corporate environmental responsibility,简称 CER)是指企业在生产经营过程中应该承担的保护自然环境的责任,包括努力减少消耗生态自然资源、减少排放废弃物、维护生态环境,并充分及时地向社会公众

第十一章 企业环境信息披露与营销业绩

公布相关的环境信息。企业环境信息披露是企业公开披露其生产运营中涉及自然环境的信息。企业营销业绩是指企业在一定经营期间内的企业营销活动结果,一般可以用营销的财务指标来综合衡量。本章以会计指标来衡量企业营销业绩,包括总资产净利润率、净资产收益率、营业毛利率。

在短期内,企业环境信息披露与企业营销业绩的关系存在负相关关系。因为环境信息披露高的企业,往往意味着企业为环境保护进行了大量的投入。在当前市场竞争趋于白热化的时期,企业只能将其环保投入转移到产品上,希望能从支持环保的客户那里得到补偿。由于环境的外部性问题尚未能得到有效的解决,因此环保型企业和环保型产品,其产品价格显然会超过没有进行昂贵的环保投入企业的产品。同时,环境信息披露本身也会带来成本,包括环境信息披露的直接成本和间接成本。这些额外的成本,都只能被转移到产品价格中。在当前的中国,经济发展水平还不高,许多商品的购买者要么是经济比较困难,无力为环境友好型产品支付溢价,要么是环保意识不足,只注重过度追求经济利益,加重了自然生态环境的负荷。我国环境保护管理起步也较晚,国家环境策略以及相关环境监管部门监管力度不大,部分地方政府为追求经济利益对环境污染的企业存在宽容之心。这些因素都表明,在当前中国的现实中,社会为环境保护而牺牲经济利益的阶段还尚未到来,企业的环境投入和环境信息披露,在提高企业成本和出售价格的时候,对企业的营销绩效有不利的影响。

当然,企业的环境保护投入和环境信息披露,也能为企业带来一定的经济利益。政府和社区居民等利益相关者会了解企业为履行环境责任做出的贡献,当企业遇到困难时就会得到这些利益相关者的支持。进行环境投入的企业,占据了道德高地,在顾客心目中的地位形象得到提升,从而增加产品的受喜爱程度,提高销售。环境投入也会增加受雇员工的士气,吸引更多的优秀人才加盟。有些企业在为保护环境而改善生产技术,这种投资也会改善生产力,降低相关成本,增加产品销售和市场份额。社会中产品的购买者对环境的态度是有差异的。环保意识越强的购买者,越愿意花更高的价格,购买环境友好型产品。因此,环境爱好型产品购买者的分布情况,影响了企业环境信息披露水平对营销绩效的作用。另外,当地政府的环境管理政策越严格,污染型企业面临的政策成本将越高,甚至不采取治污措施的增加的政策成本将超过采取治污措施的投入,这时环境信息披露对营销绩效的正向影响就比较显著。

总的来看,环境绩效和环境信息披露,对企业的营销业绩具有正负两方面的影响。最终体现出正面影响还是负面影响,取决于诸多因素综合作用结果。理论上的争议需要实证结果的支持。因此,我们在此提出两个对立的研究假设:

假设11-1a:企业环境责任与企业的营销业绩之间存在负相关关系。
假设11-1b:企业环境责任与企业的营销业绩之间存在正相关关系。

第四节 研究设计

一、研究变量的设定

(一)被解释变量

为了体现研究的稳健性,我们同时使用了不同的经济绩效指标作为被解释变量,包括总资产净利润率(ROA)、净资产收益率(ROE)、营业利润率和营业毛利率四个指标,研究企业环境信息变量对企业营销绩效和经济绩效的影响。其中,总资产净利润率是综合性很强的指标,反映企业资产综合利用效果,包括生产效率、盈利水平、销售效率等。净资产收益率反映股东权益的收益水平,包括盈利水平、资金周转效率等。营业利润率反映企业经营效率,企业通过经营获取利润的能力。营业毛利率反映企业获利能力。

(二)解释变量

企业环境信息披露,是按照Clarkson et al.(2008)的方法对公司年报中的环境信息,使用文本分析法量化而来。如果企业同时披露了社会责任报告、环境发展报告或可持续发展报告,我们将这些独立报告中的环境信息与年报中的环境信息合并量化。

(三)控制变量

影响销售业绩的,包括企业的行业情况,不同行业的利润率差异很大。规模经济能降低企业的产品成本,从而获得很好的销售利润率。财务杠杆能够影响到产品的成本,因此也影响到了利润情况。因此本章以上述变量作为模型的控制变量,相关定义见表11-1。

表 11-1　模型变量描述表

变量名称	符号	定义
总资产净利润率	ROA	净利润除以总资产平均余数
净资产收益率	ROE	净利润除以股东权益平均余数
营业利润率	PM	营业利润除以营业收入
营业毛利率	GPM	营业收入减营业成本除以营业收入
环境信息披露	VED	以企业年报和网站的环境信息披露的长度来衡量
资产规模	SIZE	企业当年年末的总资产的自然对数
资产负债率	LEV	企业当年年报披露的资产负债率

二、实证模型和样本

(一)研究模型

本章用普通最小二乘法对环境信息披露水平与营销业绩的关系进行估计,具体模型为:

$$ROA = \beta_0 + \beta_1 VED + \beta_2 SIZE + \beta_3 LEV + \varepsilon \quad \text{(公式 11-1)}$$

$$ROE = \beta_0 + \beta_1 VED + \beta_2 SIZE + \beta_3 LEV + \varepsilon \quad \text{(公式 11-2)}$$

$$PM = \beta_0 + \beta_1 VED + \beta_2 SIZE + \beta_3 LEV + \varepsilon \quad \text{(公式 11-3)}$$

$$GPM = \beta_0 + \beta_1 VED + \beta_2 SIZE + \beta_3 LEV + \varepsilon \quad \text{(公式 11-4)}$$

(二)研究样本和数据

实证的样本,是 2012 年化工、造纸、钢铁、水泥、印染和酿造六个重污染行业的所有样本。在删除 ST 公司、发行 B 股的公司、同时在境外证券市场挂牌交易的公司、数据不完整的公司以及未上市的公司后,共得到 494 个样本。环境信息披露水平的相关资料从企业的年报和网站中手工收集,其他相关数据资料来自 CSMAR 数据库。

三、实证结果与分析

(一)变量间的相关性分析

变量间的相关性分析如表 11-2 所示。我们看到公司的环境信息披露与被解释变量之间存在着较强的相关性。

表 11-2　变量相关性检验表

变量	VED	ROA	ROE	SIZE	LEV	PM	GPM
VED	1.0000						
ROA	−0.0814	1.0000					
ROE	−0.1073	0.8346	1.0000				
SIZE	0.2507	0.0235	0.1367	1.0000			
LEV	0.0166	0.4209	−0.2678	−0.0338	1.0000		
PM	−0.0135	−0.0516	0.6934	0.1772	−0.4230	1.0000	
GPM	−0.2228	0.4191	0.4069	−0.1548	−0.1049	0.2389	1.0000

由表 11-2 可看出,环境信息披露与总资产净利润率(ROA)、净资产收益率(ROE)、营业利润率和营业毛利率之间都存在负相关关系;解释变量和控制变量之间,以及控制变量彼此之间的相关性较弱,说明这些解释变量与控制变量在进行回归模型时不太可能引起多重共线性问题,比较符合回归模型建立的条件。

(二)回归结果与分析

回归结果见表 11-3,从中可看出,环境信息披露 VED 与总资产净利润率(ROA)、净资产收益率(ROE)、营业利润率和营业毛利率之间都存在负相关关系,且营业毛利率和净资产收益率在统计上显著。通过 F 检验,F 值较大,大于临界值,表明线性回归模型整体上是成立的。普通最小二乘法的结果表明,在 2012 年度,中国的重污染企业的环境信息披露水平与销售业绩之间存在负相关关系。

表 11-3　多元线性回归结果(普通最小二乘法)

变量	经济绩效			
	ROA	ROE	PM	GPM
常数项	0.038 (0.60)	−0.623** (−5.52)	−1.356* (−3.66)	0.74* (4.54)
VED	−0.002 (−1.94)	−0.004* (−2.51)	−0.007 (−1.22)	−0.0115* (−4.30)
SIZE	0.002 (0.71)	0.037** (6.83)	0.073* (4.23)	−0.0186* (−2.44)
LEV	−0.06*** (−10.24)	−0.227*** (−8.17)	−0.35*** (−10.34)	−0.036* (−2.42)
样本数	494	487	494	494
调整 R^2	0.178	0.156	0.225	0.0655
F 值	36.72	29.79	6.695	12.51

注:括号中为 t 值。

普通最小二乘法回归虽然比较简单,但能够比较稳健地揭示出解释变量和被解释变量之间的关系。虽然本章尚难以断定两者之间的因果关系,但至少在 2012 年的六个重污染行业中,环境信息披露水平越高的企业,其销售业绩越差。

第五节　研究结论及启示

一、研究结论

本章实证研究了企业环境责任与营销业绩之间的关系,通过研究文献回顾和理论分析,再结合我国目前的情况,以 2012 年化工、造纸、钢铁、水泥、印染和酿造六个行业的上市公司为样本,实证了企业环境信息披露水平与营销业绩的关系,发现两者之间存在显著的负相关关系。本章的贡献是揭示了环境信息披露与企业经济绩效之间的关系,丰富了本领域的文献。

对此现象的解释可能是:企业规模越大,环境披露的压力越大,环境披露水平就越高;而大企业往往都是国企,所处的行业比较成熟,产品的价格有时会因垄断地位受到国家的管控,因此销售利润低。

二、政策建议

在我国,企业履行环境责任并没有伴随着好的营销业绩,意味着企业履行环境责任没有良好的经济激励。但随着环境生态问题的日益严重,各国对于环境保护高度关注重视,加强环境保护和企业履行环境责任已成为趋势。因此,本章提出针对性的建议。

1.我国应加强环境保护的宣传力度,舆论要大力褒奖环境绩效好的企业,引导消费者的环保责任意识和绿色消费观念,这样可推动企业增加环保努力和环境信息披露。

2.政府加快制定统一的环境信息披露法规,使企业环境信息披露具有完整性、可比性和可行性,才能达到通过环境信息披露倒逼公司提高环保绩效的作用。

第十二章 环境信息披露与公司债投资风险

Dhaliwal等(2012)指出,企业披露社会责任报告,可以提供更多的非财务信息,让人们对公司的价值把握得更加准确。作为社会责任信息的一部分,企业披露环境信息,应该也有助于减少信息不对称,帮助外部利益相关者更好地掌握企业的风险。因此,污染型企业披露环境信息,是否能够影响公司债评级机构评级准确性,是本章研究的主题。

本章使用2007—2013年间我国五家主要的信用评级公司的公司债评级数据,实证后发现,环境信息披露水平不能显著影响披露当年公司债评级准确性,但能够影响之后三年的评级准确性。总的来说,污染型企业披露的环境信息,能够减少信息不对称,帮助外部评级机构和投资者更好地把握企业的风险。

第一节 债券评级影响投资者判断

债券的投资收益波动相对较小,从而吸引了许多小投资者。但债权投资人不能像股权投资人那样直接介入公司的管理运营,因此债券投资者面临的信息不对称程度更大。债券评级是信用评级公司,按照一定的标准,对债券还本付息的能力和安全性进行评价,并以一定的等级标注出来,方便投资者参考。由专业的债券评级公司对公司进行监控,并用评级方式对投资者提供投资参考,可以有效减少信息不对称,减少投资者风险,才能为债券市场的健康发展提供保证,让资金优化配置到各资金需求者手中,满足好项目的融资需求。因此高质量债券评级是债券市场良性发展的基础,深受投资者关注。一旦公司债的评级被调降,其市场价值就会受到重大冲击。

作为以声誉为主要竞争力的服务业之一,信用评级经过一百多年的发展,截至2010年,全球范围内具有一定影响力的信用评级机构共有74家,在国际上形成了三大信用评级机构——穆迪（Moody's）、标准普尔（Standard & Poor）和惠誉（Fitch Ratings）占主导的寡头竞争格局。20世纪60年代末债券评级业务模式由投资者付费逐渐转换为发债人付费模式。这种转变虽然可以让评级机构接触到更多的公司资料，能够有助于评级质量的提高，但也带来市场对评级机构客观性和精确度的质疑。最初评级是自愿性的，但自1936年起，美国监管机构禁止银行购买投资级别以下的债券，从而使评级带有了强制性色彩。

公司债券所获评级的高低，影响了债券发行人获得资金的难度和成本，也是债券投资人决策的主要依据。但在互联网泡沫、美国次贷危机和欧债危机中，获得高评级的债券在短时间内突然出现了大幅度的市价下跌或偿付违约，引发了社会对评级机构评级准确性的质疑和批评浪潮，学术界也开始关注信用评级公司的评级质量问题。

中国债券市场起步较晚。早先只有银行间债券交易市场，交易的企业债券数量也很少，且参与者主要是银行、信托公司等机构投资者。2013年6月30日的数据显示，我国共有公司债452只。对证券交易所交易的债券需要通过中国证监会的审批，目前具有业务资格的信用评级公司为：中诚信证券评估有限公司、鹏元资信评估有限公司、联合信用评级有限公司、大公国际资信评估有限公司、上海新世纪资信评估投资服务有限公司（以下分别简称：中诚信、鹏元资信、联合信用、大公国际、上海新世纪）和东方金城国际信用评估有限公司。其中前五大评级公司所评级的公司债分别为158、119、95、42和38只，占全部公司债的35%、26.3%、21%、9.3%和8.4%，我国的公司债评级市场处于典型的寡头垄断市场。随着我国间接融资本市场的不断开放，我国的公司债市场必将迎来巨大的发展浪潮。因此，研究、指导和促进我国的债券评级行业发展意义重大。

公司债发行手续相对简单，投资者众多，市场规模最大。关于我国公司债评级精确程度测评的文章很少。我们参照James, Ang和Kiritkumar（1975）的方法，对我国五大公司债评级公司的评级精确度进行测算，丰富了债券评级精确度领域文献。另外，我们还发现了企业环境信息披露影响了债券评级精确度，从而揭示了企业环境信息披露能够影响外部投资者投资企业债券所承受的债券价格波动风险。

第二节 债券评级精确度的分析方法

债券评级精确度的衡量,主要体现在准确性和稳定性两个维度。由于内外部因素不断变化,评级的精确度只能是针对某些时间段而言的。另外,为满足评级稳定性要求,一些评级机构在调整评级时比较迟缓,这也导致了投资者的损失。

Mark Dilly(2014)指出,债券评级精确度受制于两个方面:方法和操作过程是否合理严谨、内外部影响因素。他将影响因素分为五个来源:第一个来源是利益冲突,主要是抑制提高评级质量的负面激励性因素,包括发行人付费制度、提高评级准确性所增加的成本、维持长期业务关系的需要、比较低的声誉关注度、议价能力不断降低等。比如,评级偏高可能是由于付费的发行人给评级公司的压力和利益的驱使所致;评级偏低可能是评级公司为了保护自己不受投资者因投资损失而追究而过于保守所致。第二个来源是评级标准的变化,有些文献指出当今的评级标准更加严苛,导致评级机构更加倾向偏低的评级。第三个来源是相关的评级方法对评级质量的影响,有些方法的风险预测能力,在商业周期方面比时点方面更低。第四个来源是数量型因素和质量型因素对评级的影响,比如有些数量性模型中人为设定"国家主权性天花板"等。第五个来源是分析师使用非数量信息对最后评级结果进行不恰当的调整。

James,Ang 和 Kiritkumar(1975)对多种债券评级方法进行了对比和分析,认为既然债券评级的本质就是在事前对债券违约或市价下跌的概率和程度进行预估,则合理的债券评级结果应该与债券的投资损益单调相关。如果事前所得的等级差别与事后的投资损益成正比,则评级就具有丰富的信息含量和参考价值。在此基础上,他们提出判定债券评级精确度的两种方法。第一种方法是测算 MSE,即测算每个债券的实际损益与期望损益之间的差异。具体来说,首先将所有横截面的债券根据过去所产生的财务损失按由小到大排列;其次将其按顺序分组并将小组均值作为对应等级债券"理应"具有的期望值;再次,加总每个债券的实际损失与其事先被评定的等级的期望值的差方,求平均后得到每个评级公司的 MSE 指标。评级公司的 MSE 越小,评级就越准。MSE 指标的计算见公式 12-1,其中 N 是全部债券的总个数;i 是放入第 j 组的债券个数;K 是评级组数量;D_{ij} 是 j 等级第 i 个债券的事后实际损失;Ref_j 是第 j 个债券等级的期望损失。

$$\mathrm{MSE} = \frac{1}{N}\sum_{i=1}^{n}\sum_{j=1}^{K}(D_{ij} - \mathrm{Ref}_j)^2 \qquad \text{(公式 12-1)}$$

损失可以分成质量型指标(是否违约)和数量型指标(债券市价下跌)两类。质量型指标可以转换成数量型指标进行比较。James，Ang 和 Kirit kumar(1975)根据 NBER 数据库给出了不同的违约状态(default status)所对应的赋值，如表 12-1 所示。

表 12-1 违约状态赋值表

违约状态	赋值
财务状况表现良好，或在债券到期时表现良好	0
目前表现良好，但有迹象表明或已有延迟或财务恶化情况发生	0.25
如果利息违约，但随后的还本没有违约	0.5
还本情况延迟或恶化	0.75
利息违约并随后本金违约	1

他们提出的数量型指标损失率 LOSS，是实现的收益率(realized yield)和承诺的收益(promised yield)之差。损失率测量了因为财务状况恶化而导致的债券市场价值的损失。由于承诺收益率一般包括时间价值或者说无风险收益，以及风险溢价两部分，因此在计算损失率时要将无风险收益率减除。若用国债收益率作为无风险收益率，则 LOSS 指标的具体计算公式为：

$$\mathrm{LOSS}_{i,t} = (Y_{i,0} - Y_{i,t}) - (R_{i,0} - R_{i,t}) \qquad \text{(公式 12-2)}$$

其中，$Y_{i,0}$ 是债券 i 在发行期 0 时投资 t 年的承诺的收益率(promised yield)，$Y_{i,t}$ 是债券 i 在 t 年后的观察到的实现的收益率(realized yield)。$R_{i,0}$ 是与债券 i 持续年份相同、发行时点相近的国债 i，在发行期 0 时的承诺的收益率；$R_{i,t}$ 是国债 i 在 t 年后的观察到的实现的收益率。

评级的累计准确度(cumulative accuracy profiles)是另一种测评评级精确度的指标。债券级别由低到高在横轴排列，并标明截止到每个级别的债券数量占总债券数量的比重。纵轴是累计违约率，指明截止到每个级别的累计违约率。将这些对应的点相连接就构成累计准确度曲线。这个曲线越凸向纵轴，表明违约越集中于低等级债券，评级准确性就越高。这种图示的方法比较直观地比较了不同评级公司的评级精确度状况。Samuel B.Bonsall IV(2014)用此方法对发债人付费和投资者付费两种模式的评级精确度进行了比较，发现发债人付费模式评级精确度更好。

还有一些研究,使用计量经济模型来间接评估债券评级的精确度,关注哪些因素会影响到评级精确度,其逻辑性在于同一级别的债券在一些重要特征指标上应该是相近的。Fisher(1959)使用多元回归模型来研究债券评级的准确性。Kaplan 和 Urwitz(1979)提出了另一个影响广泛的债券信用级别预测模型。但这一类研究往往先假定国际三大评级机构的评级本身是准确的并可以作为比较的基准。由于美国次贷危机导致国际三大评级机构的债券评级精确性受到质疑,这类研究的结论的可靠性也受到牵连。

综上所述,20 世纪以来,债券信用评级行业不断发展,西方学者对债券评级方法的分析也展开了深入的探讨,其对评级测算主流的研究方法主要是集中于对违约率的分析方面。而受限于我国的实际情况,我们难以采用这一方法进行测算,这也导致我国对该领略的研究尚浅,学术成果不够丰富,因此我们有必要对测算债券评级准确性的方法进行更进一步的研究。

第三节 研究方法与样本

债券评级包括发债主体的评级和债项本身的评级。本章集中于债项本身评级的精确度问题。由于远期的损失风险显然比近期损失风险更难预测,我们主要观测了各评级公司的事先评级与发行三年后债券实际损益的对比。考虑到我国债券市场的特殊情况[①],且债券的评级波动很小,因此无法使用事后违约率的方法进行评级精确度测算。因此我们使用了债券投资亏损 LOSS 指标衡量债券评级准确性,即比较不同评级公司赋予债券的级别与事后损益的对应情况。具体阐述如下:

YTM(到期收益率)代表了债券投资收益率。如果一切情况都不发生变化,到期收益率在债券的存续期间不会发生变化。如果债券的情况恶化,债券价格下跌,到期收益率会上升。因此,我们用发行时 YTM 减去存续期间某时点的 YTM,差值若为负,说明债券的投资人遭受了损失。引发这种损失的因素可分为系统性因素和债券本身因素。系统性因素是指影响全体债券的因素和时间因素,比如宏观经济衰退、央行基准利率调升等因素。债券本身的因素

[①] 我国监管机构非常注重维稳,严格的审批制度隐含着政府担保,所以至今只有"11 超日债"一个债券发生了实质性违约。

是债券项目经营情况恶化而导致债券价格下跌,使债券投资者蒙受损失。为了消除系统性因素的影响,我们将同债券相近的国债的收益率变化,作为系统性因素引发的投资收益波动,并将其从总投资损失中扣除,剩下的就是纯粹的债项本身基本面恶化而带来的损失,我们用LOSS来表示。一家评级公司LOSS指标的大小与债券等级对应性越强,说明其评级越精确,信息含量越丰富。

我国当前的公司债和国债都是按票面价发行的,所以发行时债券的承诺的收益率就是票面利息率。债券实现的收益率包括债券价格波动带来的损益和利息率两部分。债券投资 t 年后实现的收益率,等于购买时债券的持有期收益率($YTM_{i,0}$),减去 t 年后的持有期收益率($YTM_{i,t}$),加上票面利息率。我们找到与每一个公司债在发行时间和期限上最为接近的国债,计算出相同的指标进行对比。用YTM替换后,每个债券的 $LOSS_{i,t}$ 为:

$$LOSS_{i,t}=(YTM_{i,t}-YTM_{i,0})-(YTM_{j,t}-YTM_{j,0}) \quad (公式12-3)$$

其中,$YTM_{i,t}$ 代表第 i 个公司债 t 时期的持有到期收益率;$YTM_{j,t}$ 代表与公司债 i 接近的国债 j 在 t 时期的持有到期收益率。

若我国债券评级性十分准确,我们期望高等级债券不会因其价值波动让投资者蒙受损失,故其LOSS指标为负,而低等级的LOSS为正,并且假设低等级债券的LOSS减高等级债券的LOSS指标应显著为正。

由于我国公司债从2007年才开始起步,发行后超过4年的债券数量很少,结果不太稳定,因此我们只测算了发行后一年到三年的数据。在研究中我们剔除了东方精诚等小型评级公司所评级的公司债以及未评级的公司债,最后经过五大评级机构评级的公司债共452只,所有评级情况如表12-2所示。在具体的测算过程中,我们忽略了数量少于5个债券的等级。我们对每只公司债查询其票面利率、一年、两年、三年后的收盘到期收益率,再根据每只公司债的发行日期与发行期限寻找对应的国债的票面利率与收盘到期收益率,其发行日期相差不超过2个月,若没有找到发行期限完全吻合的国债,我们采取财务管理中普遍采用的插值法对国债的票面利率与收盘到期收益率进行近似的估计。我们的样本和相关数据均来自于万得数据库。

表12-2 评级情况一览表

评级公司	AAA	AA+	AA	AA−	A+	合计
中诚信	63	50	43	1	1	158
大公国际	32	8	2	0	0	42

续表

评级公司	AAA	AA＋	AA	AA－	A＋	合计
鹏元资信	2	24	81	11	1	119
联合信用	32	19	41	3	0	95
上海新世纪	7	14	16	1	0	38

第四节 债券评级准确性测算结果

1. 各评级公司内部不同等级公司债 LOSS 的比较

(1) 中诚信公司

该公司所评债券中，超过 5 个公司债的等级包括有 AAA、AA＋和 AA 三个等级。从表 12-3 可以看出，AA＋等级的指标均值都明显大于 AAA，且均值和中位数检验在发行后一年统计上显著。但是，AA＋的均值都明显大于 AA，均值和中位数检验在发行后两年在统计上显著。这说明中诚信的 LOSS 指标没有在不同等级之间表现出一致性。

表 12-3 中诚信公司不同等级 LOSS 指标

序号	等级	一年后		两年后		三年后	
		均值	中位数	均值	中位数	均值	中位数
(1)	AAA	0.019	－0.002	－0.108	－0.002	－0.368	－0.344
(2)	AA＋	－0.252	－0.334	－0.344	－0.003	－0.728	－0.286
(3)	AA	－0.03	－0.185	0.968	0.112	－0.481	－0.082
(2)－(1)		－0.271* (－1.643)	－0.332** (－2.15)	－0.236 (1.05)	－0.001 (－0.335)	－0.361 (－0.95)	0.058 (0.6)
(3)－(2)		0.222 (0.81)	0.149 (0.478)	1.3** (2.02)	0.115* (1.679)	0.247 (0.5)	0.201 (0.54)
债券数量		158		100		53	

注：均值比较使用 t 检验，差值下方括号中是 t 值。中位数比较使用 Wilcoxon 秩和检验，差值下方括号中是 z 值。

在投资 1 年后，投资者投资 AAA 级别债券比投资 AA＋债券，无论从中位数和平均数来看，都遭受了损失，且统计显著。在第二年和第三年也是为负。因此大体上可以说，中诚信公司对 AAA 和 AA＋两个等级债券的评判不是很准确。但是，对于 AA＋和 AA 两个等级的差额，指标值一至三年都为正，且在第二年统计显著，表明中诚信对这两者之间的区别的判断是比较准确的。

因此，测算结果表明，中诚信公司对高等级债券的评级精确度不高，对低等级债券评级较为精确。由于我国的债券评级采取的是发债方付费制，因此这会影响到债券评级公司的利益冲突，可能产生"说好话时比较随意，说坏话时比较谨慎"的现象。相对其他评级公司，中诚信评级中 AAA 数量最多、比例最大，有可能是基本面好的债券因为中诚信的制度和影响力找中诚信评级，也有可能是因中诚信容易给出 AAA 评级而吸引了一批急于获得最高等级的债券，即"高等级购买"行为。一般来说，在投资者付费制度下，低等级评级的可靠性可能会更高。

（2）大公国际

大公国际只有两个等级的债券评级数量超过了 5 个。该公司评级的公司债数量较少，市场份额有限。从表 12-4 来看，无论从均值还是从中位数方面，大公所评 AAA 等级的债券 LOSS 指标基本为正。与 AA＋债券相比，AAA 级别债券在具有显著统计性的第一年，无论是平均数还是中位数，都小于 AA＋债券。这表明大公国际所评的最高等级债券，为投资者带来了损失，且高等级债券的损失大于低等级债券，说明大公的评级精确度不高。

大公国际所评级的债券数量较少，虽然小样本情况存在一定偶然性，数据分析并不一定可靠，但从直观上看，大公国际所评级的 42 只债券中，其中 32 只都给出了 AAA 的评级，占比 76.19%，该比例远大于其他四家公司。或许"高等级购买"这一问题在大公国际身上更为严重。

表 12-4　大公国际不同等级 LOSS 指标

序号	等级	一年后		两年后		三年后	
		均值	中位数	均值	中位数	均值	中位数
（1）	AAA	0.162	0.001	0.253	0.355	－0.263	0.141
（2）	AA＋	－0.478	－0.432	0.95	0.612	－0.925	－0.562
（2）－（1）		－0.64*** (－4.04)	－0.433*** (－3.99)	0.697 (1.67)	0.257 (1.52)	－0.728 (－1.01)	0.058 (0.6)
债券数量		40		22		12	

（3）鹏元资信

鹏元资信的评级过程或许比较严格,在所评的 119 只债券中,只有 2 只被评为 AAA,占比 1.68%,这与大公国际的 76.19% 形成了鲜明的对比。在发债方付费制下,这或许也会导致发债公司更倾向于寻找大公国际来评级,而找鹏元资信评级可能会被认为是一种得不偿失的行为。若所有评级公司的评级尺度严格统一,按理说不会出现这么大的差别。孰对孰错难以判别,但这也或多或少暴露出我国评级标准尚不规范、评级制度尚不健全的问题。

从表 12-5 来看,较高等级的债券收益较好,如 AA＋等级债券投资收益超过 AA 等级债券,且在发行后一年无论是均值和中位数检验都统计显著。但 AA 等级的投资收益比 AA－要低。鹏元资信所评的高等级债券,发行后第一年的指标显著为正,但其所评低等级债券中,第二年显著为负。这些结果说明鹏元资信的评级精确度,在较高等级债券方面表现较好,尤其是在短期的把握上更为精准。

表 12-5　鹏元资信不同等级 LOSS 指标

序号	等级	一年后		两年后		三年后	
		均值	中位数	均值	中位数	均值	中位数
(1)	AA＋	－0.7	－0.415	0.57	0.526	－0.221	－0.155
(2)	AA	0.17	－0.005	0.52	0.198	0.209	－0.339
(3)	AA－	－0.596	－0.007	－0.658	－0.226	－0.009	－0.009
(2)－(1)		0.87** (2.24)	0.41* (1.94)	－0.05 (－0.12)	－0.33 (－1.01)	0.43 (0.78)	－0.184 (－0.57)
(3)－(2)		－0.766 (－1.41)	－0.002 (－0.69)	－1.178* (－1.8)	－0.424** (－2.53)	－0.218 (－0.24)	0.33 (0.197)
债券数量		102		42		20	

（4）联合信用

从表 12-6 来看,联合信用所评的 AAA 等级债券的损失超过 AA＋,且在第一年和第三年,在均值和中位数上都显著。另外,AA＋等级债券的投资损失,多数比 AA 等级高,因此联合信用评级的精确度也不高。

表 12-6 联合信用不同等级 LOSS 指标

序号	等级	一年后		两年后		三年后	
		均值	中位数	均值	中位数	均值	中位数
(1)	AAA	0.268	0.083	0.707	0.53	0.545	0.5
(2)	AA+	−0.056	−0.218	0.568	0.5	−1.734	−2.05
(3)	AA	0.308	0.034	0.11	0.06	0.144	−0.092
(2)−(1)		−0.324* (−1.79)	−0.301* (−1.58)	−0.139 (−0.2)	−0.03 (−0.4)	−2.279*** (−5.7)	−2.1** (−2.45)
(3)−(2)		0.364 (1.1)	0.252 (0.58)	−0.458 (−1.3)	−0.44 (−0.97)	1.878 (1.49)	1.958 (1.34)
债券数量		51		30		30	

联合信用评出的高等级债券,在第一和第三年的指标显著为负。因此联合信用在高等级债券上的评级精确度不高。联合信用所评的中低等级债券,也没有表现出等级与损益的单调相关关系,无法给投资者带来信息支持。

(5)上海新世纪

从表 12-7 来看,上海新世纪在高等级评级的 LOSS 差额指标都为正,且在两年后显著,说明上海新世纪对高等级证券评级精确度较好,对中低等级评级精确度较差。

表 12-7 上海新世纪不同等级 LOSS 指标

序号	等级	一年后		两年后		三年后	
		均值	中位数	均值	中位数	均值	中位数
(1)	AAA	−0.21	−0.03	−0.33	−0.294	−0.472	−0.454
(2)	AA+	0.18	0.144	0.37	0.37	0.475	0.006
(3)	AA	−0.92	−0.618	0.59	0.435	0.002	−0.636
(2)−(1)		0.38 (1.37)	0.174 (1.49)	0.7** (2.94)	0.664** (2.08)	0.947 (1.02)	0.448 (0.98)
(3)−(2)		−1.1* (−1.691)	−0.762** (1.995)	0.22 (0.35)	0.065 (0.09)	−0.473 (−0.46)	−0.63 (−0.91)
债券数量		51		30		30	

2.绝对精确度指标

为了比较各个评级机构对债券评级的绝对精确度,我们参照 Ang,James S.

等(1975)的研究,计算各个评级机构的测量误差,用均方误差 MSE 指标来衡量。这种方法的思路在于:评级越精确的机构,对某一等级的债券投资损失的估计应该越集中,例如对 AAA 级的债券,其 LOSS 值应该较为密集地分布在某一区间内,而不应该发生巨大的波动。相反,评级若越不精确,其离散程度应该越大,MSE 也应该越大。

本章采取相同的方法,以一年后的情形为例,同样假定评级组为均匀分布,首先将所有横截面的债券根据一年后的损失由小到大排列,将其分为五组,依次将这些组认定为 AAA、AA+、AA、AA-、A+ 五个评级组,并将损失最小的 20% 债券认定为 AAA,损失次小的 20% 债券认定为 AA+,依此类推。然后计算出每组损失的平均值,即可得到该组的参照值。其次分别求出每组中每个债券的实际损失与该组参照值之差的平方和。最后加总并取期望值,即可得到某评级机构一年后对债券评级的测量误差。上述计算过程用公式可以表示为:

$$\text{MSE} = \frac{1}{n}\sum_{i=1}^{5}\sum_{j=1}^{k}(\text{LOSS}_{ij} - \text{Ref}_j)$$ (公式12-4)

我们计算了各评级公司在债券发行后一到三年的 MSE 指标,参见表 12-8。从表中可以看出,在发行一年后,中诚信的 MSE 最小;在两年和三年后,鹏元资信的 MSE 最小。因此,从这个角度来说,中诚信和鹏元资信的评级精确度较好。

表 12-8 各评级公司债券发行后三年的 MSE

时间	中诚信	大公国际	鹏元资信	联合信用	上海新世纪
一年后	2.098	2.285	2.506	2.147	3.253
两年后	4.992	2.541	**1.573**	2.767	1.947
三年后	2.485	3.098	**1.468**	4.787	3.254

注:黑体数字为五个公司的指标中最小的值。

第五节 环境信息披露对评级精确性的影响

由于污染型企业受环境保护因素的影响比较大,我们从公司债样本中选出证监会规定的 13 个重污染型行业公司所发行的公司债,实证分析环境信息披露对公司债评级准确性的影响。实证模型的被解释变量为 LOSS(i),为发行后第 i 年的 LOSS 值;解释变量是 VED,为环境信息水平,根据 Clarkson 等(2008)的方法计算。根据先前文献,环境信息披露水平受到规模和行业的影响。由于这些都是污染型行业样本,因此我们只使用规模作为控制变量。回归结果如表 12-9 所示。

表 12-9 环境信息披露对评级准确性的影响

	LOSS(0)	LOSS(1)	LOSS(2)
常数项	−1.11 (−0.83)	0.58 (0.29)	1.79 (0.45)
VED	−0.018 (−0.63)	−0.07* (−1.73)	−0.25* (−1.74)
SIZE	0.05 (0.79)	−0.02 (−0.26)	−0.05 (−0.27)
调整 R^2	0.01	0.03	0.05
样本数	140	77	23

注:括号中为 t 值。

从表 12-9 我们发现,环境信息披露对公司债当年的风险没有指导意义,但对其后的两年有显著的降低做红,且越往后往往指示作用越强,表明环境信息披露逐渐为市场准确理解。

当然,实证模型中存在内生性的可能,即存在样本自选择,比如公司治理好或者经营业绩好的公司,不仅环境信息披露水平高,公司发行的债券波动性也比较低。但若存在内生性,则环境信息披露水平与 LOSS 应该无论是公司债发行当年还是其后,都应该显著的一致。在本实证中,环境信息披露对当年的公司债风险没有显著的影响,也表明本实证不存在内生性问题。

第六节 研究结论及启示

一、研究结论

本章实证研究了企业环境披露对公司债评级准确性的关系。我们通过研究文献回顾和理论分析,再结合我国目前的情况,提出假设,构建模型,以化工、造纸、钢铁、水泥、印染和酿造 13 个污染型行业的上市公司为样本,以企业环境信息披露水平作为企业环境责任的衡量标准,以 LOSS 作为公司债评级准确性的衡量标准,结果发现,环境信息披露能够提高评级准确性,保护投资者利益。

由于我国公司债违约率异常得低,我们主要通过检查债券事后的投资损失,包括等级与损失的对应关系,以及损失的均方误差,来判定评级公司的业务能力和评级的精确度。我们使用所有的公司债样本,发现公司债等级高低与风险高低没有形成稳定一致的反向关系。这表明,我国公司债评级精确度有待进一步提高,公司债等级高低当前不能对投资者提供较好的投资参考性。

一方面,由于我国监管当局为了呵护公司债券市场的发展,对发债的审核比较严格,在一定程度上形成了刚性偿付隐形担保。能够发行的公司债相对都比较稳健。从公司债开始发行以来,七年中只有一只公司债发生偿付违约,因此当前公司债投资的风险主要体现在市场价值损失的风险,偿付违约的风险几乎为零。但在这种严厉保护投资者利益的同时,一些高风险高收益的公司债就无法上市发行,这对公司债市场来说是不完整的,同时也不利于培养投资者的风险意识,不利于公司债市场的长远发展。另一方面,我国目前的信用评级公司处于典型的寡头垄断市场,这种非充分竞争的情况不利于提高债券评级公司的业务能力,且容易滋生信用评级过程中的寻租行为,难以提高债券评级的精确度,也就无法形成有效的投资参考。只有逐步放开高风险高收益公司债的发行,债券市场的功能才能充分发挥;只有进一步降低信用评级行业的准入门槛,通过市场竞争和配套的政府促进政策,债券评级公司的能力才能得到培养和提升,信用评级行业的活力才能得到充分的激发。只有债券市场进一步完善和发展,公司的融资渠道才会彻底通畅,改变公司严重依赖股本融资的不正常局面,才能让资本市场发挥帮助企业渡过结构转型的艰难时期。

信用评级公司评级精确度受到多种因素的影响。在下一步的研究中,我们将分析市场环境和公司特征等内外部因素对债券评级精确度的影响机制和力度,力图为提高我国债券评级精确度提供更加完整和深入的方案和建议。

第十三章　环境信息披露与企业价值

企业价值最大化是管理学追求的核心目标,但由于企业价值受很多因素影响,且缺乏公认的测度指标,因而企业价值的经验研究,是大家最为关心但又最难的。关于环境信息披露对企业价值的影响的文献并不多,本章试图进行一次粗浅的探索。

企业环境信息对污染型企业无疑是很重要的价值相关信息。企业环境信息披露对企业价值的影响主要通过以下几个路径起作用:第一,降低了信息不对称,从而可以降低资本成本。第二,企业的环境信息不易收集,如果企业不披露,投资者各自收集,则其承担的私人信息收集成本最终仍会体现在企业的资本成本上。第三,环境信息披露揭示了企业管理环境风险的能力,包括环境罚款诉讼等损失、环境恢复等或有负债和排污费用污染处理开支等当期支出,影响到未来现金流。第四,主动的披露可以减少潜在的管制介入。第五,企业披露行为本身,可以让管理层了解到企业的强弱之处,并采取措施提高效率和利用机会,从而影响企业价值。

本章首先使用信息发送模型,解释了环境信息披露如何揭示企业类型,在何种情况下能够影响到公司价值的原理。其次采用中国化工行业上市公司数据进行了实证分析,发现我国当前的企业环境信息披露与公司价值之间没有显著的因果关系。这种情况说明企业环境信息披露尚未达到影响公司价值的条件。需要指出的是,本章实证研究部分使用的数据为2010年以前的数据,实证结果可能随着数据的时期不同,会展示出不同的关系。

本章最后对研究中存在的内生性问题和样本自选问题,以及纠正的方法进行了讨论,未来可以付诸研究实践。

第一节　环境信息披露的信号作用

企业的价值,在于未来现金流的贴现。投资者在评估一个污染型行业企业价值时,一个自然的关注点在于:在环保法规越来越严苛的趋势下,公司的现金流面临的风险有多大？在同等条件下，环境管理规范、环境绩效好的企业，更能适应环保法规的要求，面临的环保风险更小，更能获得投资者的青睐，资金成本就会更低。因此，环境绩效好的企业，有动力向外界展示自己的类型，将自己与环境绩效不好的企业区分开来。

环境信息披露本身也能提高企业价值。在环境绩效相同的情况下，披露的企业相对不披露的企业，可以向外界说明自己的环境绩效实际情况，或者为自己较差的环境绩效进行辩解，这些都可以降低信息不对称。当信息不对称程度高时，投资者感知的风险比较大，从而对企业的要价也比较高，最终提高了企业的资本成本，降低了企业的价值。

先前的文献对此也提供了相应的支持。Cormier 等（2005）指出，企业主动进行环境披露的动机之一，就是获得利益相关者的支持，以及相应的资源。Cormier 和 Magnan（1999）遵循收益—成本分析框架，指出环境信息披露虽能为企业带来利益，但也产生成本。除了收集整理信息等直接成本外，环境信息披露还会产生间接成本：信息被竞争对手利用、受到环境保护团体压力以及可能因超标而被政府惩罚等。据此我们认为：企业在权衡收益和成本后决定各自的环境信息披露水平。而环境绩效不同的企业，其信息披露的边际成本显然是不同的。环境绩效差的企业，因某些方面的信息披露成本很高，会减少披露甚至不披露企业环境信息。这样环境信息披露便具有发送信号的功能。在信息不对称的情况下，投资者可以依据披露这一信号，判断企业类型，并决定采取高价增持或是低价抛售，形成对企业的奖励或惩罚。我们建立一个信号发送模型，分析企业主动进行环境信息披露的博弈过程。

第二节　环境信息披露的信号发送模型

中国当前的资本市场中，投资者的"羊群效应"比较明显。我们将资本市场整体设定为唯一的 agent，而有两个 principals：环境管理能力高、环境绩效好的，和环境管理能力低、环境绩效差的两类企业（以下分别简称 H 和 L）。资本市场根据企业环境信息披露水平的高低，确定企业的环境管理能力 r，并给予相应的经济激励 w。假定环境管理能力和激励在数量上同步。agent 的无差异曲线为线性。以上的简化假设比较接近现实，而且适度的扩展不会改变结论，具体讨论可参见 Bolton 和 Dewatripont（2005）第 3 章。本模型关心的是，在何种情况下，H 可以通过环境信息披露，向外部发送信号以表明自己的品质类型,与 L 区分开来(即分离均衡),并得到外部投资者的追捧和更多奖励,从而达到通过环境信息披露来管理企业环境行为的目的。

设 H 和 L 占全部企业的比例分别为 p 和 $(1-p)$,其环境信息披露的边际成本分别为 θ_H 和 θ_L,其中 $\theta_H < \theta_L$,即 H 企业披露的边际成本较小,因为它的绩效优秀,不担心披露后受到惩罚,不用造假和掩盖自己的环境信息,直接成本和间接成本都较小。企业的无差异曲线 U,表明了企业在不同披露水平下对应的期望激励①。两类企业的无差异曲线只有一个交点。对于 L 企业,由于环保工作中存在的问题较多,披露后可能会受到社会更大的压力和监管当局的惩罚,因此只有较大的激励才能诱使其增加自愿环境披露水平,因此 L 企业无差异曲线更加陡峭(见图 13-1)。投资者根据企业环境披露推测企业的类型并对企业激励 w,企业的环境信息披露水平为 e。w 受 e 的影响,因此是 e 的函数,即 $w=w(e)$。②

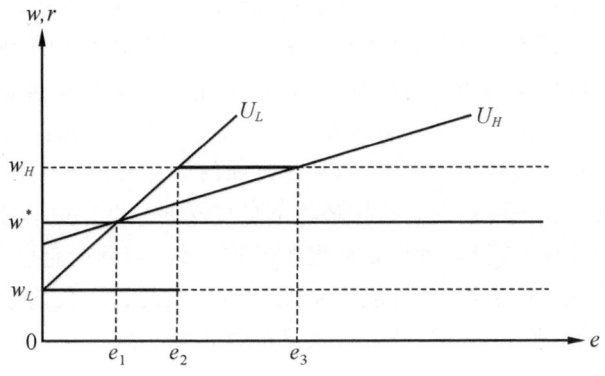

图 13-1 环境信息披露的均衡点

博弈由两个阶段组成。企业拥有主动权,第一个阶段,企业选择自己的环境信息披露水平;第二个阶段,投资者根据观察到的环境信息披露推断企业环境管理能力和绩效,并对企业进行奖惩。

可得到 3 个临界点:

$e_1=(w^*-w_L)/\theta_L$

---

① 惩罚可看成负奖励,奖惩在本章中主要是披露对企业带来的好处。为行文方便以下统称奖励。

② Barry and Brown(1984)、Handa and Linn(1993)等的研究证明了信息披露水平与企业价值正相关,与融资成本负相关。

$$e_2=(w_H-w_L)/\theta_L$$
$$e_3=(w_H-w_L)/\theta_H$$

$[0,e_1]$为混同均衡范围,$[e_1,e_2]$为分离均衡范围,其他为非均衡范围。

当披露水平低于e_1,在第一博弈阶段,H若选择高披露并获得w_H奖励;L企业有动力通过模仿H进行高披露,因为这样做获得w_H奖励大于L的无差异曲线。在博弈的第二阶段,投资者发现无法分辨两类企业,只能给所有企业一个期望的激励。记$\beta(\theta_i|e)$表示外部投资者在观察到e以后对企业类型的概率判断。因此,第二阶段投资者对企业的期望奖励为:

$$w^*=\beta(\theta_H|e)r_H+\beta(\theta_L|e)r_L$$

这里$\beta(\theta|e)$是投资者在第二阶段观察各种企业环境信息披露后对两类企业占全部企业比例的判断。

$$\beta(\theta_H|e)=1-\beta(\theta_L|e)$$

由于两类企业都得到同样的激励,所以两类企业的无差异曲线相交于期望激励,交点对应的环境信息披露水平为e_1。在$[0,e_1]$之间的任何一点,期望激励w^*大于两类企业的无差异曲线,两类企业的福利都得到提高。此时,L模仿H,投资者判断两类企业无法区分的信念正确,整个市场达到混同均衡。

两类企业不会进入$[e_1,e_2]$之间,因为此时L通过模仿H希望得到激励w_H;当投资者发现无法分清两类企业时,会给出期望激励$\beta(\theta_H|e)r_H+\beta(\theta_L|e)r_L$。但期望激励低于两类企业的无差异曲线,两类企业的福利都被降低。两类企业也不会进入e_3之后,因为投资者能给予的激励水平小于无差异曲线。

在$[e_2,e_3]$之间的任何一点,投资者所能给予的最大激励w_H大于L的无差异曲线而小于H的无差异曲线。此时,H若进行高披露,L不会进行模仿,因为那样做L会得不偿失。这时H有动力以高披露的行动,将自己与L区别开来并因此被投资者认定为H,获得激励w_H,福利得到提高。L由于无法模仿H,被投资者给予w_L激励。L的最佳选择是环境信息披露水平为0。投资者关于两类企业的信念得到确认,整个市场达到分离均衡。

这样通过两类企业的自我选择(Self-selection)行为,使投资者的"高披露的一定是H企业"的预期得到确认,环境信息披露水平的信号作用得到发挥。上述模型推广到多个企业多个披露水平时仍然适用。

第三节 实证假设的提出

企业的环境行为及结果,影响着特别是重污染型企业的价值。节能减排好的企业,受到政府处罚少,能源及环境方面的成本低,发展前景好。但环保投入也大幅提高了企业的运营成本。因此在达到环境基本要求后,企业经济业绩和价值能否随环保强度的增加而得到提升,还难以确定。从已有的研究文献看,自愿环境披露对企业价值的影响也分成有正面影响、没影响和有负面影响三种。

认为有正面影响的主要研究中,Belkaoui(1976)的研究较早,他比较了50家自愿环境披露(年报中披露了污染控制支出)的企业,相对同行业中的50家其他未披露这种信息的企业的平均月度超常收益,结果发现存在明显的差异。在年报发布的前一年,自愿环境披露企业拥有较低的月超常收益,而相反的结果在年报发布后四个月出现。Belkaoui认为这是因为"具有环境道德意识的投资者"的出现,或是污染控制方面投资增加的披露对企业价值的积极影响。污染控制方面投资增加的披露增加了"具有环境道德意识的投资者"的股票需求,或是污染控制信息披露使市场对企业价值的判断进行了修正。Magness(2002)提供了与Ingram(1978)一致的证据,她检验了1996年Placer Dome矿泄漏事故如何影响加拿大黄金采矿公司的股票市场价值,也评估了是否公司的环境披露策略影响股市对本次生态事故的反应,发现泄漏事故确实导致加拿大黄金采矿企业股价下跌。但是,那些在董事会或高管层明确披露环境管理程序的企业股价下跌较少。

认为没有影响的主要研究包括:Ingram(1978)研究了287个美国企业,在平均意义上没有发现年报中环境信息自愿披露能为企业价值产生显著影响。Cormier和Magnan(2001)支持了Ingram的发现,他们发现年报中的自愿环境信息环境披露与股价没有直接联系;不过在因超水平污染而受到惩罚的企业中,自愿环境披露与股价存在关联。

认为有负面影响的主要研究包括:Richardson和Welker(2001)发现额外的社会性信息披露(包括环境披露)会增加其他的负担,提高企业权益资本成本,他们还指出,企业可能过度高估他们积极的贡献但隐藏部分对其不利的环境行为,以达到自我宣传的目的。

国内学者肖华、张国清(2008)研究了重大环境事故"松花江事件"对相关行业的公司股价和环境信息披露行为的影响,发现股票市场对公司的正当性受到威胁和未来可能承担更大的管制成本做出了负面反应,公司的环境信息披露取决于时期和事件,基本上可以解释为一种为生存"正当性"辩护的自利行为,是对公共压力做出的反应。

据上所述,本章提出以下假设:环境信息披露水平影响企业价值。

第四节 实证研究设计

1. 指标测度

本章的环境披露水平指标参考 Clarkson(2008)的环境信息披露评分表评分而得。该环境信息披露评分表有几个优点:首先,该环境信息披露指标体系主要基于全球报告倡议组织(Global Reporting Initiative,简称 GRI)的标准,突出投资者和分析师非常看重的一些披露原则,指标设计更为合理。其次,该指标体系比较全面,能比较清楚地刻画出企业环境披露水平。而且,该指标体系将环境信息披露项目分成硬披露(第一到第四部分)和软披露(五到七部分)。这就有效克服了以往研究中财务信息权重过大的缺点。本章参照我国国情,对该表部分项目进行了修改,去掉了我国企业没有任何披露的项目。

我们选取了报告期年末的 Tobin's Q 作为企业的价值指标。先前一些研究也有使用股价的累计超常收益作为企业价值指标,本章用该指标进行了稳健性检验。

2. 控制变量及检验模型

在考察环境披露与环境绩效的关系时,我们采用的控制变量包括:(1)企业的规模。企业规模越大,政府、媒体和外部利益相关者对其关注会越多,企业承受的监管压力也越大,企业会提高自愿信息披露水平。(2)经济绩效。企业的经济绩效越好,可能越有能力进行环保并提高环境披露水平,这里我们使用资产投资回报率和营业收入增长率作为经济绩效指标。(3)负债水平。对于重污染企业,如果环境绩效太差,可能面临罚款、停产整顿甚至被强制关闭的风险。考虑到这一点,银行在办理重污染企业的贷款申请时,常会考察企业的环境绩效。重污染企业为获得贷款,常会提高环境披露以打消银行的顾虑。因此资产负债率会影响企业的环境披露水平。经济绩效、负债水平和企业规模也对企业价值影响较大,因此在考察环境披露的价值相关性时也作为控制变量。

不同时期的环境披露具有很大程度上的不可比性,因此本章只采用2008年单个年度的横截面回归,以避免不同年度样本分布不同以及异方差的问题。由于本章只考察了化工行业,因此行业差异等方面可以不用考虑。最终本章采用以下检验模型:

$$Q = \beta_0 + \beta_1 \text{VED} + \beta_2 \text{SIZE} + \beta_3 \text{ROA} + \beta_4 \text{LEV} + \beta_5 \text{GROWTH} + \varepsilon \quad \text{(公式 13-1)}$$

3.变量含义

检验模型中各个变量的定义和计算方法见表13-1。

表 13-1 变量描述表

类别	变量名称	符号	定义
解释变量	环境披露水平	ED	根据 Clarkson 等(2008)文中的 Table 1 条款,对企业年报和网站的环境披露情况打分而得
	硬披露水平	HED	Clarkson 等(2008)文中的 Table 1 中第一部分至第四部分的得分之和
	软披露水平	SED	Clarkson 等(2008)文中的 Table 1 中第五部分至第七部分的得分之和
解释变量	公司价值	Q	企业当年年末的 Tobin's Q 值,计算公式为:(股票年末收盘价×总股数+负债)/年末总资产
		CAR	次年5至7月份个股股价相对于大盘指数的累积超常收益率
控制变量	公司规模	SIZE	企业当年年末的总资产的自然对数
	总资产回报率	ROA	(利润+利息支出)/平均总资产
	资产负债率	LEV	企业当年年报披露的资产负债率
	营业收入增长率	GROWTH	(本年营业收入—上年营业收入)/上年营业收入的绝对值

4.研究样本和数据来源

本章选取2008年度只在中国A股挂牌交易所有的化工行业的上市公司,并删除ST类公司,共得到145个公司样本。环境披露水平和环境绩效的相关资料来自企业的年报和网站,企业价值变量和控制变量的相关数据资料来自万德数据库。

5.统计性描述和变量之间的相关性

相关的描述性统计见表13-2。全部环境披露最大值达到16分,平均为

4.7分;硬披露最大值为13分,平均为3.1分;软披露最大值为7分,平均为1.59分。全部环境披露和硬披露的分值披露得分数值分布比较分散,软披露得分数值分布相对比较集中。从中可知,作为重污染型企业,化工类上市公司即使不详细披露具体的环境绩效指标,也会在环保的原则、信念等方面进行表述。这种情况下若使用内容分析法,结果必将产生较大偏差。在价值指标方面,Q值的分布比较集中,而CAR值的分布比较分散,两者恰好可以对照着进行稳健性检验。

表 13-2 样本数据的描述性统计

变量	最小值	最大值	均值	中位数	标准差
ED	0	16	4.7	4	4.081
HED	0	13	3.1	2	3.111
SED	0	7	1.59	1	1.53
SIZE	19.6	23.59	21.39	21.33	0.919
ROA	−0.25	0.58	0.063	0.055	0.1
LEV	0.02	0.85	0.48	0.52	0.186
GROWTH	−0.627	1.39	0.1656	0.71	0.309
Q	0.76	5.99	1.633	1.35	0.864
CAR	−0.642	1.865	−0.03	−0.086	0.25

表13-3报告了变量之间的相关性检验。环境披露的ED、HED、SED三个指标,都与SIZE、LEV等显著正相关,表明规模大、负债率高的企业,环境披露水平较高。Q与ED、SED指标之间不显著相关,但与HED表现出一定的负相关;CAR则是与ED、SED指标之间表现出一定的负相关,但与HED不显著相关。其他变量之间的关系也基本合理和直观。大企业的经营风险相对较小,资产负债率更高一些。总资产回报率高的企业,容易获得银行的贷款,资产负债率更高一些。总资产回报率高的企业,企业的价值更大。大企业的Q值比较低,一般认为是大企业成长性比较差的缘故。解释变量与控制变量之间的共线性在容忍的范围内,可以直接放入模型进行回归分析。

表 13-3 变量相关性检验表

变量	ED	SIZE	ROA	LEV	Q	GROWTH	CAR	HED
SIZE	0.403**							
ROA	0.09	0.124						
LEV	0.231**	0.483**	−0.321**					
Q	−0.156	−0.251**	0.456**	−0.362**				
GROWTH	0.032	0.06	0.579**	−0.043	0.220			
CAR	−0.194*	−0.256**	−0.272**	−0.157	−0.19*	−0.201*		
HED	0.945**	0.387**	0.024	0.245**	−0.208*	0.016	−0.156	
SED	0.746**	0.287**	0.192*	0.119	0.009	0.054	−0.201*	0.488**

注:** 和 * 分别表示在 0.05 水平(双侧)和 0.1 水平(双侧)上显著相关。在进行相关性检验和回归时,除哑变量外,其他变量数据都进行了标准化处理。

第五节 实证结果及分析

表 13-4 检验了环境披露的价值相关性。将全部的环境披露、硬披露和软披露分别代入模型进行了检验,得到三个结果。可以看到,无论使用哪种信息披露水平,都没有对 Q 值产生显著影响。

表 13-4 多变量线性回归结果

因变量:Tonbin's Q			
变量(预期符号)	(1)	(2)	(3)
常数项	0.03(0.353)	0.028(0.34)	0.027(0.321)
SIZE(+)	−0.25***(−2.73)	−0.24***(−2.64)	−0.281***(−3.15)
ROA(+)	0.509***(5.15)	0.501***(5.1)	0.499***(4.95)
LEV(+)	−0.063(−0.681)	−0.06(−0.67)	−0.071(−0.77)
GROWTH(+)	−0.194(−0.679)	−0.185(−0.65)	−0.181(−0.63)
ED(?)	−0.086(−1.12)		
HED(?)		−0.113(−1.15)	

续表

	因变量:Tonbin's Q		
SED(?)			0.004(0.054)
样本企业数	145	145	145
调整 R 平方	0.292	0.297	0.286
F 值	12.88	13.16	12.519

注:括号中为 t 值,*** 表示在 0.01 水平(双侧)上显著。

另外,我们可以看到,披露具体环境信息的硬披露,对公司的价值具有负面影响,表明公司的排污数据具有两面性:一方面,排污数据准确地报告了公司的环境绩效状况,降低了公司外部利益相关者的信息不对称程度,有利于公司价值的提高。但另一方面,排污数据又可能引发政府工具企业披露的排污数据制定新的减排要求的可能,增加了遵从成本;同时,排污数据可引发公众和消费者的反感,降低了公司的声誉。所以这些又会损害公司的价值。两个方面综合的结果表明,当前在中国进行环境信息披露,利弊大体抵消,但弊轻微地大于利。

那些没有具体排污数据,而纯粹地进行"夸夸其谈"的软披露,对企业价值具有一定的正向影响,说明公司的环境方面的宣传,起到了一定的效果。

第六节 稳健性分析

为了检验结论的稳健性,我们还使用了 2006 年和 2007 年的横截面数据分别进行了回归。虽然样本的数量有所减少,但结果基本保持一致。限于篇幅原因,回归结果不再列示。

另外,我们也使用股价的月度超常收益来检验环境披露的价值相关性。鉴于每年 5 月到 7 月之间,是企业年报和次年半年报之间的空档期,我们以 2009 年这一时期股价的累积超常收益率(CAR)作为企业价值指标,分别使用全部环境披露、硬披露和软披露进行回归,结果如表 13-5 所示。从结果可以看出,结论与用 Q 作为企业价值指标基本相同,三种环境披露水平对 CAR 均不产生显著影响。

表 13-5　多变量线性回归结果

变量(预期符号)	(1)	(2)	(3)
常数项	0.014(0.153)	0.013(0.133)	0.017(0.184)
SIZE(+)	−0.092(−0.912)	−0.101(−0.99)	−0.102(−1.03)
ROA(+)	−0.298***(−2.71)	−0.306***(−2.79)	−0.283*(−2.54)
LEV(+)	−0.189(−1.86)	−0.192*(−1.88)	−0.189*(−1.86)
GROWTH(+)	−0.092(−0.289)	−0.081(−0.255)	−1.11(−0.346)
ED(?)	−0.086(−1.002)		
HED(?)		−0.062(−0.735)	
SED(?)			−0.093(−1.13)
样本企业数	145	145	145
调整 R 平方	0.126	0.123	0128
F 值	5.15	5.04	5.212

注:括号中为 t 值,*** 和 * 分别表示在 0.01 水平(双侧)和 0.1 水平(双侧)上显著相关。

第七节　主要结论与研究不足

1.主要研究结论

我们对企业年报和网站的环境信息进行评分作为环境披露指标,利用 2006 年至 2008 年中国化工行业上市公司的数据,对企业的环境披露与环境绩效之间的关系,以及环境披露对企业价值的影响,进行了实证分析。结果显示,自愿环境披露不能显著影响企业的价值。

另外,与其他研究相同的是,我们的样本显示环境披露与企业规模显著正相关,表明在我国的化工企业中,规模越大的企业环保行为越多,环境披露水平也越高。环境披露水平与负债水平显著正相关,说明环境披露水平越高的企业越容易获得银行的贷款。

我们发现在一定程度上,环境信息硬披露水平比较高的企业,经济绩效和价值比较低。由于环境披露水平高意味着环境绩效好,但环境披露水平并不对企业价值产生显著影响,因此,我国企业的环保行为并没有获得"环保溢价",环境绩效并不能得到奖励,资本市场对企业的估值也并不看重企业环保绩效。企业环保投入在经济方面可能得不偿失,这不利于提高企业环保行为的主动性和积极性。同时,环境信息软披露水平比较高的企业,经济绩效和价值比较高,说明在环境披露方面泛泛而谈避实就虚可以获得好处,即空喊口号而未真正加大环保投资的企业,利用比较空泛的环境披露,来掩盖自己环保投入不足的事实,并从中获得了好处。若要真正有效激励企业的环保行为,政府应该强制企业公布资源消耗和环境绩效数据,利用舆论和消费者的压力,促使企业不断改进企业环境绩效,发挥环境披露的政策工具作用。

在政策层面上,我们建议对现有的环境法规进行改进,可以考虑利用环境税等手段,进一步加大环境绩效差的企业的运行成本,拉开环境绩效不同的企业之间的利润空间,从经济方面引导企业重视环境绩效和加大环保投入,促进企业的技术升级,不断提高环境绩效。有关部门可以通过给企业发出明确的信号,逐步提高环保要求,提示企业预先做好相关准备,避免突然提高环境要求对企业和经济发展带来的冲击。

2.研究的不足之处

本研究还可以在以下方面进行完善:

(1)内生性问题:环境信息披露与企业价值之间的关系,可能是由公司治理等第三方因素决定的,因此可能存在遗漏重要解释变量所造成的内生性问题。对此,未来的研究需要进一步深入剖析两者的因果关系链条,包括引入更多的文献,从理论上加强对因果关系的论证。另外,可以引入更多的控制变量,比如机构投资者持股比例指标,因为其与公司治理等公司特征以及企业融资约束都相关,这样可以用代理指标的方式,大体控制遗漏变量造成的的内生性问题,显示出环境信息披露的增量影响作用。我们认为这样处理之后,遗漏变量造成的内生性问题可以达到学术研究的要求。

(2)样本自选择问题:可能有些企业不愿意披露环境信息。对此,未来的研究可以使用两阶段模型,第一阶段对是否披露进行一个概率回归,并将逆mils比引入模型,以确定是否存在样本自选择问题。

总结篇

第十四章　总结及展望

第一节　主要研究结论

通过对先前理论文献和实证结论的梳理，本研究建立了理论模型并进行推演，然后结合中国的实际情况，对中国企业环境信息披露的动机、方式和效果进行了研究，并提出了改进企业环境信息披露体制、正确引导企业环境行为和资本市场对企业估值的政策建议。主要研究结论与建议包括：

1. 企业环境信息披露是包括企业、政府和社会大众多方博弈的结果。企业在保证利润的前提下追求社会责任的完成，社会大众在获取企业的经济贡献时又要求一个清洁绿色的生存环境，政府在促进当地经济发展的同时又考虑到社会的可持续发展。不同利益相关方以企业的环境信息披露为博弈的焦点和依托，最终决定了社会的环境状况。

2. 企业的环境信息披露有可能影响到企业的价值。虽然环境信息披露可能无法直接影响企业的股价，但环境信息披露改善了公司内部人和外部人之间的信息不对称，降低了投资者对股权投资回报的要求，即降低了股权资本成本，对企业的价值有提高作用。

3. 企业应把环境信息披露提高到战略性高度。当社会生产力发展到一定阶段后，物质产品的数量已经达到满足，社会大多数行业的产能呈现过剩。这时，社会对企业的要求从数量转向质量，不仅要更高的使用质量，还要求降低对社会物质和环境资源的损耗，因此社会对企业的环境信息披露水平的要求必然日益提高。反过来，只有认真对待环境信息披露，并以其为契机改善自己的环境绩效的企业，才能在未来的生存和竞争中立于不败之地。

4. 企业可以利用环境信息披露来改善社会形象。企业主动披露环境信息，是企业管理和提高自身社会形象的方式。好的社会形象，将给企业带来更多的商业机会，更有利的政府支持。顾客愿意为社会形象好的企业产品付出溢价,更多人才也以加入公司员工队伍为荣。这些都为企业的发展,提供了良好的保证。

第二节 关于将污染成本内化的努力

一、环境恶化的原因在于排污者不承担外部成本

当前全球多数地区的环境形势都在恶化,出现了包括极端气候、臭氧层破坏、物种消失、热带雨林减少、土地沙漠化、南极冰川融化、干旱、淡水减少在内的一些现象。最主要的原因在于个体的自利行为导致集体福利的损失,这就是"公地的悲剧"。个体和单个组织在行动时,一般会经过成本和收益的对比,当收益大于成本时个体就会行动,从而达成个体利益最大化。个体行动时考虑的由个体负担的成本就是私人成本。这对个体来说是理性的选择。但个体行动的成本,不一定只由个体承担。个体行动具有外溢性。比如当企业没有对污水进行处理而将其排放到江河中时,企业没有承担污水处理费,但这个污染江河的后果由与江河有关的人群承担,这种由行动者之外的其他人承担的成本就是外部成本。这是负的外部成本。也有正的外部成本,比如在门口装一个路灯,虽然方便自己进出,但也照亮了公共道路,方便了路人,这就是正的外部成本。私人成本加上外部成本构成了社会成本。

目前,中国的环境污染问题之所以比较严重,就是排污者只承担了私人成本,而没有承担外部成本,在私人成本远小于社会成本的情况下,排污者大量排污。在一个自我调整功能良好的社会中,随着污染情况的加重,排污的社会成本将会递增,将自动调节排污量。但在我国,由于制度设计不合理,特别是排污费率设计不当,污染排放量的检测不精确、不全面,当前污染不断加重就是这种自动调节功能的丧失导致的。具体地说,我国排污费全国统一且长期不变。这种单一且长期不变的排污费率,随着通货膨胀的上升,会导致公司的实际排污成本下降,反而推动了污染的增加。排污成本的下降,会增加污染行业的利润率,刺激污染行业的扩张和整个社会排污量的上升。

二、污染成本内部化的两条路径

对于外部性问题,主要有两种思路。一种是痞古提出的痞古税的理论。这个理论的思想是,"公地的悲剧"是典型的外部性问题。在这里存在市场失灵的情况,而市场失灵时要靠政府从外部予以解决,政府解决的方法就是征税或罚款,以让行为方承担外部成本,从而消除排污者因为承担部分成本的获利行为,减少外部性的损失。另一种思路是科斯理论。该理论认为在产权清晰的情况下,通过交易双方的讨价还价,可以自行达到帕累托最优,达到市场资源配置的最优。痞古理论易于实施,以前各国的环境税以及中国的排污费,都是沿用痞古理论。然而从理论上讲,将痞古理论和科斯理论结合而形成的污染控制政策也许是最好的选择。

三、为何痞古税思想在我国作用有限

1.环境权的争论

无论是痞古的征税理论,还是科斯的讨价还价思想,都面临着一个问题,即环境的产权是谁的问题。应该说,环境产权既是普通大众的,也是企业的。企业为社会生产产品,必然要产生污染。普通大众不能只看到企业的污染,而没有看到污染背后企业的经济贡献和物质贡献。既然企业已经为社会做出了贡献,过度征收环境税就不合理。另外,企业应该分配多少环境权,无法确切地衡量,环境税率只能由政策制定者主观决定,从而限制了痞古理论在实践中的应用效果。

2.政府代表谁

政府是整个社会的代理人。因此,政府既要考虑到普通大众的清洁环境的需求,又要考虑到经济的发展,以及政府本身对企业财力的需求。政府的规制,实际是包括民众、媒体、环保组织和企业等各种利益集团的游说和压力后的一种折中方案。政府虽然是国家全体人民的代理人,它的责任是管理公共事务,处理市场失灵时的情况,但政府自身也有利益。如果政府的环保规定太严苛,就会引发资本外流,这是政府最担心的后果之一。

3.环境规制与利益集团诉求

由于社会的环境规制是各个利益集团,在为自己集团利益而进行的竞争后所得的产物,因此,环境规制更倾向于照顾强力集团的利益。像环保技术革新,对大企业很容易,对中小企业很难,如果一味强调高强度的环保技术的改进以及严苛的淘汰环保技术落后者的政策,将导致中小企业被淘汰,这对中小企业是不公平的。另外费率制定的不合理,也不一定能发挥治理污染的作用。如果排污缴纳的费用小于环保改进的费用,最终的结果就是鼓励企业多排污,虽然社会的经济效益得到提高,但最没有反抗能力的自然环境将走向更加危险的境地。

4.排污费为何作用有限

我国当前实行的是向排污企业征收排污费的制度。应该说,该措施自实施以来,取得了不少的成果,也促进了企业的环保革新。但是,该措施也存在不少问题,比如:费率标准比较低且长期不变;企业尽可能隐瞒排污和偷排,环保局核实的压力很大;环保局的费用使用不规范,有时不能有效地使用于企业的环保,当前排污费的80%用于企业环保,但这80%不像以前那样按缴费者返还,而变成无息贷款形式,由环保局自行决定给予某个组织和企业,这在滋生腐败和自利行为下自然难有成效;各级政府为了招商引资发展经济可能对环保局施加压力;没有百姓的参与。当前排污费制度急需改革,要在征收标准、费用使用和利益相关者参与等方面进一步给予改善。

5.排污的代际公平问题

按照社会学的理论,抗争力量小的集团将受到歧视,没有出生的后代人所受的歧视最大。环境问题不仅存在同代人之间的公平问题,也存在代际人之间的公平问题。由于以后的人是个虚无的概念,无法参与到决策中来,因此他们的利益可能受到当代人自利行为的损害,这样会影响环境决策问题的公平与成效。

四、对排污权交易的审视

排污权交易机制以市场化手段推动污染减排,主要的优点包括:第一,可以控制每个时期的污染物总排放量。第二,通过经济个体的自我选择,使耗费自然资源的权力集中到效率最高的企业,可以保证经济的持续增长,以最低的社会成本实现污染减排,达到帕累托最优。第三,可以减轻政府通过行政命令管理污染减排所需要的信息收集负担。第四,可以激励环保监管机构的工作努力,使其努力目标和收入提高的方向保持一致:若环保机构的收入来自于环境税,则污染排放越多,环保监管机构的收入就越多,努力推动企业减少排污就意味着环保监管机构的收入越少;而在排污权交易的情况下,允许企业排污量越少、排污监管越严格,则排污权价格越高,环保监管机构的收入就越多。

但是,从现实情况看,虽然排污权交易机制出现了几十年,至今仍然没有成为世界污染减排的主流机制。这是因为排污权交易机制也存在一些缺点,主要包括:

第一,存在逻辑困境。当企业排放的污染物影响的地理区域不确定时,比较适合使用排污权交易机制,比如废气等;否则,直接向企业征收环境税,用于改善直接受到污染的地区的生态,以及补偿当地的居民,将会更加简单、有效和公平。环境税是各地政府能够控制的灵活的政策工具。各个地区和国家,天然地存在地方保护主义。当地企业若面临外地企业的强有力竞争时,地方政府会或明或暗地通过降低环境税来支持企业。澳大利亚政府就为了保持企业竞争力而取消了碳税。因此,当污染物能够移动到其他地区时,当地政府没有动力推动排污权交易。

第二,排污权交易机制的实施难度和成本,比环境税机制大。要成功进行排污权交易,必须建立完善的交易市场,制定合理的交易规则,配套强有力的法律保障体系。另外,为了保证市场本身的有效性,还得保持适当的交易规模,以及引入做市商、拍卖公司、期货公司等。

第三,排污权的初始分配比较复杂,既要考虑公平,又要考虑政治可行性。如果初始分配按照"grandfather principle",推行的阻力就比较小,但公平性会受到质疑,因为之前努力进行污染减排的企业,反而受到了惩罚。另外,到底初始排污权的总量多少为合适,还是难以确定的。

第四,排污权交易机制要求及时和有效的监督,违反规则的企业必须受到严惩,这就造成很高的监督成本。

第三节　环境信息披露在环保中的角色

一、规范环境信息披露

规范企业的环境信息披露,可以达到利用信息披露手段,调整企业的环境行为。要做到这一点,必须实现企业环境信息的直接经济价值相关性和间接经济价值相关性。直接经济价值相关性是指投资者根据企业披露的环境信息,判断企业面临的环境政策风险和可持续发展的趋势,以及企业与竞争对手在环境处理效率和成本方面的差异，做出如何投资企业的决策，直接影响到企业的市场价值。间接经济价值是指政府、社区、客户和员工等，根据企业的环境信息披露，判断企业的环境理念、态度和绩效，决定是否支持或反对企业的生产经营。这些关系到企业的形象、商誉和员工士气，间接地影响到企业的市场价值和经济运营效益。

要做到这一点，需要实现企业环境信息的完整性、及时性和可比性。因此，规范企业环境信息披露的行为，关系到能否通过企业环境信息披露的作用与价值。当然，规范企业环境信息披露，可能增加企业披露的成本，暴露企业部分的商业秘密，为排污的企业带来舆论和公众反对的压力。但宣传公众企业也有排污权，企业的排污关系到整个社会经济的发展，应该能够消除社会上一些极端环保人士的反对声音。而且最终承受压力的必然是环境绩效最差的企业，从而在企业中形成环保竞赛，达到改善环境日益恶化的趋势。

规范企业环境信息披露的行为，必须由超越企业层面的组织进行决定，并且带有强制性，建议由政府部门统一制定。当然，披露的范围，需要进一步协商，比如单位营业额排污量这些指标，就能够清楚地表现出环境效率，而使用总量指标将使大型企业的压力比较大。

二、实施排污权交易

在排污权交易机制中，尤其要注意防止垄断，并将能力和特点不同的中小企业与大企业区别对待。排污权交易具有相当的创新性，它在考虑企业和社会大众的环境产权的基础上，在企业间引入污染治理竞赛机制，将企业的环保努力和经济效益挂钩，使企业的经济责任和环境责任有机地结合起来。随着排污权交易市场的发展和进一步活跃，环境治理的经济效益会越来越受到企业的重视，必将对企业的环保行为产生重大影响。

在中国推行排污权交易，虽然起步较晚，但具有后发优势，可以直接借鉴其他国家的经验，快速发挥市场机制在企业环境治理中的作用。在中国虽然民众的注意力更多地仍集中在经济方面，但迅速恶化的环境形势，也能凝聚社会和政府治理污染的决心和共识。另外，我国社会主义体制具有决策快、争论少、行动有力的优势，能够使政府快速推动排污权交易机制。

在中国推动排污权交易，要防止市场垄断，综合考虑大企业和小企业的不同承受能力。由于中国拥有中央和地方政府背景的大型企业，这些企业具有雄厚的资金实力，以及强大的政治关联，当它们进入排污权市场时，可以很容易地取得垄断地位,掌握绝大部分的排污权指标,甚至可能操纵市场交易、扭曲排污权交易机制。这需要监管机构制定配套的措施和规定,防止其他企业在排污权交易市场受到不公正的对待。另外,由于大企业实力雄厚,具有改进污染治理的技术和设备,因此他们对排污权交易具有较好的承受能力,并可能在市场中取得经济效益和生态效益的双丰收。而广大的中小企业环境治理的能力比较弱,经济基础也比较单薄,他们与大企业对排污权的承受能力不在同一等级上。如果没有对小企业予以适当照顾,小企业可能面临更加艰难的生存状况,甚至会导致一些小企业倒闭,影响到社会的经济发展和就业。

三、综合使用规制、环保补贴和环境税手段

在污染治理中,规制、环保补贴和环境税具有不同的作用和特点,应当根据情况综合使用,才能有效推动企业的环保努力。

规制代表了国家的强权力,界限明确,可以迅速和明显地改变企业的行为。但规制具有一刀切的缺点,而且规制的出台和修订有比较烦琐的过程,且具有一定的严肃性,不宜频繁更改,灵活性不足。规制在强行和快速推动或制止某些企业行为时更加有效。

环保补贴是对企业治理污染的正向激励,可以由各级政府部门分别实施。不同地区的环境承受能力也不同。在东部沿海发达地区,企业的效益比较高,但人口密度高、环境承受能力比较弱,当地政府有能力也有意愿进行环保补贴,推动企业提高污染治理水平。但在环境承受能力相对较高的西部地区,地方政府的财力比较弱,而企业也常常面临环保投资过大、治污成本大大超过排污成本的情况,这时环保补贴的作用就明显不足。

环境税的目标是将企业污染环境的成本,内化到企业的生产经营中去。环境税也与企业的排污量直接挂钩,污染越多,被征收的环境税就越多。但是,环境税的设计也有一定难度,要求税制能够兼顾"双重红利"的目标,而且随着时间的变化,环境税机制也具有可调整的灵活性。中国政府相关监管机构人士曾表态:环境税费改革的大方向是将现行的排污费改为环境保护税,征收机关由环境保护部门改为地方税务机关。环境税的目标在于继续完善和落实支持节能环保与资源综合利用的税收政策,调整完善消费税制,研究将电池等高污染、高能耗产品以及非营运飞机等高档奢侈品纳入消费税征税范围;另外,中国将推进资源税改革,将煤炭资源税计征办法由从量征收改为从价征收

并适当提高税负水平,其他矿产资源等提高从量计征税额,并适时将水资源纳入资源税征收范围。总的来看,由于环境税涉及面广,制定难度大,因此需慎重讨论后再推出,不宜盲目求快求成。

第四节　规范的环境信息披露

一、环境信息披露的设计思想

企业的环境信息披露的目标在于降低信息不对称程度。当然,在现实中无法做到绝对的信息对称,企业披露也是要花费成本的。企业要通过披露解决的不对称,首先是解决投资者所关心的问题。投资者关心的问题可以分成几个优先次序,首先是企业的环境绩效是否能确保企业不被关闭而能持续经营;其次是企业的环境绩效是否能为企业赢得更大的竞争优势和更多的正当的利润;再次是企业的环境管理和环境绩效能否符合投资者的环保理念和标准。政府所关心的是企业的环境管理和绩效是否能确保当地的环境标准和制度被遵从,企业是否投入环境研发而能持续改善环境,企业的经济发展和环保行为能否协调共进。民众所关心的主要是企业是否重视环境保护,是否能持续改进环保技术和提高环境标准。至于企业是否取得经济利益和资本是否外流,民众关心的不多。

所以在这里是一个博弈问题,即企业要在满足政府和民众的环保诉求下,满足股东利润最大化的目标。由于企业披露也有成本,这种成本既包括收集资料和在指定媒体上刊登的直接成本,也包括环境信息被竞争对手、政府和民众等利用来对付企业而使企业利益受损的间接成本,间接成本往往比直接成本更大,是企业进行环境信息披露考虑的主要参照点。

要回答的几个具体问题是:强制性披露还是自愿性披露?披露什么内容?披露到何种详细程度?按什么格式披露?通过什么途径披露?在什么时候披露?

1.强制性披露与自愿性披露相结合

从当前的实践情况看,企业在排污数据和所受环境处罚等负面资料方面不爱披露,前者涉及企业的商业秘密,后者主要是关系到企业的声誉。应该说,只要企业能明确披露其是否遵从了国家的环保标准,企业就可以满足持续经营假设,因此这点是必须要披露的,而具体的排污数据,对一般的外部使用者没多大意义,只能暴露企业的商业秘密。所以强制披露应该有一定的限制。强制披露之外的披露,可以让企业自愿发挥。从日本的实践情况来看,自愿性环境披露是企业环境信息披露的主要部分。

2.货币性信息和非货币性信息相结合

如果一项与环境有关的信息,可以用货币表现出其价值或后果,则应该披露其货币性信息。因为货币性信息可以进行加总,使环境信息的使用者可以综合判断某项环境信息对企业价值的最终影响,即货币性信息具有直观和可以累积的性质。但有些环境信息不易以货币形式表现,以及一些非常重要的节能减排指标,需要直接以污染物排放数量表示以方便进行横向和纵向的比较,这时就需要用非货币性信息进行披露。在 GRI 环境信息指标体系中,分不同内容,结合使用了货币性信息和非货币性信息。

3.披露的详细程度根据需要而定

强制性披露信息的详细程度,需要按照强制性披露的规定执行。自愿性信息披露的详细程度,应该让每个企业根据自己的环境信息披露成本及收益情况,自行决定信息披露的程度,让市场在自愿性环境信息披露中发挥选择性机制。

4.按类别进行环境信息披露

根据企业环境信息的特点和性质,可以按一定的标准,将企业的环境信息分类,每个类别规定披露的内容和方式。当然,每个分类的标准都会有所不同。分类的好处是可以从更高的层面理清企业与自然环境的交界所在,能够显现企业的环保考虑重点和关键环节,保证了环境信息的系统性和可比性。

5.披露的时机选择

强制性披露的信息都属于重大信息,对投资者的利益具有显著影响。因此,凡属强制性披露的内容,都应尽快披露。我国上海证券交易所当前的规定,是在重大环境事件发生后两天内,或者是在污染型企业进行 IPO 之前。而自愿性披露,建议企业在年报或随年报一起披露的单独的企业环境报告或社会责任报告中披露。自愿披露的信息,公司可以仅在上海证券交易所网站上披露。对于强制性披露的信息,公司必须在证监会指定报刊及上海证券交易所网站上同时披露。对不能按规定要求及时、准确、完整地披露相关环境信息的,上海证券交易所将视其情节轻重,对公司及相关责任人员采取必要的惩戒措施。

二、通过环境会计和披露引导企业环保

环境信息一旦披露后,还面临着环境信息与环境绩效对应的问题。这个问题可以采用第三方审计来完成。另外,需要加大虚假信息披露的惩罚力度。一旦环境信息能够有效地反映环境绩效,再加上环境会计的推动,企业环境信息对企业价值的影响就会显现出来。因此,在环境会计规则的法律严肃性和价值相关性得到充分保证后,通过资本市场对企业环境信息披露所产生的反应,可以影响企业的价值,从而达到通过环境信息披露规则的制定,督促企业加大环保努力的目的。

第五节 总结及未来的研究方向

环境信息披露作为改善企业内外部信息不对称的工具,由企业主动做出,受到外部利益相关者的关注。由于其大部分是自愿性披露,具有选择性披露的特点,因此其可用性和可靠性具有很大的局限性。企业进行环境信息披露的动机来自于内部的动力和外部的压力,从而形成自愿披露理论和社会政治理论两条主脉络。先前的研究从实际环境绩效、经济效果、利益相关者、企业特征和外部社会环境因素等不同角度,对环境信息披露进行了分析。但结论经常不一致甚至相互矛盾,可能是由于环境披露水平的定义以及相关的测度方法所引发的。

我们认为,企业环境信息披露的目标,是向公司环境信息的使用者,提供与公司环境状况、环境绩效、环境前景和环保态度与理念等有关的信息,反映公司与社会之间受托责任履行情况,有助于公司外部利益相关方做出相关决策。利益相关方包括投资者、债权人、政府及其他有关部门和公众等。

环境信息披露的质量要求:公司应当以实际发生的事项为依据进行披露,如实反映相关信息,保证公司环境信息内容的真实可靠。公司提供的环境信息应当清晰明了,便于信息使用者理解和使用。不同时期或不同企业发生的相同或相类似的环境事项,应当具有稳定一致的统计口径,相互可比。公司应该提供对外部利益相关者影响较大的所有重要环境信息或者事项,并应当保持应有的谨慎,不应故意夸大或掩饰,避免误导信息使用者。公司对已经发生的环境事项,应当及时进行确认和报告,不能提前或延后。

本研究存在以下的几个主要的局限与不足：

(1)要构建恰当的中国上市企业环境信息披露模型，不仅需要对我国制度因素和市场因素进行详尽的分析，还需要在相关数理模型和实证模型的假设和行为动力传递的数学表述方面，进行一定的创新。我们构建的数理模型只抓住了几个核心因素，简化的模型与实践存在一定的距离，突出地表现在具有一定的前提假设约束，未来还可以进一步扩展，考虑更多的因素。

(2)实证数据的获得有一定的难度，不能通过对环境数据的分析得到直接的结论，很多研究都是通过间接方法展开，使研究体系存在缺陷。企业的环境数据容易被竞争对手利用和带来社会压力，因此环境数据具有商业秘密的性质，当前在我国的上市公司中，只有部分企业进行了有限度的披露，这为实证数据的采集带来难度。

(3)实证易出现偏差。我国的环境规制在近年来有较大的变化，对企业的环保行为和环境信息披露行为带来较大影响。同时，某些模型中的变量在实际中没有直接对应的指标，只能采用替代变量，这些为实证的客观性带来挑战。另外，环境信息披露的相关指标，依靠内容分析法，从公司的年报中手工采集，这也可能带来主观性偏差，并产生实证模型中的内生性问题。

中国企业环境信息披露之所以发展落后于欧美日发达国家，根本的原因还是在于管理制度。首先是环境会计推进比较慢，相关会计准则一直没有发布，导致企业无法确认和计量环境成本和环境收益，资本市场和企业无法将环境信息与企业价值挂钩起来，从而造成环境信息披露的效果不明显。其次是环境管理制度的缺陷。现有的环境资源耗费成本主要表现为排污费。而当前的排污收费标准偏低，对企业盈利影响不大。这样企业只要达到相关的环保标准即止步不前，因为超越合格标准后的环保继续投入无法得到补偿和奖励。中国政府正在探索推行的排污权交易制度，目的在于大力改革环境管理及环境会计制度，有效地激发企业自发的环保努力。

当前还有许多重要议题，有待进一步的挖掘和分析。比如，环境信息如何被用来评价和管理环境风险；环境成本、环境负债和环境补偿如何确认和计量更为有效；如何制定全球通用的企业环境信息披露准则，以推动企业环境信息的规范性和可操作性等。

未来的研究方向，应该仍是沿着两个方面。第一个方面是环境信息披露的技术层面，主要是环境信息披露的完整性、可靠性和应用价值，目标是定义、媒介、测度和验证。另一个方面是环境信息披露的本质层面，主要是信息披露的因果关系，目标是动机和效果，可以沿着内部动机和外部影响两条线发展，但可能视野更为宽广。

未来如要有效推动企业环境信息披露工作,首先对披露的测度方法需要规范化和标准化,以便于学术研究的对话和相互促进。其次,当社会潮流发生变化时,内部动力和外部压力的来源及大小也会相应发生变化,披露的动机和方式也就可能不同,这要求学术界和政策制定者要不断关注企业的环境信息披露,对相关的研究予以支持。我们可以预测,随着政治经济学的发展,可能使人们认识到更多社会和文化因素,也会显著地影响企业环境信息披露。另外随着时代的变迁,企业环境信息披露的地位和作用也将发生改变。这从企业环境信息披露的发展历程也可窥一斑。四十多年前,还没有企业将环境信息披露作为信息披露的一个重要部分,而今,一些国家已经开始制定强制性环境信息披露法规。即使在中国,也有越来越多的公司开始编制独立的环境报告,而不是将其分散在年报的各处。对一些行业的企业来说,环境信息披露在未来甚至有可能和财务数据披露具有同样重要的地位。

未来关于企业环境信息披露的探索,预计将由不同类型的人士向各自关切的领域推动。第一是会计界,主要在于环境的成本与收益的确认与计量;第二是企业管理界,主要着眼点在于环境披露对企业价值的影响;第三是环境披露的利益相关方,主要是通过企业环境信息披露了解对社会和自然的影响。不同方向的探索,有助于推动本领域研究的繁荣和发展。

参考文献

白晓宇.上市公司信息披露政策对分析师预测的多重影响研究[J].金融研究,2009,04:92-112.

陈宏辉,贾生华.利益相关者理论与企业伦理管理的新发展[J].社会科学,2002,06:53-57.

陈璇,淳伟德.企业环境绩效对经济绩效的影响分析[J].经济体制改革,2010,4:77-80.

陈元燮,陈欣.建立我国企业债券信用评级制度问题研究[J].财经研究,1999(8).

丁丁,黄生娜.论我国企业环境信息披露的法律规制——以中美比较为视角[J].国际商务(对外经济贸易大学学报),2012,01:120-128.

杜悦英.上市企业环境信息披露应加强制度保障[N].中国经济时报,2010年4月8日.

冯干.企业环境责任对消费者购买决策的影响分析[J].杭州电子科技大学学报(社会科学版),2009,5(4):23-26.

耿建新,焦若静.上市公司环境会计信息披露初探[J].会计研究,2002(1).

龚蕾.日本环境会计信息披露及其借鉴[J].中国注册会计师,2005(1):67-69.

郭晓梅,黄丽.论我国排污权交易的会计处理[J].生产力研究,2010,08:233-234.

韩利琳.企业环境责任成本效益问探讨[J].经济问题,2010,9:80-82.

何平,金梦.信用评级在中国债券市场的影响力[J].金融研究,2010(4).

胡晓玲.借鉴日本经验完善我国环境会计信息披露制度[J].财会研究,2012(1):32.

焦若静.美国、日本两国企业对环境信息的披露[J].世界环境,2001(3):42-43.

李朝芳.环境责任、组织变迁与环境会计信息披露——一个基于合法性理论的规范研究框架[J].经济与管理研究,2010,05:117-123.

李建发,肖华.我国企业环境报告:现状、需求与未来[J].会计研究,2002,(4).

梁权熙,田存志,詹学斯.宏观经济不确定性、融资约束与企业现金持有行为——来自中国上市公司的经验证据[J].南方经济,2012(4).

林金贤,黄琼瑶,张瑞元.环境揭露与财务绩效关联性——盈余管理之调节效果[J].辅仁管理评论,2012,03:27-54.

刘仲文,张琳琳.日本《环境会计指南2005》借鉴与思考[J].经济与管理研究,2007(12):79-80.

吕峻,焦淑艳.环境披露、环境绩效和财务绩效关系的实证研究[J].山西财经大学学报,2011,1:109-116.

孟凡利.论环境会计信息披露及其相关的理论问题[J].会计研究,1999,04:17-26.

孟晓俊,胡琳吉.美日中环境会计信息披露比较及启示[J].财会通讯,2008(05):103-104.

孟晓华,张曾.利益相关者对企业环境信息披露的驱动机制研究——以H石油公司渤海漏油事件为例[J].公共管理学报,2013,03:90-102.

沈洪涛,程辉,袁子琪.企业环境信息披露:年报还是独立报告?[J].上海立信会计学院学报,2010,06:5-12.

沈洪涛,冯杰.舆论监督、政府监管与企业环境信息披露[J].会计研究,2012,02:72-78.

沈洪涛,苏亮德.企业信息披露中的模仿行为研究——基于制度理论的分析[J].南开管理评论,2012,03:82-90.

沈洪涛,游家兴,刘江宏.再融资环保核查、环境信息披露与权益资本成本[J].金融研究,2010,12:159-172.

沈洪涛,李余晓璐.我国重污染行业上市企业环境信息披露现状分析[N].证券市场导报,2010(06):51-57.

石桂峰,苏力勇,齐伟山.财务分析师盈余预测精确度决定因素的实证分析[J].财经研究,2007(05):62-71.

宋子义.环境会计信息披露研究[M].北京:中国社会科学出版社,2012.

汤亚莉,陈自力,刘星,李文红.我国上市企业环境信息披露状况及影响因素的实证研究[J].管理世界,2006,(1).

田翠香,刘祥玉,余雯.论我国企业环境信息披露制度的完善[J].北方工业大学学报,2009,21(2):12-14.

王建明.环境信息披露,行业差异和外部制度压力相关性研究——来自我国沪市上市企业环境信息披露的经验证据[J].会计研究,2008(06).

王珍义,陈璐,李祎雯.上市企业环境信息披露监管的问题与对策研究[J].经济研究导刊,2011(15):70.

王小鲁,余静文,樊纲.中国分省企业经营环境指数2013年报告[M].北京:中信出版社,2013.

王炜,蒋高峰.信息披露、透明度与资本成本[J].经济研究,2004(07):107-114.

肖华,张国清.公共压力与环境信息披露——基于松花江事件的经验研究[J].会计研究,2008(05):15-22.

翁素彬,方苑.企业社会责任与财务绩效关系的实证研究[J].中国工业经济,2008(10):150-160.

吴红军,申茂霖,王光铿,汪延鹏.成本递增的选择性信息披露博弈[J].生态经济(学术版),2013(10).

肖淑芳,胡伟.我国企业环境信息披露体系的建设[J].会计研究,2005,03:47-52.

徐贵丽.国外环境会计研究:综述、特征及对我国的启示[J].财会通讯,2011,30:19-22.

张劲松.环境会计报告研究[D].东北林业大学博士论文,2007.

张宗新,张晓荣,廖士光.上市公司自愿性信息披露有效吗?——基于1998—2003年中国证券市场的检验[J].经济学(季刊),2005(2):369-386.

曾颖,陆正飞.信息披露质量与股权融资成本[J].经济研究,2006(2):69-79.

周洁、王建明.美国企业环境会计信息披露的分析——以重污染行业上市公司为例[J].生态经济,2005(10):103-104.

Abadie, L. M., & Chamorro, J. M. European CO_2 prices and carbon capture investments[J]. Energy economics, 2008, 30(6), 2992-3015.

Aerts, W., & Cormier, D. Media legitimacy and corporate environmental communication[J]. Accounting, organizations and society, 2009, 34(1), 1-27.

Aerts, W., Cormier, D., & Magnan, M. Corporate environmental disclosure, financial markets and the media: An international perspective[J].

Ecological economics, 2008, 64(3), 643-659.

Ahmed, K. and J. K. Courtis. Associations between corporate characteristics and disclosure levels in annual reports: A meta-analysis[J]. The british accounting review, 1999, 31(1),35-61.

Alberola, E., Chevallier, J., & Chèze, B. Price drivers and structural breaks in European carbon prices 2005—2007[J]. Energy policy, 2008, 36(2), 787-797.

Alexander, G. J., & Buchholz, R. A. Corporate social responsibility and stock market performance[J]. Academy of Management journal, 1978, 21(3), 479-486.

Allayannis, G., & Mozumdar, A. The impact of negative cash flow and influential observations on investment cash flow sensitivity estimates[J]. Journal of banking & finance, 2004, 28(5), 901-930.

Al-Tuwaijri, S. A., Christensen, T. E., & Hughes, K. E. The relations among environmental disclosure, environmental performance, and economic performance: a simultaneous equations approach[J]. Accounting, organizations and society, 2004, 29(5), 447-471.

Ashbaugh-Skaife, H., Collins, D. W., & LaFond, R. The effects of corporate governance on firms' credit ratings[J]. Journal of accounting and economics, 2006, 42(1), 203-243.

Baker, M., & Wurgler, J. A catering theory of dividends[J]. The journal of finance, 2004, 59(3), 1125-1165.

Balakrishnan, K., Billings, M. B., Kelly, B., & Ljungqvist, A. Shaping liquidity: On the causal effects of voluntary disclosure[J]. The Journal of Finance, 2014, 69(5), 2237-2278.

Belkaoui, A. The impact of the disclosure of the environmental effects of organizational behavior on the market[J]. Financial management, 1976, 26-31.

Benz, E., & Trück, S. Modeling the price dynamics of CO_2 emission allowances[J]. Energy economics, 2009, 31(1), 4-15.

Bhojraj, S., & Sengupta, P. Effect of corporate governance on bond ratings and yields: The role of institutional investors and outside directors[J]. The journal of business, 2003, 76(3), 455-475.

Blacconiere, W. G., & Northcut, W. D. Environmental information and market reactions to environmental legislation[J]. Journal of accounting, auditing & finance, 1997, 12(2), 149-178.

Bonsall, S. B. The impact of issuer-pay on corporate bond rating properties: Evidence from Moody's and S&P's initial adoptions[J]. Journal of accounting and economics, 2014, 57(2), 89-109.

Botosan, C. A., & Plumlee, M. A. A re-examination of disclosure level and the expected cost of equity capital[J]. Journal of accounting research, 2002, 40(1), 21-40.

Botosan, C. A. Disclosure level and the cost of equity capital[J]. Accounting review, 1997, 323-349.

Brammer, S., & Pavelin, S. Voluntary environmental disclosures by large UK companies[J]. Journal of business finance & accounting, 2006, 33(7-8), 1168-1188.

Buhr, N., & Freedman, M. Culture, institutional factors and differences in environmental disclosure between Canada and the United States[J]. Critical perspectives on accounting, 2001, 12(3), 293-322.

Buniamin, S., Alrazi, B., Johari, N. H., & Rahman, N. R. A. Corporate governance practices and environmental reporting of companies in malaysia: finding possibilities of double thumbs up[J]. Journal pengurusan, 2011, 32, 55-71.

Bushman, R. M., Piotroski, J. D., & Smith, A. J. What determines corporate transparency? [J]. Journal of accounting research, 2004, 42(2), 207-252.

Christian Conrad, Daniel Rittler, Waldemar Rotfuß. Modeling and explaining the dynamics of European Union allowance prices at high-frequency [J]. Energy Economics, 2012, (1): 316-326.

Campbell, D. A longitudinal and cross-sectional analysis of environmental disclosure in UK companies—A research note[J]. The British accounting review, 2004, 36(1), 107-117.

Cho, C. H., & Patten, D. M. The role of environmental disclosures as tools of legitimacy: A research note[J]. Accounting, organizations and society, 2007, 32(7), 639-647.

Cho, C. H., Freedman, M., & Patten, D. M. Corporate disclosure of environmental capital expenditures: A test of alternative theories[J]. Accounting, auditing & accountability journal, 2012, 25(3), 486-507.

Cormier, D., Magnan, M. and Van Velthoven, B. Environmental disclosure quality: Do firms respond to economic incentives, public pressures or institutional conditions? [J]. European Accounting Review, 2005, 14(1), 1-37.

Cowan, S., & Gadenne, D. Australian corporate environmental reporting: a comparative analysis of disclosure practices across voluntary and mandatory disclosure systems [J]. Journal of accounting & organizational change, 2005, 1, 165-79.

Cowen, S. S., Ferreri, L. B., & Parker, L. D. The impact of corporate characteristics on social responsibility disclosure: A typology and frequency-based analysis[J]. Accounting, organizations and society, 1987, 12(2), 111-122.

Creti, A., Jouvet, P. A., & Mignon, V. Carbon price drivers: Phase I versus Phase II equilibrium? [J]. Energy Economics, 2012, 34(1), 327-334.

Chang, X., Dasgupta, S., & Hilary, G. Analyst coverage and financing decisions[J]. The journal of finance, 2006, 61(6), 3009-3048.

Cheng, B., Ioannou, I., & Serafeim, G. Corporate social responsibility and access to finance[J]. Strategic management journal, 2014, 35(1), 1-23.

Clarkson, P. M., Li, Y., & Richardson, G. D. The market valuation of environmental capital expenditures by pulp and paper companies[J]. The accounting review, 2004, 79(2), 329-353.

Clarkson, P. M., Li, Y., Richardson, G. D., & Vasvari, F. P. Revisiting the relation between environmental performance and environmental disclosure: An empirical analysis[J]. Accounting, organizations and society, 2008, 33(4), 303-327.

Coram, P. J., Mock, T. J., & Monroe, G. S. Financial analysts' evaluation of enhanced disclosure of non-financial performance indicators[J]. The british accounting review, 2011, 43(2), 87-101.

Cormier, D., Aerts, W., Ledoux, M. J., & Magnan, M. Attributes of social and human capital disclosure and information asymmetry between managers and investors[J]. Canadian Journal of Administrative Sciences, 2009, 26(1), 71-88.

Cormier, D., & Magnan, M. Corporate environmental disclosure strategies: determinants, costs and benefits[J]. Journal of accounting, auditing & finance, 1999, 14(4), 429-451.

Cormier, D., Magnan, M., & Van Velthoven, B. Environmental disclosure quality in large German companies: economic incentives, public pressures or institutional conditions? [J]. European accounting review, 2005, 14(1), 3-39.

Daskalakis, G., Psychoyios, D., & Markellos, R. N. Modeling CO_2 emission allowance prices and derivatives: evidence from the European trading scheme[J]. Journal of banking & finance, 2009, 33(7), 1230-1241.

Deegan, C., & Gordon, B. A study of the environmental disclosure practices of Australian corporations[J]. Accounting and business research, 1996, 26(3), 187-199.

Dhaliwal, D. S., Li, O. Z., Tsang, A., & Yang, Y. G. Voluntary nonfinancial disclosure and the cost of equity capital: The initiation of corporate social responsibility reporting[J]. The accounting review, 2011, 86(1), 59-100.

Dhaliwal, D. S., Radhakrishnan, S., Tsang, A., & Yang, Y. G. Nonfinancial disclosure and analyst forecast accuracy: International evidence on corporate social responsibility disclosure[J]. The accounting review, 2012, 87(3), 723-759.

Fazzari, S., Hubbard, R. G., & Petersen, B. C. Financing constraints and corporate investment[R]. Working paper of National Bureau of Economic Research (No. w2387), 1987.

Fazzari, S. M., Hubbard, R. G., & Petersen, B. C. Investment-cash flow sensitivities are useful: A comment on Kaplan and Zingales[J]. Quarterly Journal of Economics, 2000, 695-705.

Fisher, L. Determinants of risk premiums on corporate bonds[J]. The journal of political economy, 1959, 217-237.

Fehr, M., & Hinz, J. A quantitative approach to carbon price risk modeling. Institute of Operations Research, ETH, Zurich, 2006.

Freedman, M., & Jaggi, B. Pollution disclosures, pollution performance and economic performance[J]. Omega, 1982, 10(2), 167-176.

Gebhardt, W. R., Lee, C. M., & Swaminathan, B. Toward an implied cost of capital[J]. Journal of accounting research, 2001, 39(1), 135-176.

Gray, R., Kouhy, R., & Lavers, S. Corporate social and environmental reporting: a review of the literature and a longitudinal study of UK disclosure[J]. Accounting, auditing & accountability journal, 1995, 8(2), 47-77.

Frost, G. R. The introduction of mandatory environmental reporting guidelines: Australian evidence[J]. Abacus, 2007, 43(2), 190-216.

Grossman, S. J. The informational role of warranties and private disclosure about product quality[J]. Journal of law and economics, 1981, 461-483.

Hamilton, D. T. Default and recovery rates of corporate bond issuers: 2000[R]. Working paper at SSRN(277999), 2001.

Bar-Isaac, H., & Shapiro, J. Credit ratings accuracy and analyst incentives[J]. The american economic review, 2011, 101(3), 120-124.

Hilary, G., & Hsu, C. Analyst forecast consistency[J]. the Journal of finance, 2013, 68(1), 271-297.

Hintermann, B., Peterson, S., & Rickels, W. Price and market behavior in phase II of the EU ETS: A review of the literature[J]. Review of environmental economics and policy, 2015.

Hope, O. K. Disclosure practices, enforcement of accounting standards, and analysts' forecast accuracy: An international study[J]. Journal of accounting research, 2003, 41(2), 235-272.

Hörner, J. Reputation and competition[J]. The american economic review, 2002, 92(3), 644-663.

Hutton, A. P., Marcus, A. J., & Tehranian, H. Opaque financial reports, R2, and crash risk[J]. Journal of financial economics, 2009, 94(1), 67-86.

Hackston, D., & Milne, M. J. Some determinants of social and environmental disclosures in New Zealand companies[J]. Accounting, auditing & accountability journal,1996, 9,77-108.

Higginson, N., Simmons, C., & Warsame, H. Environmental disclosure and legitimation in the annual report: Evidence from the joint solutions project[J]. Journal of applied accounting research, 2006, 8(2), 3-23.

Huang, C. L., & Kung, F. H. Drivers of environmental disclosure and stakeholder expectation: Evidence from Taiwan[J]. Journal of business ethics, 2010, 96(3), 435-451.

Ingram, R. W., & Frazier, K. B. Environmental performance and corporate disclosure[J]. Journal of accounting research, 1980, 614-622.

Hines, M. A., Ang, J. S., & Patel, K. A. Bond rating methods: Comparison and validation[J]. The journal of finance, 1975, 30(2), 631-640.

Graham, J. R., Harvey, C. R., & Rajgopal, S. The economic implications of corporate financial reporting[J]. Journal of accounting and economics, 2005, 40(1), 3-73.

Campbell, K., Sefcik, S. E., & Soderstrom, N. S. Disclosure of private information and reduction of uncertainty: environmental liabilities in the chemical industry[J]. Review of Quantitative Finance and Accounting, 2003, 21(4), 349-378.

Kyle, A. S. Continuous auctions and insider trading[J]. Econometrica, 1985, 1315-1335.

Kaplan, R. S., & Urwitz, G. Statistical models of bond ratings: A methodological inquiry[J]. Journal of business, 1979, 231-261.

Kaplan, S. N., & Zingales, L. Do investment-cash flow sensitivities provide useful measures of financing constraints? [J]. The quarterly journal of economics, 1997, 169-215.

Keim, G. D. Managerial behavior and the social responsibility debate: Goals versus constraints[J]. Academy of management journal, 1978, 21(1), 57-68.

Klassen, R. D., & McLaughlin, C. P. The impact of environmental management on firm performance[J]. Management science, 1996, 42(8), 1199-1214.

Kothari, S. P., Li, X., & Short, J. E. The effect of disclosures by management, analysts, and business press on cost of capital, return volatility, and analyst forecasts: A study using content analysis[J]. The accounting review, 2009, 84(5), 1639-1670.

Hassel, L., Nilsson, H., & Nyquist, S. The value relevance of environmental performance[J]. European accounting review, 2005, 14(1), 41-61.

Lambert, R., Leuz, C., & Verrecchia, R. E. Accounting information, disclosure, and the cost of capital[J]. Journal of accounting research, 2007, 45(2), 385-420.

Lang, M. H., Lins, K. V., & Miller, D. P. ADRs, Analysts, and Accuracy: Does cross-listing in the us improve of firm's information environment and increase market value? [J]. Journal of accounting research, 2003.

Leventis, S., & Weetman, P. Voluntary disclosures in an emerging capital market: Some evidence from the Athens Stock Exchange[J]. Advances in international accounting, 2004, 17, 227-250.

Ling Zheng, Miaomiao Liang, Shuo Tian. The latest development in Domestic pilot carbon markets[J]. China ship survey, 2015. 6,105-108.

Liwei Liu, Chuxiang Chen, Yufei Zhao, Erdong Zhao. China's carbon-emissions trading: Overview, challenges and future[J]. Renewable and sustainable energy reviews, 2015, 49: 254-266.

Lyon, Thomas P. and John W. Maxwell. Greenwash: Corporate environmental disclosure under threat of audit[J]. Journal of economics and management strategy,2011, 20: 3-41.

Lyon, T., Lu, Y., Shi, X., & Yin, Q. How do shareholders respond to sustainability awards? Evidence from China[J]. Ecological economics, 2013, 94, 1-8.

Mahadeo, J. D., Oogarah-Hanuman, V., & Soobaroyen, T. A longitudinal study of corporate social disclosures in a developing economy[J]. Journal of business ethics, 2011, 104(4), 545-558.

Lang, M. H., & Lundholm, R. J. Corporate disclosure policy and analyst behavior[J]. Accounting review, 1996, 467-492.

Marshall, S., Brown, D. & Plumlee, M. The impact of voluntary environmental disclosure quality on firm value[J]. Academy of management, 2009, 1,1-6.

Mathis, J., McAndrews, J., & Rochet, J. C. Rating the raters: are reputation concerns powerful enough to discipline rating agencies? [J]. Journal of monetary economics, 2009, 56(5), 657-674.

Porter, M. E., & Kramer, M. R. The link between competitive advantage and corporate social responsibility[J]. Harvard business review, 2006, 85(12).

Menon, K., & Williams, D. D. Auditor credibility and initial public offerings[J]. Accounting review, 1991, 313-332.

Milton Friedman, The social responsibility of business is to increase its profits[J].The New York Times Magazine, 1970,13.

Milgrom, P. R. Good news and bad news: Representation theorems and applications[J]. The bell journal of economics, 1981, 380-391.

Yu, M. Analyst forecast properties, analyst following and governance disclosures: A global perspective[J]. Journal of international accounting, auditing and taxation, 2010, 19(1), 1-15.

Myers, S. C., & Majluf, N. S. Corporate financing and investment decisions when firms have information that investors do not have[J]. Journal of financial economics, 1984, 13(2), 187-221.

Newman, A., Nielsen, I., & Miao, Q. The impact of employee perceptions of organizational corporate social responsibility practices on job performance and organizational citizenship behavior: evidence from the Chinese private sector[J]. The international journal of human resource management, 2015, 26(9), 1226-1242.

Brown, N., & Deegan, C. The public disclosure of environmental performance information—A dual test of media agenda setting theory and legitimacy theory[J]. Accounting and business research, 1998, 29(1), 21-41.

Paolella, M. S., & Taschini, L. An econometric analysis of emission allowance prices[J]. Journal of banking & finance, 2008, 32(10), 2022-2032.

Patten, D. M. The relation between environmental performance and environmental disclosure: a research note. Accounting[J]. Organizations and Society, 2002, 27(8), 763-773.

Patten, D. M. Exposure, legitimacy, and social disclosure[J]. Journal of accounting and public policy, 1992, 10(4), 297-308.

Patten, D. M. Intra-industry environmental disclosures in response to the Alaskan oil spill: A note on legitimacy theory[J]. Accounting, organizations and society, 1992, 17(5), 471-475.

Patten, D. M. Variability in social disclosure: A legitimacy-based analysis[J]. Advances in public interest accounting, 1995, 6(4), 273-285.

Patten, D. M.. Media exposure, public policy pressure, and environmental disclosure: An examination of the impact of TRI data availability[J]. Accounting forum, 2002, 26(2): 152-171.

Patten, D. M. The relation between environmentalperformance and environmental disclosure: research note[J]. Accounting, organizations and society, 2002, 27(8), 763-773.

Healy, P. M., & Palepu, K. G. Information asymmetry, corporate disclosure, and the capital markets: A review of the empirical disclosure literature[J]. Journal of accounting and economics, 2001, 31(1), 405-440.

Piia Aatola, Markku Ollikainen, Anne Toppinen. Price determination in the EUETS market: Theory and econometric analysis with market fundamentals [J]. Energy economics, 2013, (36): 380-395.

Richardson, A. J., & Welker, M. Social disclosure, financial disclosure and the cost of equity capital[J]. Accounting, organizations and society, 2001, 26(7), 597-616.

Song Shin, H. Disclosures and asset returns[J]. Econometrica, 2003, 71(1), 105-133.

Simpson, A. Analysts'use of non-financial information disclosures[J]. Contemporary accounting research, 2010, 27(1), 249-288.

Spence, M. Job market signaling[J]. The quarterly journal of economics, 1973, 355-374.

Standard & Poor.Guide to credit rating essentials: What are credit ratings and how do they work? 2010.

Soleille, S. Greenhouse gas emission trading schemes: A new tool for the environmental regulator's kit[J]. Energy policy, 2006, 34(13), 1473-1477.

Seifert, J., Uhrig-Homburg, M., & Wagner, M. Dynamic behavior of CO_2 spot prices[J]. Journal of environmental economics and management, 2008, 56(2), 180-194.

Sijm, J. P. M., Bakker, S. J. A., Harmsen, H. W., Lise, W., & Chen, Y. CO_2 price dynamics. The implications of EU emissions trading for electricity prices and operations[R]. Energy research Centre of the Netherlands ECN, Petten (Netherlands),2006.

Springer, U. The market for tradable GHG permits under the Kyoto Protocol: A survey of model studies[J]. Energy economics, 2003, 25(5), 527-551.

Stavins, R. N. Addressing climate change with a comprehensive US cap-and-trade system[J]. Oxford review of economic policy, 2008, 24(2), 298-321.

Suchman, M. C. Managing legitimacy: Strategic and institutional approaches[J]. Academy of management review, 1995, 20(3), 571-610.

Suttipun, M., & Stanton, P. Determinants of environmental disclosure in Thai corporate annual reports[J]. International journal of accounting and financial reporting, 2012, 2(1), 99.

Jian, Tang, Jue, Peng, & Yang, Zhou. The Practice of Policy about Corporate Environmental Information Disclosure in China — Data from A-share listed companies of heavy polluting industries[J]. Canadian Social Science, 2014, 10(1), 26-36.

Teoh, S. H., & Wong, T. J. Perceived auditor quality and the earnings response coefficient[J]. Accounting review, 1993, 346-366.

Tietenberg, T. Disclosure strategies for pollution control[J]. Environmental and resource economics, 1998, 11(3-4), 587-602.

Toms, J. S. Firm resources, quality signals and the determinants of corporate environmental reputation: Some UK evidence[J]. The british accounting review, 2002, 34(3), 257-282.

Trotman, K. T. Social responsibility disclosures by Australian companies[J]. The chartered accountant in Australia, 1979, 49(8), 24-28.

Uhrig-Homburg, M., & Wagner, M. Derivative instruments in the EU emissions trading scheme:An early market perspective[J]. Energy & environment, 2008, 19(5), 635-655.

Ullmann, A. A. Data in search of a theory: A critical examination of the relationships among social performance, social disclosure, and economic performance of US firms[J]. Academy of management review, 1985, 10(3), 540-557.

Verrecchia, R. E. Essays on disclosure[J]. Journal of accounting and economics, 2001, 32(1), 97-180.

Verrecchia, R. E. Endogenous proprietary costs through firm interdependence[J]. Journal of accounting and economics, 1990, 12(1), 245-250.

Verrecchia, R. E. Discretionary disclosure[J]. Journal of accounting and economics, 1983, 5, 179-194.

Watkins, A. L., Hillison, W., & Morecroft, S. E. Audit quality: A synthesis of theory and empirical evidence[J]. Journal of accounting literature, 2004, 23, 153.

Wernerfelt, B. A resource-based view of the firm. Strategic management journal[J]. 1984, 5(2), 171-180.

Williamson, O. E. Corporate control and business behavior: An inquiry into the effects of organization form on enterprise behavior[M]. Englewood Cliffs, NJ: Prentice-Hall, 1970.

Wiseman, J. An evaluation of environmental disclosures made in corporate annual reports[J]. Accounting, organizations and society, 1982, 7(1), 53-63.

Xu, Y. Understanding CSR from the perspective of Chinese diners: the case of McDonald's[J]. International journal of contemporary hospitality management, 2014, 26(6), 1002-1020.

Zhang, Y. J., & Wei, Y. M. An overview of current research on EU ETS: Evidence from its operating mechanism and economic effect[J]. Applied energy, 2010, 87(6), 1804-1814.

Zeghal, D., & Ahmed, S. A. Comparison of social responsibility information disclosure media used by Canadian firms[J]. Accounting, auditing & accountability journal, 1990, 3(1).

后　记

　　无论出于何种动机,企业都在不断提高环境信息披露水平,而证券交易所和企业管理部门也都鼓励企业进行自愿性环境信息披露。在环境信息披露这个问题上,企业在内部和外部都面临着动力和阻力。企业在多方面权衡后,决定了自己的披露内容和披露程度。我们的任务,就是解释环境信息披露背后的过程,这个过程包括多个作用机制,就像体操运动员完成一个漂亮的跳跃动作,是多个肌肉和关节同时发力的结果。我们需要把每个肌肉和关节在跳跃动作中的动力源、动力传递和动力控制的细节辨析清楚,才能为跳跃动作制定教练指南,从而让这个世界更加和谐、美妙。

　　披露的研究与制度紧密相关。由于披露会发生直接和间接的成本,许多企业踌躇于要不要披露和披露到何种程度等初步问题。许多企业都是被动地依从当前的管理制度。制度有何披露要求,企业就呈现出相应的特点,这与欧美发达国家的情况有较大的差异。这让人不禁思考,这种想象是经济发展阶段所决定的,还是一个社会的文化所造成的?

　　披露最重要的是披露的规范。当前关于中国上市企业环境信息披露研究,最致命的问题也许就是环境信息披露的规范性问题。由于环境信息披露的形式和内容差异很大,导致使用内容分析法时数据的生成差异也较大,对研究结论的稳健性提出了很大的挑战。

　　研究结论的推广和应用价值有待进一步提高。由于当前只有上市公司进行环境信息披露,而占企业总数的是未上市的中小企业。能在当前中国股票交易市场进行交易的企业,都是同行业的领先者,规模较大、经济效益较好,他们进行环境信息披露的驱动力与中小企业显然是不同的。因此存在样本的代表性是否充分的问题。这就无法保证研究结论能够有效地推广到整个社会,对研究的价值性提出了挑战。

　　企业环境信息披露的前景光明。经济和管理理论的长期探索发现,当前人类社会需要通过市场化手段提高经济运行的效率,而规范的自愿环境信息披露,正是市场化手段在企业环保问题方面的典型体现。通过公司的环境信息披露,达到促使企业自觉和努力环保,比单纯使用规制方法显得更有灵活性。因此将来整个社会对企业环境信息披露的理论研究和实践应用,必然存在很大的空间和光明的前景。

吴红军

2016 年 3 月

图书在版编目(CIP)数据

企业环境信息披露研究/吴红军著.—厦门:厦门大学出版社,2016.8
(厦门大学企管学术文库)
ISBN 978-7-5615-5907-9

Ⅰ.①企… Ⅱ.①吴… Ⅲ.①企业环境管理-信息管理-研究-中国 Ⅳ.①X322.2

中国版本图书馆 CIP 数据核字(2016)第 011833 号

出 版 人	蒋东明
责任编辑	江珏玙
装帧设计	李夏凌
责任印制	吴晓平

出版发行　厦门大学出版社
社　　址　厦门市软件园二期望海路 39 号
邮政编码　361008
总 编 办　0592-2182177　0592-2181406(传真)
营销中心　0592-2184458　0592-2181365
网　　址　http://www.xmupress.com
邮　　箱　xmupress@126.com
印　　刷　厦门市万美兴印刷设计有限公司

开本　720mm×970mm　1/16
印张　14.5
插页　1
字数　300 千字
版次　2016 年 8 月第 1 版
印次　2016 年 8 月第 1 次印刷
定价　45.00 元

本书如有印装质量问题请直接寄承印厂调换

厦门大学出版社
微信二维码

厦门大学出版社
微博二维码